Günter Busch

Max Liebermann

Maler Zeichner Graphiker

S. Fischer

Frontispiz:
Bildnis Theodor Fontane, 1896, Kreide, Bremen

Die Werke Max Liebermanns sind wiedergegeben
mit freundlicher Genehmigung von Marianne Feilchenfeldt, Zürich.

© 1986 S. Fischer Verlag GmbH, Frankfurt am Main
Umschlaggestaltung: Buchholz/Hinsch/Walch
Reproduktion: Litho Köcher, Köln
Satz: Fotosatz Otto Gutfreund, Darmstadt
Druck: Aumüller KG, Regensburg
Einband: G. Lachenmaier, Reutlingen
Printed in Germany
ISBN 3-10-044802-2

Zum Andenken an Emil Waldmann,
Direktor der Kunsthalle Bremen 1914–1945

Inhalt

Vorwort

Dieses Buch möchte ein Versprechen einlösen, das freilich mit Worten nie gegeben worden ist. Während des Krieges – es muß im Jahr 1942 oder 1943 gewesen sein – kam ich bei einem Urlaubsbesuch in der damals längst leergeräumten Kunsthalle Bremen im dortigen Kupferstichkabinett mit Emil Waldmann, dem Leiter des Hauses, ins Gespräch. Plötzlich sagte er wörtlich: »Wollen Sie einmal deutschen Impressionismus bunt sehen?« Darauf führte er mich in den Schutzraum im Keller der Kunsthalle, wo noch einige weniger wichtige Stücke aus den Sammlungen zusammen mit einigen Deposita aus Privatbesitz verwahrt wurden – und zeigte mir die ›Papageienallee‹ von Max Liebermann, die er vor kurzem aus der Berliner Sammlung Eduard Arnhold in eine bremische Privatsammlung vermittelt hatte. Ich habe die Szene wie gestern vor Augen: Da stand dieses herrliche Bild, eines der Hauptwerke des verfemten Meisters, und leuchtete, als sei es vor wenigen Tagen gemalt. Wann gab es damals Originale zu sehen – und dann dieses? Wann würde man es je wiedersehen dürfen? Ich fragte Waldmann und habe diese Frage genau in Erinnerung: »Und wann werden Sie endlich Ihr Liebermann-Buch schreiben?« Über lange Jahre hatte er sich immer wieder in Aufsätzen und Vorträgen mit dem Künstler befaßt. Er blickte mich nur stumm, melancholisch lächelnd an. Im März 1945 ist er in Würzburg nach der Zerstörung der Stadt zusammen mit seiner Frau in den Tod gegangen. So hat er sein Buch nie geschrieben. Einige Jahre nach dem Krieg habe ich die ›Papageienallee‹ für die Kunsthalle Bremen erwerben und damit ein Vermächtnis meines Vorgängers erfüllen dürfen. Das vorliegende Buch hat einen ähnlichen Beweggrund. Darum steht auf der Widmungsseite der Name Emil Waldmann.

Der Verfasser hat zahlreichen Freunden und Kollegen für Rat und Hilfe in reichem Maße, nicht zuletzt beim Nachweis und bei der Beschaffung der Reproduktionsvorlagen, zu danken. Frau Marianne Feilchenfeldt und Herr Walter Feilchenfeldt in Zürich sind vor allen anderen zu nennen: Sie haben mir wichtigste Unterlagen des Hauses Paul Cassirer zugänglich gemacht und den Fortgang der Arbeit mit Geduld und Verständnis verfolgt. Dafür sei ihnen herzlich gedankt. Außerdem ist Herrn Ernst Volker Braun-Dresden besonderer Dank dafür zu sagen, daß er mir seine bisherigen wichtigen Forschungen im Zusammenhang mit dem Ende Liebermanns und seiner Frau mitgeteilt hat; sie stellen eine bedeutende Erweiterung unserer Kenntnis von der Lebensgeschichte des Malers dar. Hilfe, Belehrung und Anregung habe ich sodann aus dem hervorragend gearbeiteten Katalog empfangen dürfen, den Herr Dr. Werner Schade, der Direktor des Kupferstichkabinetts und der Sammlung der Zeichnungen der Staatlichen Museen zu Berlin (DDR) unter dem Titel ›Für Max Liebermann‹ herausgegeben und mir zu meiner großen Dankverpflichtung übermittelt hat. Dieser Katalog ist zur einzigen größeren und angemessenen Ausstellung überhaupt erschienen, die aus Anlaß des fünfzigsten Todestages des Künstlers veranstaltet wurde. Aus der großen Zahl der weiteren Helfer seien das Leo Baeck Institute New York, Herr Dr. Gerhard Gerkens, jetzt Lübeck, Herr Kurt Meissner, Zürich, Herr Dr. Peter Nathan, Zürich, Frau Dr. Anne Röver, Bremen, Herr Dr. Jürgen Schultze, jetzt Essen sowie Herr Wolfgang Werner, Bremen ausdrücklich und dankbar genannt.

Der Verlag hat der Veröffentlichung die Gestalt und das Gewand verliehen, die ich mir gewünscht habe. Herrn Peter W. Schmidt ist dafür besonders zu danken. Mit großer Geduld und allem Verständnis für die speziellen Schwierigkeiten bei der Herstellung haben die Leiterin und weitere Mitarbeiter des Hauses S. Fischer den Werdegang des Buches begleitet; dafür sei ihnen herzlich Dank gesagt. Herr J. Hellmut Freund hat das Entstehen des Manuskripts mit Rat und Zuspruch, mit freundschaftlicher Kritik und substantieller, geistiger Unterstützung nach Kräften gefördert. Ohne seine Hilfe läge das Buch nicht vor.

Bremen, im Mai 1986   G. B.

Max Liebermann

Maler Zeichner Graphiker

Liebermann und Fontane

Als Frontispiz, der Titelseite dieses Buches über den Maler, Zeichner und Graphiker Max Liebermann gegenüber, erscheint nicht das übliche Bildnis oder Selbstbildnis des Meisters, sondern das eines anderen, des Dichters Theodor Fontane. Mit diesem »visuellen Motto« möchte der Verfasser auf eine grundsätzliche Geistesverwandtschaft aufmerksam machen, die seiner Überzeugung nach diese beiden sonst sehr Verschiedenen miteinander verbindet. Gewiß – sie waren durch ihre Generation weit voneinander getrennt. Doch waltet auch hier ein mehr als zufälliger, ordnender Zusammenhang: ein Menschenalter, genau achtundzwanzig Jahre, nach Fontane und ein Menschenalter, genau achtundzwanzig Jahre, vor Thomas Mann ist Liebermann geboren. Später einmal sollte er mit diesem am Präsidiumstische der Preußischen Akademie der Künste zusammensitzen. Über lange Jahre hinweg sah eine aufgeklärte, zeitgenössische Öffentlichkeit in Liebermann die exemplarische Verkörperung deutschen Künstlertums überhaupt, in welcher Rolle er den alten Menzel abgelöst hatte. Von gleichem Rang und in vergleichbarer Position neben ihm erschienen den Mitlebenden, jedenfalls zeitweilig, nur Gerhart Hauptmann, darauf Richard Strauss und Thomas Mann. Deren Werk aber sollte sich den tiefgreifenden geistigen, ästhetischen und politischen Veränderungen gegenüber resistenter zeigen, wesentlich unabhängiger von der jeweiligen Zeitlage, als Liebermanns vielberühmtes, umfangreiches Schaffen. Mit dem Expressionismus und den parallelen Kunstentwicklungen in Europa, die um die Zeit des Ersten Weltkriegs ein gänzlich neues, antibürgerliches Lebensgefühl spiegelten, geriet jene Rangordnung ins Wanken und Liebermann, allen öffentlichen Ehrungen zum Trotz, in Wahrheit mehr und mehr in den Hintergrund allgemeiner Schätzung – er hatte sich überlebt. Das »Dritte Reich« verbannte seine Bilder als »artfremd« aus den Museen. Erst nach dem Zweiten Weltkrieg hatte eine neue Generation Gelegenheit, sein Schaffen kennenzulernen und aufzunehmen – gleichzeitig mit jener als »entartet« verfemten Kunst der Expressionisten und ihrer Zeitgenossen. Zwar wurde Liebermann im Rahmen einer umfassenden, kunst- und ausstellungspolitischen »Wiedergutmachung« in den späten vierziger und den frühen fünfziger Jahren auf ähnliche Weise »wiederentdeckt« wie Nolde, Kokoschka, Kirchner, Beckmann oder Klee. Doch verlor diese neue, nicht primär vom Künstlerischen hervorgerufene Aktualität mit der Zeit ihre Wirksamkeit. Seine Bilder hatten ihren Platz an den Museumswänden wieder eingenommen, gewisse Verluste konnten ausgeglichen werden, an wenigen Orten kam Wesentliches hinzu. Der Mann und sein Werk waren historisch rubriziert: ein »deutscher Impressionist«, der doch sehr im neunzehnten Jahrhundert zu Hause war. Erst mit einer weltweiten kunst- und geistesgeschichtlichen Neubewertung und »Aufarbeitung« ebendieses neunzehnten Jahrhunderts im ganzen traten seine Konturen wieder deutlicher hervor. So wie Theodor Fontane, der indessen nie zuvor die Popularität Liebermanns erlebt hatte, wurde und wird auch der

1 *Selbstbildnis, 1911, Kaltnadelradierung*

Maler in unseren Tagen mit wechselnden Zensuren wieder und neu als exemplarischer Repräsentant seiner Epoche begriffen. Was sich bei jenem in Neuauflagenziffern und in Sekundärveröffentlichungen spiegelt, schlägt sich bei diesem in steigenden Preisen auf dem Kunstmarkt nieder, wozu im Bereich der bildenden Kunst eine wachsende Zahl von Fälschungen als symptomatisch hinzukommt.

Fontane und Liebermann müssen sich im kaiserlichen Berlin gelegentlich getroffen haben, wovon der eine oder der andere Hinweis in Fontanes Briefen en passant Kunde gibt. Zu einer »Begegnung« im eigentlichen Sinne ist es nur bei Gelegenheit der Porträtsitzungen im Jahre 1896, zwei Jahre vor dem Tode des Dichters, gekommen. In einem Brief vom 19. März an die Tochter Mete heißt es: »Ich gehe, wie Dir Mama wohl schon geschrieben hat, unruhigen Tagen entgegen, Sitzungstage, Maltage. Ich freue mich aber darauf, einmal weil es nun doch endlich mal ein richtiger Maler ist, dem ich in die Hände falle, dann weil Liebermann ein ebenso liebenswürdiger wie kluger Mann ist.«[1] Dieser »richtige Maler«, nach Fontanes Urteil zum Unterschied von den anderen, die sich z. T. mehrmals mit wechselnden Ergebnissen um sein Bildnis bemüht hatten: Hugo Blomberg, Carl Breitbach, Fritz Werner oder Hanns Fechner, dieser Max Liebermann stand damals im fünfzigsten Lebensjahr. Er hatte seine großen Figurenbilder holländisch-bäuerlicher Motive von der ›Flachsscheuer in Laren‹ über die ›Netzeflickerinnen‹, die ›Frau mit Ziegen‹ bis zur ›Kuhhirtin‹ bereits geschaffen und sich damit in Deutschland, aber auch in Frankreich einen weithin geachteten Namen erworben. Im nämlichen Jahr 1896 bot ihm die französische Regierung zum zweiten Mal die Ernennung zum Ritter der Ehrenlegion an, die er das erste Mal (1889) auf Anweisung der preußischen Regierung hatte ausschlagen müssen – jetzt durfte er annehmen. Fontane, der in ebendem Alter, das Liebermann damals gerade erreichte, sein eigentliches Werk als Romancier erst hatte beginnen können, er hatte im Jahr zuvor, 1895, seine ›Effi Briest‹ nach langen Verzögerungen veröffentlicht, schrieb 1896 die ›Poggenpuhls‹ und sollte ein Jahr darauf mit dem ›Stechlin‹ sein letztes Wort künstlerischer und menschlicher Weisheit sagen. So waren die beiden Männer, die sich da in der engen Wohnung an der Potsdamer Straße 134ᶜ zur Porträt-

2 *Selbstbildnis stehend und zeichnend, 1913, Kaltnadelradierung*

sitzung gegenüberfanden, in den Entwicklungslinien ihres jeweiligen Metiers gewiß sehr voneinander verschieden: der Zeitungsschreiber und Balladendichter, der erst als Greis die höchste Stufe seines Schöpfertums erreichte, der sich immer, auch finanziell, schwer tat – und der Maler aus wohlhabendem Hause, der nach tastenden Anfängen bald seinen Weg gefunden hatte, einen Weg des Erfolgs, wiewohl gegen vielfältigen Widerstand. Erfolg in diesem Sinne war dem Dichter nie beschieden. Doch müssen sie sich sogleich nahegekommen sein, der Hugenott und der Jude. Beide waren sie Preußen, Berliner aus Überzeugung, beide schätzten und kultivierten sie das rasche, das treffende Wort, liebten sie den Witz, die Anekdote, die erhellende Sentenz, der eine als Briefschreiber und Gelegenheitsredner zumal, der andere zumal als Gesprächspartner oder auch als offizieller Redner zu Fragen seines Fachs. »Ein ebenso liebenswürdiger wie kluger Mann« sei der Maler, meinte der Ältere, der beides zu würdigen wußte: die Formen des Umgangs wie den intellektuellen Anspruch. Liebermann, ein eifriger Fontane-Leser – gewiß war ihm ›Effi Briest‹ bereits vertraut –, hat den Autor bei einem Vergleich mit seinem Lehrer, dem Pferdemaler Carl Steffeck, einmal einen »Zyniker« genannt. Das war der Erfinder der Cécile oder der Lene, der Effi oder des alten Dubslav nun beiliebe nicht, wohl aber ein genialer Psychologe und ein genüßlicher Causeur, der freilich immer Abstand zu halten wußte. Zwar schlug er im gesprochenen und im geschriebenen Dialog gern eine scharfe Klinge, doch übertönten seine melancholische Skepsis und seine Selbstironie nie ganz die Wärme der Teilnahme; für Zynisches war dabei gewiß kein Raum. Als Porträtist sah Liebermann übrigens genauer, wie die verschiedenen Fassungen seines Fontane-Bildnisses erweisen.

Obwohl Fontane von »Maltagen« sprach, ist es damals, soviel wir wissen, nicht zu einem Ölgemälde gekommen. Liebermann zeichnete. Er zeichnete zur Vorbereitung einer Lithographie, die dann als originale Kunstbeilage in der Zeitschrift ›Pan‹ erscheinen sollte. Er zeichnete – mindestens – zweimal, zuerst das hier als Frontispiz wiedergegebene »unfertige« Blatt und dann eine ausführlichere Fassung[2], die in die druckgraphische Version weitgehend wörtlich übernommen wurde: repräsentativ und maßvoll, rasch, doch nicht zu rasch in der Handschrift, sicher und betont bürgerlich in der Erscheinung, scharf charakterisiert, doch taktvoll eben die Fontanesche Distanz wahrend, die der Porträtist Liebermann in seinen gemalten und gezeichneten Menschendarstellungen gewöhnlich auf ähnliche Weise innehielt. So sein Hauptmann, sein Bode, sein Friedländer, sein Goldschmidt, sein Cohen, sein Thomas Mann oder sein Richard Strauss, um nur einige aus der langen Reihe der Geistesgrößen der Zeit zu nennen, deren Züge durch ihn für die Mitlebenden und für Spätere zu festumrissenen optischen Begriffen geprägt wurden – medaillenhaft klar und voller bürgerlicher Würde. Daneben aber gab es anderes, Persönlicheres: zuerst die Bildnisse der Frau, der Tochter, der Enkelin, in denen etwas von Intimität aufleuchten kann; dann einige wenige Männerbildnisse, bei denen die Spontaneität in Erfassung und Niederschrift die Distanz aus Würde und Haltung gleichsam überspringt – so der Berger, der Brandes und zuletzt und doch

Die Maginalziffern zum laufenden Text verweisen auf Tafeln und Abbildungen.

3 *Bildnis Theodor Fontane, 1896, Lithographie*

nicht zuletzt der Sauerbruch; endlich das eine oder das andere Werk, darin wie in sehr wenigen der Selbstbildnisse ein Seelenton anklingt, der über alle Authentizität, Treue und Ähnlichkeit hinweg das Menschliche schlechthin evoziert. Zu dieser Kategorie gehört die erste Fontane-Zeichnung, daraus uns ein Mensch an der Grenze seiner Existenz entgegenblickt. Wohl deshalb hat sie der Zeichner beiseite gelegt (und für sich behalten), um die zweite Formulierung zu beginnen, aus der dann die stattliche Lithographie wurde. Denn diese »Vorstudie« ist nicht Würde und Repräsentation, und darin ist kein Ton von Bismarck-Zeit – über Bismarck und seine Alterslaunen hatte Liebermann seinem Modell übrigens während der Sitzung Geschichtchen erzählt, wie Fontane in jenem Brief an die Tochter berichtet. Nichts Statiöses ist an diesem Menschenbild. Da ist eine zeichnerische Handschrift, die die Form ergreift, ohne sie doch zu fixieren. Etwas Fließendes, Transitorisches ist darin, der schwebenden Diktion zu vergleichen, mit der der Romancier ausspricht und im

15

4 *Photobildnis, achtziger Jahre*

Aussprechen bereits eingeschränkt oder gar verschweigt. Da ist die Andeutung, der »halbe Satz« ohne ein genau benennendes Verbum, da ist der Atem des Lebens, der Schimmer im anblickenden und zugleich in die Ferne dringenden Auge. »Zeichnen ist Weglassen« – Liebermann liebte das Wort seines verehrten Vorgängers Gottfried Schadow. Der sprechende und ebenso verschweigende Mund unter dem Schnauzbart, der kühne, schiefe Haken der Nase, die gewölbte, gegliederte Stirne und ein Wehen von zart gewordenem Greisenhaar darüber, wandernde Schatten und huschende Lichter, offene Schraffuren des Kreidestifts und weiche Wischer, die doch die Form nicht verschleiern – und alles nur in zeichnerischen Andeutungen. Dieses Haupt ruht nicht gelassen und gerade auf dem Sockel eines gewichtigen Leibes. Fallende, fragile Schultern sind knapp markiert, über denen sich ein dennoch leuchtendes Antlitz in leichter, beinahe angestrengter Schräge emporreckt. Nichts oder nur wenig von jener heiteren Sicherheit des »klassischen Greises« lebt darin, schon gar nicht ist dies ein »fröhlich dreinschauendes Greisenhaupt, um dessen zahnlosen, weiß überbuschten Mund ein Lächeln rationalistischer Heiterkeit« liege, wie Thomas Mann freilich aus anderen Bildnissen des Alten herausgelesen hat[3]. Viel aber wohnt darin vom Fragenden, Suchenden, Schweifenden des Kindes, als das Fontane sich selbst begriff. Daß der nüchterne Realist Max Liebermann dies alles gesehen und protokolliert hat, ohne den Dargestellten bloßzustellen, diese Fähigkeit, Wahrheit zu berufen, ohne sie zu plakatieren, rückt die beiden nahe zueinander, den Zeichner und sein Modell.

1847 – Biedermeier

Max Liebermann wurde am 20. Juli 1847 als zweiter Sohn des jüdischen Textilkaufmanns und -fabrikanten Louis Liebermann und seiner Ehefrau Philine, geborener Haller, in Berlin geboren. 1891 hat der Sohn als gewichtiges Zeugnis seiner Verehrung für die Eltern ihr großes Doppelbildnis gemalt, ein charaktervolles Menschenbild, in dem sich Strenge und bürgerliches Behagen zu gelassener Würde verbinden[5]. Übrigens fühlten sich die Dargestellten nicht sonderlich gut getroffen. Er hatte zwei Brüder und eine Schwester. Bis zum Abiturium des späteren Malers hatten die drei Knaben sich in ein gemeinsames Zimmer zu teilen. Man lebte sparsam. »Da ich 1847 geboren wurde, ist es nicht zu verwundern, daß meine politischen und sozialen Anschauungen die eines Achtundvierzigers waren und geblieben sind. Obgleich ich oft genug leider vom Gegenteil überzeugt wurde, bilde ich mir ein, daß – wie es in der Verfassung heißt – jeder Staatsbürger vor dem Gesetz gleich ist.[5]« Mit diesen ein wenig auch ins Ironische gebrochenen Sätzen gibt der Rückblickende ein bezeichnendes Beispiel für seine Fähigkeit, sich selbst in größerem, geschichtlichem Zusammenhang zu sehen. Diese Fähigkeit, sie findet sich ähnlich in seinen Äußerungen über sein künstlerisches Metier. 1935, am 8. Februar, ist er gestorben. Der Tod traf den Siebenundachtzigjährigen noch rechtzeitig genug, ehe ihm das Hitler-Regime Schlimmstes hätte antun können, wie es seiner Frau wenige Jahre darauf noch geschehen ist. So hat dieser Preuße und Deutsche aus der Mitte des neunzehnten Jahrhunderts in einem langen, bis zuletzt gesegneten Künstlerleben Zeiträume und Geisträume durchmessen, deren Inhaltsfülle wahrhaft bedrängend scheint. Sein Geburtsjahr ist das der Entstehung des 1848 veröffentlichten ›Kommunistischen Manifests‹, das Jahr, in dem – kurios genug – ebenso der Generalfeldmarschall des Ersten Weltkriegs und spätere Reichspräsident von Hindenburg das Licht der Welt erblickte – Liebermann sollte einmal sein Bildnis malen –, wie auch der deutschrömische Bildhauer Adolf von Hildebrand oder der Erfinder des Phonographen Thomas Alva Edison. Moritz von Schwind malte damals seinen ›Hoch-

zeitsmorgen‹ und Adolph Menzel seine ›Berlin–Potsdamer Bahn‹. Das Jahr war zugleich das Todesjahr Felix Mendelssohn-Bartholdys; es sah dazu die Gründung der Elektrofirma Siemens und Halske, der Dampfschiffahrtslinie Bremen–New York, des späteren Norddeutschen Lloyd und der Hamburg-Amerika-Linie. Das darauffolgende europäische Revolutionsjahr mit der deutschen Nationalversammlung in der Frankfurter Paulskirche verzeichnete die Geburt der Maler Fritz von Uhde und Paul Gauguin wie auch die des Flugpioniers Otto Lilienthal. Leicht ließe sich dieses Spiel mit entsprechenden Daten, Namen und Fakten fortführen, darin sich die für dieses Jahrhundert so charakteristische Gleichzeitigkeit

5 *Bildnis der Eltern, 1891, Gemälde*

des Heterogenen, Paradoxen und in Wahrheit Ungleichzeitigen offenbart.

Als Max Liebermann zwei Jahre vor dem siebziger Krieg die Weimarer Kunstakademie bezog, hatte er sein Studentenzimmer gegenüber dem Goethehaus am Frauenplan, das damals noch von den Enkeln des Dichters bewohnt wurde, die ab und an von ihrer Mutter Ottilie, geborenen von Pogwisch, Besuch erhielten, wie Liebermann, zeit seines Lebens ein kenntnisreicher Leser und Verehrer Goethes, gelegentlich selbst berichtete[6]. Seine eigentliche künstlerische Entwicklung vollzog sich in den Jahren nach dem gegen die Franzosen gewonnenen Krieg, die das Bismarcksche Preußen-Deutschland, das Reich, zu blendender äußerer Macht aufsteigen sahen. Zugleich aber wuchs im Schatten der allgemeinen wirtschaftlichen und industriellen Entfaltung und der damit verknüpften Konflikte die soziale Bewegung. Die neue Reichshauptstadt, die Kaiserresidenz Berlin, wurde indessen in ihrem Erscheinungsbild, ihrer Atmosphäre und ihrem Geist einstweilen nicht allein durch die beiden nun vorherrschenden politischen Kräfte bestimmt. Sosehr die konservative Politik der Hohenzollern und die fortschreitende, dann auch fortschrittliche Entwicklung im Bereich des Gesellschaftlichen, im neuen Maschinen- und Verkehrswesen, im Planen und Bauen für die wachsende Zahl der Massen weite Bereiche des öffentlichen Lebens der Stadt durchdrangen, so hartnäckig erwies sich das Bürgertum als eine unabhängige, vergleichsweise unpolitische Instanz gegenüber dem Militär und dem Proletariat. Es war ein Bürgertum von unverwechselbarem Lokalkolorit. Mit Witz und Zähigkeit behauptete es seine erst vor wenigen Generationen eroberten sozialen Positionen, seine provinzielle Selbstgewißheit und in etlichen Fällen seine zugleich weltläufige Geistigkeit. So fanden sich hier charakteristische Züge des Gemeinwesens verkörpert: durch das gesamte Jahrhundert hindurch bewahrte man in diesen Kreisen gewisse Spielregeln des Umgangs und der Lebensform aus dem sogenannten Biedermeier als eine stets gegenwärtige Unterströmung von spezifisch berlinischer Tönung. Rechtschaffen und solide, unsentimental und nüchtern betrieb man die Geschäfte des Alltags, ordnete man das Zusammenleben in Haus, Familie und Nachbarschaft. Über alle wilhelminische Großmannssucht

6 *Photobildnis, 1872, Weimar*

und gründerzeitliche Parvenühaftigkeit hinweg erhielten sich die biedermeierlichen Tugenden der Selbstbeschränkung und der Bescheidenheit, des Anstands im Kleinen und des Bürgersinns im Größeren als tragende und mäßigende Kräfte im Verhältnis der vielen untereinander. Es waren ursprünglich preußische Tugenden, die in friderizianischen Tagen mutatis mutandis auch für den Adel gegolten hatten. Nach dem hohen emotionellen Aufwand, den die napoleonische Bedrückung und zumal die eigentlichen Freiheitskriege jedermann abverlangt hatten, war man es nun weithin zufrieden, sich wieder in überschaubaren Dimensionen bewegen zu können. An dieser verbreiteten Lebensphilosophie hatten drei Bevölke-

Soziale gegeben heiten im Deutschld. ab 1870

rungsgruppen höchst verschiedenen Ursprungs vor allem Anteil: das bäuerliche Märkertum, die Hugenotten und die Juden. Dabei ist zu bedenken, daß die bürgerliche Gleichberechtigung der Juden in Preußen erst 1812 durch Hardenberg und Wilhelm von Humboldt verwirklicht worden war – eine Generation vor der Geburt Liebermanns. Sie galt indessen einstweilen nur für das kleine Staatsgebiet von 1812 und mit der Einschränkung, daß den Neubürgern der Zugang zu staatlichen Ämtern bis auf die Lehrämter noch längere Zeit versperrt blieb. Noch 1846 lebte im nun vergrößerten Lande ein Drittel der Juden ohne bürgerliche Rechte. Aus diesen historischen Fakten sind Fleiß und Tüchtigkeit hinlänglich zu erklären, mit denen der Großvater und der Vater des Malers ihre wirtschaftliche und gesellschaftliche Stellung gegen unübersehbare Widerstände aufbauten und ausbauten. Liebermann selbst erzählte gern die Anekdote, daß sein Großvater sich dem König Friedrich Wilhelm IV. auf der Kurpromenade in Teplitz als derjenige präsentiert habe, der »die Engländer vom Kontinent vertrieb« – in der Kattunbranche nämlich. Die mühevolle Geschichte der Emanzipation und einer zeitweiligen Assimilation, wie sie sich etwa in den bewegenden Schicksalen der Familie Mendelssohn auf exemplarische Weise spiegelt, ist in Wahrheit aber auch der Schlüssel für die menschliche und künstlerische Entwicklung des Malers. Mochte er sich zu Recht als Achtundvierziger fühlen, mochte er Demokrat und Republikaner aus innerster Überzeugung sein – sein Lebensstil war der des Großbürgertums, zu dem sich erst seine Eltern emporgearbeitet hatten. Freilich wurde dieser Stil in den wohlhabenden jüdischen Häusern der Stadt allgemein mit Diskretion gelebt: man hatte Geld und also Macht und Einfluß über die Bereiche des Wirtschaftlichen hinaus, doch vermied man zumeist Luxus und Repräsentation um ihrer selbst willen. Man übte Sparsamkeit im eigenen Kreis und empfand zugleich die soziale Verpflichtung des Besitzes. So war Louis Liebermann in der ehrenvollen Position eines Stadtverordneten vor allem mit der Armen- und Waisenpflege befaßt.

Im Jahre 1859 hatte der Vater das Haus am Pariser Platz Nr. 7 gekauft, in das der Sohn 1892 nach dem Tod der Mutter mit einzog. Unmittelbar am Brandenburger Tor gelegen, verkörperte dieses Haus im spätklassizistischen Stil durch seinen Ort und seine herr-

schaftliche Größe gewiß keinen geringen gesellschaftlichen Anspruch. Doch sahen der Vater wie der Sohn gleichermaßen darauf, daß Maß und Zurückhaltung gewahrt blieben. Um 1930 hat der Kunstkritiker Ernst Benkard den alten Herrn dort besucht und in einem Aufsatz über seine Eindrücke berichtet[7]. Darin heißt es: »Ein mehrstöckiger, grauweiß angestrichener, eher hoher als breiter Baublock (sein Kern bestand sicher aus Backsteinen), der durch die abgewogenen Proportionen der Stockwerke und durch die mustergültig auf die Fassade verteilten Fenster Noblesse empfing. Ein Beispiel bürgerlicher Baukunst von jener Anständigkeit, die man aus den Tagen Schinkels herübergerettet hatte. – Nichts schien mir, da ich mich anschickte, das Haus zu betreten, gleichgültig. Weder der elfenbeinerne Schellenknopf, nach dessen Berührung die braungebeizte Haustüre aufsprang, noch weniger die leichtgeschwungene Holztreppe, die man bis zu Liebermanns Reich hinaufsteigen mußte. Von den Prätentionen der ›hochherrschaftlichen Etage‹, wie man in Berlin zu sagen pfleg-

7 *Bildnis des Vaters, 1893, Kreide*

8 *Photobildnis von Felix H. Man, aufgenommen Mitte der zwanziger Jahre am Pariser Platz*

Einrichtungs-stil v. M. L.

te, war keine Spur zu bemerken. Auf der sauber gescheuerten Treppe lag nicht einmal ein Läufer, wie auch das Treppenhaus keine Verkleidungen ›in echt Marmor‹ kannte; es begnügte sich damit, licht ausgetüncht zu sein [...] So ward ich denn in einen der Wohnräume eingelassen und hatte, da ich etwas warten mußte, Gelegenheit, mich umzusehen. Kaum ein hohes Möbel stand in dem Zimmer umher. Niedrige Kommoden und Tische aus Mahagoniholz, schlicht und kostbar durch Form und Material, gaben die Wandflächen frei; der reiche Bestand an Gemälden ließ merken, daß man zu einem Liebhaber der Kunst gekommen war...« Die Schilderung bestätigt, was auch einige Photographien nach dem Hausherrn in seiner heimischen Umgebung aussagen – Liebermann vermied jeden Anschein von protzenhaftem Aufwand. Ebenso aber vermied er alles, was nach bohemehafter Leichtfertigkeit hätte aussehen können. »Ich bin in meinen Lebensgewohnheiten der vollkommenste Bourgeois: ich esse, trinke, schlafe, gehe spazieren und arbeite mit der Regelmäßigkeit einer Turmuhr. [...] Mein Leben war und ist Mühe und Arbeit. [...] Ich glaube, daß es kaum einen Künstler gibt, über den zu schreiben undankbarer wäre, und mir scheint darin ein Vorzug meiner Kunst. Natürlich ist es leichter, über einen zu schreiben, der alle paar Jahre mit einer anderen durchgeht oder jeden Abend in der Gosse liegt oder sonst sich genialisch gebärdet. Ohne Stürme ist mein Leben dahingegangen, wenigstens ohne äußerlich sichtbare.[8]«

Eine solche Selbstcharakteristik, darin sich Herkunft, Lebensweise und Überzeugungen getreulich bezeugen, umschließt natürlich auch ein künstlerisches Programm, dem Liebermann, der Schreiber und Redner, auch in anderem Zusammenhang mehrfach Ausdruck gegeben hat. Der Schüler des Berliner Biedermeiermalers und Pferdespezialisten Carl Steffeck sah sich von Beginn an in der Tradition der Berliner Realisten und Anti-Idealisten, die über alle allgemeinen stilistischen Wandlungen der Kunstgeschichte vom Spätbarock über den Klassizismus und die Romantik hinweg, dazu von Tagesmoden wenig berührt, die Wirklichkeit mit ihren eigenen Augen unvoreingenommen anschauten: Chodowiecki und Schadow, Rauch und Krüger, Gaertner und Menzel. – Es ist nur verständlich, daß der junge Mann zuerst erhebliche Widerstände zu überwinden hatte, als er seinem gestrengen und vor allem wirtschaftlich denkenden Vater klarzumachen suchte, er wolle Maler werden und nichts anderes. Zwar hatte man ihm, in den Jahren 1863 und 1864 noch während der Schulzeit, gestattet, an Zeichenstunden teilzunehmen, die der angesehene Steffeck begabten Anfängern gab. Doch mußte er sich nach dem Abgang vom Friedrich-Werderschen Gymnasium zu Ostern 1866 an der philosophischen Fakultät der Universität einschreiben. Wenn er offensichtlich zum Kaufmann nicht taugte, so sollte er doch wenigstens eine akademische Laufbahn einschlagen. Er hat von den wissenschaftlichen Möglichkeiten dort keinen Gebrauch gemacht und ist statt dessen lieber im Tiergarten spazierengeritten. Schon im November deselben Jahres konnte er sich offiziell als Schüler bei Steffeck anmelden. Im Jahr darauf durfte er bereits aktiv an einem aktuellen Historienbild seines Meisters mitarbeiten: ›König Wilhelm I. wird nach der Schlacht von Königgrätz von seinen Kriegern begrüßt.‹ »Ich malte Armaturstücke, Säbel, Gewehre, Uniformen, selbst Hände zur vollen Zufriedenheit meines Meisters«, berichtete Liebermann in einem Erinnerungsaufsatz, der 1908 in ›Kunst und Künstler‹ erschienen ist. Darin heißt es weiter: »Möglich…, daß mir Steffecks Bild als zu ›verklärt‹ in der Erinnerung geblieben ist, im Lichte der goldenen Jugendzeit. Steffeck erscheint mir wie ›der große Künstler‹ in Romanen: schön, geistreich, witzig, unter dessen Pinsel mühe- und sorglos, bei anmutigem Getändel mit jungen Damen und klugen Reden mit vornehmen Herren, Meisterwerke entstehen.« […] »Vormittags von 9 bis 1 Uhr

9 *Bildnis der Mutter, nähend, um 1882, Feder*

wurde nach dem lebenden Modell gearbeitet, nachmittags nach Gips gezeichnet, und abends von 6–8 war Aktsaal, wo neben uns angehenden Malern Architekten wie Kayser und von Großheim, Kunsthistoriker wie Wilhelm Bode, die menschliche Figur studierten. Oft zeichnete Steffeck selbst mit, und es war eine Freude, zu sehen, mit welcher Sicherheit und Leichtigkeit er das Modell hinunterfegte, fast ohne den Bleistift abzusetzen… Er interessierte sich nur für die Arbeiten, in denen er etwas in der Natur Beobachtetes wiedergegeben fand. Routine und Chic waren ihm ein Greuel, ebenso wie die gewerbsmäßige Kalligraphie, wie sie damals auf den Akademien gelehrt wurde. Überhaupt wurde er nicht müde, vor diesen Pflanzstätten des Künstlerproletariats zu warnen: ›Entweder hat einer genügend Talent, dann braucht er den akademischen Unterricht nicht, oder er hat nicht genügend Talent, dann nützt er ihm nichts.‹ Richtig zeichnen lernen, das übrige war ihm Hekuba. – ›Zeichnet, was ihr seht‹, war seine immer wiederholte und beinahe einzige Lehre. [...] Er war ein zu getreuer Schüler Schadows und seines vergötterten Lehrers Franz Krüger, dazu Berliner bis auf die Knochen, um sich irgendwelcher Gefühlsduselei in Form oder Farbe hinzugeben. Für das französische Blut in ihm – er gehörte zur Kolonie – war nur der Gedanke, der klar ausgedrückt war, klar gedacht. Auf Klarheit und Richtigkeit war sein Streben in der Kunst gerichtet, wobei er leider, ohne es zu merken, in allzu große Nüchternheit und Trockenheit verfiel. [...] Er hatte ein paar Jahre in Paris studiert, er sprach glänzend französisch und wurde nicht müde, Paris als das Dorado der Kunst uns zu schildern. Seit Napoleon III. herrschte Couture als der französische Malerkaiser, und jeder Maler, der sich einigermaßen respektierte, suchte sich dessen Rezept für die alleinseligmachende Malerei zu verschaffen. [...] Auch Steffeck lehrte nach Coutures Methode: Die Zeichnung wurde zuerst mit einem dünnen Umbraton angetuscht, dann wurden die Lokaltöne in die braune Untermalung hineingesetzt, die Schatten blieben womöglich von der Untermalung, jedenfalls ganz dünn und transparent, stehen und zum Schluß wurden ein paar pastose Glanzlichter aufgesetzt. Neben der Korrektheit der Zeichnung handelte es sich für Steffeck um Eleganz des Vortrags. Wo diese beiden Eigenschaften einem höheren, gesteigerten Leben geopfert waren, wie bei Menzel, war's aus mit seiner Anerkennung. Überhaupt hatte er eine ausgesprochene Abneigung gegen Menzel, vor dessen ›Karikaturen‹ er uns eindringlich warnte. – Freilich stand Steffeck mit dieser seiner Abneigung gegen Menzel durchaus nicht vereinzelt da. Dieser war noch der Apostel des Häßlichen, wie ihn W. von Kaulbach genannt hatte, und noch längst nicht der ›Altmeister mit dem Schwarzen Adlerorden‹.« Bei aller Verehrung für den Lehrer und einer besonderen Bewunderung für den Pferdespezialisten sah der Schüler sehr deutlich die Grenzen seines Talents. So heißt es weiter unten: »Außer Franz Krüger verstand wohl keiner ein Pferd so gut wie Steffeck. Bevor er den Gaul malte, ließ er ihn sich in dem kleinen Garten hinter seinem Atelier vorreiten – ach! wie oft und wie gern habe ich's getan –, um seine Gangart kennenzulernen.

Mit wunderbarer Sicherheit und photographischer Treue wußte er sie nachher wiederzugeben.« Aber es heißt auch: »Ihm fehlte die innere Leidenschaft, der Kampf und das Ringen nach dem Höchsten, die Konzentration, vor allem aber der künstlerische Egoismus, der alles seinem Werke opfert. Weil sein Werk ihn nicht mit sich fortreißt, reißt er auch uns nicht mit sich…« Zum Schlusse schreibt er: »Es wäre lächerlich, von Steffeck in Superlativen zu reden: Er selbst – denn er war wie Th. Fontane, mit dem er auch sonst manche Ähnlichkeit hatte, ein Zyniker, und zwar von der Sorte, der sentimentale Phrasen und feierliche Redensarten am ekelhaftesten sind – würde am lautesten darüber lachen. Aber er war ein ganzer Mensch und ein echter Künstler, der sein Handwerk ehrte, und darum sollte auch ihn das Handwerk ehren. – Seine Kunst und sein Leben waren ausgeglichen und in Harmonie, daher die Liebenswürdigkeit, die beides umstrahlt. – Ich aber wollte der Liebe und Verehrung, die ich ihm übers Grab hinaus bewahrt habe und bewahren werde, Ausdruck geben: Nehmt alles zusammen, Steffeck war ein famoser Kerl.«[9] Mit Vorbedacht wurde hier so ausführlich zitiert. Es wird auch im weiteren Verlauf unserer Betrachtung gelegentlich geschehen. Denn: Liebermann war ein glänzender Stilist. Er hatte nicht allein eine scharfe Zunge und eine spitze Feder, er schämte sich dabei nicht, Liebe und Verehrung für einen Älteren offen zu bekunden. Zwar war er selbst in seinem Verstande auch ein »Zyniker«, doch war er, anders als Steffeck, ein Mann der »inneren Leidenschaft«. So sind denn diese Worte vor allem anderen pro domo gesprochen und gewinnen gerade dadurch als subjektives Bekenntnis ihr objektives Gewicht.

Weimar

Entgegen der Empfehlung Steffecks ging Liebermann im Frühjahr 1868 an die Akademie nach Weimar. Es sieht so aus, als ob der Vater nicht nur gegen einen Studien-Aufenthalt in Paris, sondern auch gegen einen solchen in München gewesen war. Nun galt aber die erst 1860 gegründete Kunstschule in Weimar damals in Deutschland als das fortschrittlichste Institut seiner Art. Liebermann kommentierte diesen

10 *Gänserupferinnen, 1872, Gemälde, Berlin/DDR*

Schritt später mit wenigen Worten: »Die dortige Kunstschule blühte unter Kalckreuths Leitung, noch lebten Friedrich Preller und Genelli dort. In Weimar fing ich nun systematisch zu studieren an, zuerst in der Gipsklasse unter Thumann. Dann wurde ich Schüler von Pauwels, der damals in hohem Ansehen als Lehrer stand. Vier Jahre war ich in seiner Malschule und fing Bilder in des Meisters Manier an, ohne eines zustande zu bringen. 1872 malte ich mein erstes Bild ›Die Gänserupferinnen‹, das in dem kleinen Weimar ein bedeutendes Aufsehen machte. Ich schickte das Bild auf die Hamburger Ausstellung, wo es zu meiner größten Überraschung ebenso großes Aufsehen hervorrief und – was mich noch mehr wunderte – einen Käufer in dem Kunsthändler Lepke fand. [...] Nach diesem so unerwarteten Erfolg reiste ich im Sommer 1873 zum ersten Mal nach Paris, wo ich Munkácsys Bekanntschaft machte. Nach vierzehntägigem Aufenthalt in Paris zurückgekehrt, malte ich dort« – in Weimar – »›Die Waise‹ und ›Gemüsemacherinnen‹.«[10]

Was aber hatte für den Einundzwanzigjährigen damals der Weggang von Berlin und von Steffeck nach Weimar geheißen? Nach eigenem Urteil fing er erst hier an, »systematisch zu studieren«. Zum ersten Mal fühlte er sich frei von elterlicher Bevormundung. Um aber ermessen zu können, was die Loslösung von der familiären Umgebung und den künstlerischen Verhältnissen in Berlin für den Anfänger in der Kunst auch über das Persönliche hinaus bedeutete, ist es sinnvoll, die von Liebermann erwähnten Lehrer näher zu charakterisieren, sie vor allem in größerem, historischem Zusammenhang zu sehen. Noch als Schuljunge hatte ihn und seinen Bruder Felix die

23

Neugier in das benachbarte Palais Raczinski (auf dem Gelände des heutigen Reichstagsgebäudes) getrieben, wo in einem Saal des Seitenflügels der weit über siebzigjährige Peter Cornelius als ein Relikt aus großer Vergangenheit an seinen monumentalen Kartons für den Camposanto der Hohenzollern arbeitete, d. h. er zeichnete. 1867 ist er dann gestorben und hat das nach Idee und Gestalt längst überständige Riesenwerk »abstrakter Gedankenkunst«, um es mit Liebermanns eigenen Worten zu sagen, als Torso zurückgelassen. Als Liebermann 1868 nach Weimar kam, lebten dort noch zwei andere aus der sagenhaften Zeit klassizistisch-nazarenischer Traditionen Übriggebliebene: Bonaventura Genelli, der noch im nämlichen Jahr sterben sollte, und Friedrich Preller (1804 bis 1878), die beide auf je verschiedene Weise den zeichnerischen Linienstil Carstenscher und Overbeckscher Herleitung pflegten. Mit wachsendem Groll mußten sie die neuen Entwicklungen beobachten, die sich an der neuen Kunstschule anbahnten: nicht mehr die Zeichnung, der ideale Kontur, als Fundament und Inbegriff aller Bildkünste seit Raffael, sondern die Malerei unmittelbar nach dem Modell stand hier im Mittelpunkt des kunstpädagogischen Programms.

Der Großherzog Karl Alexander – das Urbild des Serenissimus der Anekdote, doch von allerbesten Absichten beseelt – hatte den Ehrgeiz, es seinem Großvater Karl August nachzutun und den »Musenhof« der Goethezeit zu erneuern, nicht so sehr jedoch auf dem Gebiet der Literatur – seine Interessen galten vor allem der Malkunst. So berief er den Grafen Stanislaus Kalckreuth (geb. 1821) nach Weimar, einen heute weithin vergessenen Landschaftsspezialisten für »malerische« Ansichten, Hochgebirgspanoramen und ähnliches. Er war der Vater des bekannteren und begabteren Leopold, der nach Liebermann, ähnlich wie dann die Worpsweder um Mackensen, in Millet und den Malern von Barbizon seine Vorbilder sehen sollte, sein Bestes aber, durch Alfred Lichtwark angeregt, im Bildnisfach gegeben hat (s. S. 101 ff.). Der ältere Kalckreuth berief nun seinerseits weitere Künstler der jüngeren Generation wie Arnold Böcklin, Reinhold Begas und Franz Lenbach als Lehrer nach Weimar. Doch wanderten diese schon nach wenigen Jahren wieder ab, woran die kleinstädtische Atmosphäre der thüringischen Residenzstadt gewiß nicht

unschuldig gewesen sein wird. Aber Kalckreuth hatte ein Gespür für die Forderung der Stunde: es gelang ihm u. a., zwei namhafte Vertreter der neuen belgischen Historienmalerei an sein Institut zu ziehen: Ferdinand Willem Pauwels (1830–1904) und Charles Verlat (1824–1890), die mit großem Erfolg auf den Spuren der Wappers (1803–1874), Gallait (1810 bis 1887) oder de Keyser (1813–1887) wandelten. Im Jahre 1830 hatte Belgien seine staatliche Unabhängigkeit errungen. Alsbald fand sich eine Gruppe von Malern zusammen, die einerseits Anregungen der französischen Historienmalerei, weniger die eines Delacroix als die eines Delaroche, aufnahmen, andererseits aber den barocken, national-flämischen Traditionen der Rubens-Schule huldigten. In Wahrheit war dies Kunst aus zweiter und dritter Hand, deren theaterhafte Bildinszenierungen den großen Vorbildern der Vergangenheit nur im äußeren Anspruch, nicht aber in der künstlerischen Verwirklichung nahekamen. Angeregt durch eine Woge nationaler Begeisterung, die das Volk bewegte, verherrlichten sie auf monumentalen Leinwänden Höhepunkte einer neuentdeckten vaterländischen Geschichte in altmeisterlich saftiger Malerei. Die Bilder wurden auf Ausstellungstourneen – wie noch Manets ›Erschießung Maximilians‹ – durch alle Welt geschickt und ernteten vor allem in östlichen Ländern höchste Bewunderung. Aber auch in Deutschland war der Widerhall riesig, wie die Münchener Historienmalerei Pilotys und seines Kreises und wie nicht zuletzt die belgische Dependance an der Weimarer Kunstschule erweist. Zwar arbeitete Liebermann anfangs bei dem Pauwelsschüler Paul Thumann noch auf traditionelle Weise nach Gips – es wurde indessen mehr Grau in Grau *gemalt* als gezeichnet. Bei Pauwels aber sollte er nun bald die freie Malerei selbst erleben. Um so größer war seine Enttäuschung, als er feststellen mußte, daß sein neuer Lehrer das oben gekennzeichnete malerische Verfahren Steffecks bzw. Coutures als leichtfertig mißachtete. Er entwickelte seine Kompositionen statt dessen, einem domestizierten Rubens-Rezept folgend, aus genauen Vorzeichnungen, die dann in sorgfältig durchmodellierte Grisaille-Malerei übersetzt wurden und erst zum Schluß durch farbige Lasuren und deckende Farbzonen ihre letzte Vollendung empfingen. Er erwartete von seinen Schülern, die er auch zur Mitarbeit an seinen

11 *Studienblatt für die Gänserupferinnen, 1872, Bleistift, Berlin*

vielfigurigen Riesenbildern heranzog, daß sie sich derselben malerischen Methode bedienten. Gern stellte er ihnen Kompositionsaufgaben: ›Der Barmherzige Samariter‹, ›Der Verlorene Sohn‹ oder etwas aus der Odyssee waren beliebte Themen, wie Liebermanns Studienkollege, der Hamburger Thomas Herbst, zu berichten wußte[11]. Dieser selbst war unglücklich: »Vier Jahre war ich in seiner Malschule und fing Bilder in des Meisters Manier an« – wahrscheinlich nach Bildgegenstand und technischem Verfahren –, »ohne eins zustande zu bringen.«[12] Der seit einem Jahr in Weimar wirkende Charles Verlat hingegen zog ihn mehr an – ein ungemein anregender, sich genialisch gebender Virtuose des Ateliers. Von ihm erfuhr er auch ersten Zuspruch, als er seine ›Gänserupferinnen‹ malte, mit denen er sich zu allgemeiner Überraschung endgültig aus aller Schülerabhängigkeit lösen sollte. Obwohl das Bild noch manches aus der Ateliertradition des Jahrhunderts bewahrte, so in seinem Helldunkel, seiner altmeisterlich gedämpften Farbskala und in seiner ausgewogenen Komposition, meinten die Kollegen in Weimar und dann auch ein weiteres Publikum den Gipfel rücksichtsloser Modernität darin zu sehen. Menzel bemängelte ein wenig später den vorgeblich fehlenden »Fleiß«. Dabei hatte Liebermann seine Alltagsszene aus sorgfältig vor der Natur geschaffenen Einzelstudien nach Akademiemodellen zusammengebaut, ohne Mühe und Arbeit im einzelnen zu scheuen. Nichts daran hatte er dem Zufall oder der plötzlichen Improvisation überlassen. Offenbar aber erschien den zeitgenössischen Betrachtern das simple Thema und vor allem dessen gelassener Vortrag als so neu und überraschend, daß man die Rückverbindung zu älterer Kunst darin geflissentlich übersah. Schließlich verdankte er den Bildgegenstand seinem Studienfreunde Thomas Herbst, der von einem Aufenthalt auf dem Lande etliche zeichnerische Naturaufnahmen mitgebracht hatte, darunter ein Blatt mit gänserupfenden Bäuerinnen, das sich Liebermann zur Weiterverwendung ausbat. Und auch die eigentliche Bildidee, die Versammlung von anonymen Ge-

25

stalten, die, durch gemeinsame Tätigkeit verbunden, in dunklem Innenraum mit helleuchtender Materie umgehen, war keineswegs Liebermanns originale Erfindung. Zu Pfingsten 1871 war er zusammen mit dem jungen, eben nach Weimar berufenen Landschaftsmaler Theodor Hagen nach Düsseldorf gereist, um im Auftrage Kalckreuths den ungarischen Maler Mihály Munkácsy zu überreden, an die thüringische Kunstschule zu kommen. Munkácsy, damals schon eine Berühmtheit, lehnte ab und zog wenig später nach Paris. Doch fand er Gefallen an den beiden jungen Leuten und zeigte ihnen bereitwillig sein Atelier und darin sein eben vollendetes großes Bild ›Charpiezupfende Frauen‹, mit dem er bald weiten Erfolg haben sollte. Dargestellt war eine Gruppe von Frauen, die für die Kriegslazarette aus Leinwand Verbandsstoff herstellten – ein aktuelles Thema, dem er durch die Einfügung eines Verwundeten und einer diesem gegenübersitzenden, anscheinend trauernden jungen Frau die sentimentale Anekdote beifügte, die der Zeitgeschmack schätzte. Das alles war in saftiger, breiter Malerei mit wenigen, dunkelleuchtenden Farben und dem Weiß des Leinenzeugs vor düsterem, schwarzbraunem Asphaltgrund gegeben. Hier hatte Liebermann sämtliche formalen Bestandteile für seinen Bildplan der ›Gänserupferinnen‹ beisammen – einschließlich der zusätzlichen kleinen Lichtquelle in der oberen rechten Bildecke[13]. (Daß er Munkácsy erst später in Paris kennengelernt habe, wie er in seinen autobiographischen Notizen vermerkte, ist offenbar ein bloßer Erinnerungsfehler.)

Aus Düsseldorf zurückgekehrt, ging er indessen noch nicht an sein großes Bild, sondern nahm zuerst ein anderes vor. Anscheinend mußte er die eben empfangenen Eindrücke erst verarbeiten. Vor allem – er hatte die aufwendigen Historienkompositionen seiner Lehrer satt und bei den von Pauwels gestellten Kompositionsaufgaben eigentlich auch immer versagt. Seine künstlerische Phantasie reagierte unmittelbar über das Auge, so wie er es später bekenntnishaft in seinem Aufsatz ›Die Phantasie in der Malerei‹ formuliert hat. Statt dessen: »Als ich nämlich von Düsseldorf kam, wußte ich nicht, was tun. Da malte ich in der Verzweiflung eine Ecke meines Ateliers. Das gefiel Pauwels so gut, daß er mir riet, ein Bild daraus zu machen. Ich setzte einen alten Kerl hinein. Und so ist ein alter Raritätenkrämer fertig.« So schrieb er an

seinen Bruder Felix[14]. Die hier wiedergegebene ›Atelierecke‹, ein meisterliches Stück Malerei im Sinne der Niederländer des siebzehnten Jahrhunderts und ebenso Munkácsys, hat noch nicht einmal die Größe zweier Handflächen. Das Bildchen, auf Holz gemalt, ist dabei ebenso sorgfältig in der Einzelbeobachtung wie frei in der Handschrift. Eigentlich ist es ein Stillleben, ein Bildthema, das bei Liebermann sonst nicht erscheint; durch den hinzugefügten Alten, ein typisches Akademiemodell, ist dann daraus eine bildmäßige Genreszene geworden, wie sie dem Geschmack der Zeit mehr zusagte. Reine, malerische Sachschilderung schien nicht genug. In der Bildfassung, die etwa um die Hälfte größer ist, hat Liebermann übrigens hinter dem Knieenden nicht nur einen Sessel, sondern zur Austarierung der Komposition in der oberen Bildecke ein kleines Fenster hinzugefügt, das dann bei den ›Gänserupferinnen‹ fast wörtlich wieder vorkommt – in beiden Fällen geht es auf Munkácsy zurück, der es, bewußt oder unbewußt, dem Caravaggio entlehnt haben mag[15]. Es handelt sich um ein typisches Kompositionselement, wie es in den ›Kellerlichtbildern‹ des Italieners, in seinem Umkreis und bei seinen Nachfolgern im holländischen Norden begegnet.

Mit Caravaggio (1562–1609), der Liebermann zu jener Zeit kaum ein Begriff gewesen sein wird, ist der Vater der realistischen Malerei in Europa berufen, einer Malerei, die ihrem Thema nahe auf den Leib rückt, die Oberfläche der jeweiligen Bildgegenstände, Menschen wie Dinge, gleichsam betastet, als wäre die Welt ein großes Stilleben. Diese Nahsicht, die das Bild der ›Gänserupferinnen‹ wie die ›Atelierecke‹ nicht anders auszeichnet, betraf bei jenem Mehrfigurenbild nicht allein die posierenden Modelle des Akademieschülers, sondern ebenso den »Inhalt« des Bildes: daß da einfache Frauen einfache Arbeit verrichten, über deren Natur sich der normale Ausstellungsbesucher gewiß vorher keine Gedanken gemacht hatte, so wie kaum einer, der sich zur Ruhe begibt, sich Rechenschaft darüber ablegt, woher denn Bettfedern, Daunen, wohl kommen mögen. Diese Banalität, die dazu mit großem Ernst – und in großem Format (1,18 mal 1,72 m) – vorgetragen wird, war im Jahre 1872 »anstößig«, ohne daß deshalb Liebermann mit seinem Bilde ein soziales Proteststück hätte schaffen wollen noch wirklich geschaffen hat. Dies

26

12 *Konservenmacherinnen, 1879, Gemälde, Leipzig*

bleibt schon hier festzuhalten, da eine modische Interpretation sein Werk gern in diese Richtung umdeuten möchte, womit dann der spätere Liebermann etwa der Alleen und Gartenbilder zum Renegaten erklärt wird[16]. Zum anderen bleibt zu betonen, daß dieser vermeintliche Revolutionär in der Kunst bei seinem ersten Hauptwerk mit einem in doppeltem Verstande *geliehenen* Bildmotiv als Eklektiker in mehrfacher Hinsicht auftrat. An beide Feststellungen wird zu erinnern sein. Liebermann war kein Polemiker in seiner Kunst, und er war beileibe kein »Originalgenie«. Er war aber insofern ein wahrer und großer Künstler, als er das Gesehene, ob in der Natur oder in der Kunst der Vergangenheit und der Gegenwart, ganz der ureigenen Bildvorstellung einzuschmelzen vermochte.

Wie er selbst berichtete, traf sein Erstling nicht nur auf Ablehnung – er hatte bei Künstlern und etlichen Kunstfreunden, sogar bei einem Kunsthändler Erfolg – das Bild wurde für stolze tausend Taler verkauft –, was ihn veranlaßte – auch dies ein bezeichnender Zug für ihn –, die von Munkácsy entliehene Bildidee weiter zu verwerten[17]. Zwei fast identische Fassungen der ›Konservenmacherinnen‹ (Gemüseputzende Frauen) entstanden 1873 aus ersten holländischen Eindrücken. Später, 1879, kam noch eine dritte veränderte Version hinzu, die in ihrer gerafften Komposition und lichteren Farbigkeit bereits auf Kommen- 12

27

des vorausweist, doch wahrte auch sie die wesentlichen Elemente der ursprünglichen Anregung – die zusätzliche kleine Lichtquelle à la Caravaggio in der oberen rechten Bildecke mit eingeschlossen. Endlich ist zu bemerken, daß der Künstler, wahrscheinlich aus Gründen einer leichteren Verkäuflichkeit, gegenüber den großformatigen ›Gänserupferinnen‹ nun eine handliche Bildgröße von jeweils etwa fünfzig zu sechzig Zentimetern wählte. Der Erfolg bestätigte diese Erwägung.

Paris

Mit dem Erlös für die ›Gänserupferinnen‹ in der Tasche hatte sich Liebermann schon 1872 über Straßburg nach Paris aufgemacht, doch hielt es ihn dieses erste Mal nicht lange dort. Zwar hatte er im Salon eine erste Gelegenheit, Bilder von Théodule Ribot, von Gustave Courbet und zumal von Jean-François Millet im Original zu sehen – Reproduktionen nach deren Werken müssen ihm ohnehin schon vorher bekannt geworden sein –, indessen zog es ihn wieder nach Holland, wo er im Vorjahr von Düsseldorf aus schon einmal gewesen war. Für das Verständnis seiner künstlerischen Situation und seiner weiteren Entwicklung ist dieses Nebeneinander der beiden Reiseziele aufschlußreich: im Grunde suchte er an beiden Orten dasselbe Movens für seine werdende Kunst, die Wirklichkeit der ungeschönten Natur, die sich ihm, in Frankreich wie in Holland gleichermaßen, in Kunstwerken wie in realen Gestalten und Landschaften darbot. Zwar bekannte er selbst, daß ihn dann 1874 ursprünglich noch Munkácsy zu längerem Aufenthalt nach Paris gelockt habe, dahinter aber tauchten für ihn in Wahrheit die großen Vorbilder der Meister von Barbizon auf: »Troyon, Daubigny, Corot, vor allem aber Millet.« Nach der Eröffnung des Salons von 1874 ging er kurz entschlossen an den Tatort selbst, nach Barbizon, wo er bis zum Herbst blieb, kaum in persönlichem Kontakt mit den großen französischen Malern, soweit sie noch lebten, sondern in einsamem Studium und ernstester Arbeit vor der Natur selbst, das aber bedeutete: vor den Motiven der bewunderten Kollegen.

1874 – das Geburtsjahr des Impressionismus, der Darstellung von Licht, Luft und bewegendem Leben! Monets Bild ›Impression – soleil levant‹ erschien damals vor einer weitgehend verständnislosen Öffentlichkeit und sollte der Gruppe der neuen Maler den Spottnamen geben: Impressionalisten – Impressionisten. Liebermann aber ging nach Barbizon.[18] Nun war diese »Malerkolonie«, die sie im strengen Sinne nie gewesen war, damals schon längst nicht mehr das unberührte Dorf, am Rande des riesigen, weitgehend unerschlossenen Waldgebiets von Fontainebleau, etwa sechzig Kilometer südöstlich von Paris gelegen. Das herrliche Areal mit seinem wundervollen Baumbestand an Eichen, Buchen, Kastanien und Birken, mit seinen weiten Sand- und Heideflächen, den Felsgruppierungen und Höhlen hat seinen Charakter jedenfalls zum Teil bis auf den heutigen Tag bewahrt. Doch hatte sich mit dem Ausbau der Eisenbahnlinie von Paris nach Melun im Jahre 1849 bereits etwas Wesentliches gewandelt. Waren die Maler um Théodore Rousseau, die seit den dreißiger Jahren dort arbeiteten, gleichsam Bauern unter Bauern gewesen, die zumeist in großer Einsamkeit lebten, so waren dann immer mehr Künstler aus der Stadt auch zu vorübergehendem Aufenthalt nachgekommen, darunter auch etliche Ausländer (Skandinavier, Deutsche, Niederländer, Ungarn, Rumänen und Amerikaner). In ihrem Gefolge siedelten sich für die Sommermonate Kritiker und Schriftsteller hier an – in Barbizon und Chailly und in den anderen Ortschaften am Rande des Waldes wie Marlotte, Valvins, Samois, Larchant oder Nemours, unter ihnen die Goncourts, Maupassant oder Stevenson. Sie waren und blieben

13 *Folies-Bergère, 1874/75, Ölstudie*

14 *Thomas Herbst, Liebermann in seinem Pariser Atelier, 1877, Aquarell*

Städter, die als Sommerfrischler in der Natur Ruhe und Erholung, Ablenkung und Anregung, vor allem auch den gesellschaftlichen Kontakt untereinander suchten. Auch die künftigen Impressionisten Monet, Renoir oder Sisley hatten in den mittleren und den späten sechziger Jahren hier gearbeitet – Monet malte hier 1866 sein großes, nie ganz vollendetes ›Frühstück im Freien‹ nach Ölstudien, die er am Ort, im Wald von Chailly, nach seinen Freunden ausgeführt hatte. Diese Impressionisten aber veranstalteten in ebendem Jahr 1874 ihre erste Gruppenausstellung im Laden des Photographen Nadar auf dem Boulevard des Capucines, womit sie mehr Anstoß als künstlerische Sensation erregten. Zum Landschaftsmalen aber zogen sie nun nicht mehr in den Waldesschatten von Barbizon, sondern ins helle Sonnenlicht an die Ufer der Seine. In der heiteren Ferien-Region der Ruderer und Segler von Bougival und Argenteuil hatten sie ihre eigentliche Welt gefunden, stromabwärts nicht weit von der Stadt, fern dem ernsten Anspruch der großen Landschaft von Fontainebleau. Und dies ist wichtig: sie malten ihre Bilder nun als reine »Freilicht-Impressionen« unmittelbar vor dem Motiv unter dem strahlenden Himmel der Île-de-France. So überraschend es klingen mag – von alledem hat Max Liebermann damals offenbar keine Notiz genommen, wohl auch keine Notiz nehmen können. Dabei ist zu bedenken, daß sich die kunsttheoretischen Diskussionen der neuen Schule in geschlossenen Zirkeln in den Stammcafés der Gruppe oder allen-

15 *Mutter und Kind, 1877, Gemälde, Winterthur*

Tod (1877), nacheiferte. Daneben bildete die bescheidene Atelier-Wohnung des Österreichers Eugen Jettel einen zwangloseren Anziehungspunkt für die jungen Deutschen. Mit Jettel teilte Liebermann die Vorliebe für holländische Motive, die er auch in seinen Pariser Jahren nicht aufgegeben hatte; so reiste er 1876 und 1877 jeweils im Sommer nach Holland. Spezifisch pariserische Motive finden sich überhaupt in den Arbeiten jener Jahre bis auf eine kleine Studie aus den Folies Bergère und eine entsprechende aus dem Luxembourg-Garten kaum[19].

Barbizon

Anders stand es mit Barbizon. Zwar scheint sich das Lokalkolorit des Dorfes eigentlich nur in einem Bildchen zu spiegeln, das ein typisches Gehöft daselbst wiedergibt – man fühlt sich in der breiten, saftigen Malerei unmittelbar an Troyon, Diaz und vor allem an Courbet erinnert. Doch hat Liebermann in zwei hochbedeutenden Bildern auf ganz andere Weise das Wesen der Barbizon-Schule, Millets und der Landschafter neben ihm, beschworen und ins Monumentale überhöht. Hier geschah es zum ersten Male, daß der Eklektiker Liebermann sich seine Vorbilder ganz zu eigen machte und aus dem Angeeigneten ein Neues von gleichem oder gar höherem Rang erschuf. In der ›Kartoffelernte‹ von 1875 übersetzte der Maler die sentimentale Bildformel Millets, wie sie dieser in den ›Ährenleserinnen‹ oder im ›Angélus‹ geprägt hatte, aus dem hohen, »biblischen« Stil einer heimlichen Romantik ins Wirkliche des schlichten Alltags, ohne dabei die innere Größe des Bildthemas und seiner Gestalt zu mindern. In den ›Arbeitern im Rübenfeld‹ verwandelte er die raumhaltige Landschaft mit Figuren dort in eine friesartige Figurenkomposition auf schmaler Handlungsbühne, die, bewußt oder unbewußt, die Pathosformel der Frührenaissance eines Masaccio auf eine Darstellung der kollektiven Arbeitswelt des neunzehnten Jahrhunderts übertrug. So monumental und zugleich so phrasenlos ist Millet kaum jemals gewesen. Andererseits bezog sich Liebermann bei der Komposition und der schweren farbigen Haltung seines Bildes ganz offensichtlich auf Courbets ›Begräbnis von Ornans‹ von 1849, das er of-

falls in der einen oder der anderen privaten Galerie von bis dahin ganz unbekannten Kunsthändlern abspielten. Daß ein Deutscher so wenige Jahre nach dem verlorenen Krieg daran hätte teilhaben können, war undenkbar. Auch in den nächsten Jahren – Liebermann blieb bis Ende 1877 in Paris – beschränkte sich sein Umgang auf deutsche und ausländische Kollegen, so vor allem den Hamburger Thomas Herbst, den er 1876 nach Paris geholt und in sein geräumiges Atelier am Boulevard de Clichy mit aufgenommen hatte. Natürlich pflegte er den Verkehr mit dem nach wie vor bewunderten Munkácsy, der sich als inzwischen Arrivierter in der Rue de Lisbonne eine üppige Wohnung im Neu-Renaissance-Stil eingerichtet hatte, wo er als »Malerfürst« Kollegen aus aller Herren Länder großzügig empfing. Hier hat Liebermann auch den anderen hochbegabten Ungarn, den Landschafter László Paál, kennen- und schätzengelernt, der den Barbizon-Meistern und vor allem dem Realismus Courbets, auch noch nach dessen

16 *Bauernhof in Barbizon, 1874 (?)*

Resonanz – möglicherweise war den Franzosen die Nähe zu Millet und Courbet zu groß. Ihren eigenen Landsleuten wie Breton, Lhermitte, Bastien-Lepage oder Cazin rechneten sie solche Nähe freilich nicht als Mangel an. Die ›Kartoffelernte‹ schien Liebermann offenbar nicht ganz geglückt, oder er hat sie als unfertig angesehen; jedenfalls hat er sie nie im Salon oder sonst auf Ausstellungen gezeigt. Bei seinem Weggang von München nach Berlin im Jahre 1884 schenkte er sie seinem geschätzten Kollegen Johannes Sperl, dem engen Freunde und Mitarbeiter Wilhelm Leibls. Offenbar erkannte Sperl, der Landschafter, die Qualität des Bildes richtiger als sein Urheber selbst.

fenbar bei einer Ausstellung von 1873 in Wien im Original gesehen hatte. Dieser seltenen Fähigkeit Liebermanns, im unmittelbaren, idealen Wettstreit mit einem Wahlverwandten aus der kunsthistorischen Vergangenheit oder der jeweiligen Gegenwart, dessen Vorbild in Gestalt und Aussage vollkommen der eigenen Bildvorstellung einzuschmelzen und es womöglich zu überbieten, werden wir in seinem künftigen Werk mehrmals begegnen. Im künstlerischen Kräftemessen mit den Holländern des 17. Jahrhunderts wie mit Menzel, mit Leibl, mit Israels und Mauve, mit den französischen Impressionisten und mit seinen deutschen Sezessionskollegen, in immer wieder neuem Bemühen gelang es ihm, sein unverwechselbar eigenes Bild von der Welt zu finden und zu erfinden. »Mühe und Arbeit«, die er selbst gern berief, ausgedehntes zeichnerisches und malerisches Studium und auch schriftstellerische Rechenschaft über fremde und eigene Weltsicht aber bildeten die Voraussetzung für eine künstlerische Lebensleistung, die ihm nicht in den Schoß gefallen ist. Sein Bestreben, zumal in späteren Jahren, der malerischen Handschrift und der Oberfläche seiner Bilder den Anschein des Leichten, Fließenden und Spontanen zu verleihen, sollte nicht darüber hinwegtäuschen, daß er ungemein sorgfältig, nicht selten langsam arbeitete, korrigierte, übermalte, ehe er ein Bild als fertig aus den Händen ließ. Die ›Arbeiter im Rübenfeld‹ fanden bei der Ausstellung im Pariser Salon von 1876 wenig

Holland

»Mit Recht hat man Holland das Land der Malerei par excellence genannt, und es ist kein Zufall, daß Rembrandt ein Holländer war. Die Nebel, die aus dem Wasser emporsteigen und alles wie mit einem durchsichtigen Schleier umfluten, verleihen dem Land das spezifisch Malerische; die wässerige Atmosphäre läßt die Härte der Konturen verschwinden und gibt der Luft den weichen, silbergrauenTon; die grellen Lokalfarben werden gedämpft, die Schwere der Schatten wird aufgelöst durch farbige Reflexe: Alles erscheint wie in Licht und Luft gebadet. Dazu die Ebene, die das Auge meilenweit ungehindert schwei-

17 *Holländische Dünenlandschaft, um 1900, Kreide, Bremen*

18 *Landschaft bei Noordwijk, um 1912, Kreide, Privatbesitz*

fen läßt, und die mit ihren Abstufungen vom kräftig-sten Grün im Vordergrunde bis zu den zartesten Tö-nen am Horizont für die Malerei wie geschaffen er-scheint. Vielleicht ist Italien pittoresker als Holland; aber wir sehen Italien nur noch in mehr oder weniger schlechten – und meistenteils mehr schlechten – ita-lienischen Veduten: Italien ist zu pittoresk. Holland dagegen erscheint auf den ersten Blick langweilig: Wir müssen erst seine heimlichen Schönheiten ent-decken. In der Intimität liegt seine Schönheit. Und wie das Land, so seine Leute: nichts Lautes, keine Pose oder Phrase.«[20] Mit dieser Huldigung an Hol-land, die er im Jahre 1901 in seinen Essay auf den Ma-ler Jozef Israels (1824–1911) hineingeschrieben hat, einer Huldigung, die so nur ein Fremder und ein Ma-ler aussprechen konnte, hat Liebermann wie an kei-ner Stelle sonst bekannt, weshalb er sich das Land zu seiner Wahlheimat erkoren hatte, in die er bis zum Ersten Weltkrieg Jahr für Jahr »heimkehren« sollte. »Liebermann lebte als Bürger in Berlin, als Maler in

Holland«, hat Max J. Friedländer später einmal fest-gestellt. Die paradoxe Tatsache, daß er von Paris mit seinen vielartigen Attraktionen oder auch von Barbi-zon aus immer wieder in das »langweilige« Land am Niederrhein strebte, ja – daß er in Paris unter dem leuchtenden französischen Himmel und inmitten der Fülle von künstlerischer Anregung, wie sie die Weltstadt tagtäglich bot, ländliche, holländische Bildmotive bedachte und bearbeitete – dieser grotes-ke Widerspruch läßt sich nur aus dem schlichten Fak-tum erklären, daß er Holland ganz einfach liebte! Hier fühlte er sich in seinen ureigensten Empfindun-gen angerührt, als ein Verwandter unmittelbar ange-sprochen, durch Land und Leute – »nichts Lautes, keine Pose oder Phrase«, wie sie ihm Paris damals wahrscheinlich bis zum Überdruß geboten hatte – nicht zuletzt aber durch die holländische Malerei des 17. Jahrhunderts. Es muß eine Liebe auf den ersten Blick gewesen sein. Sie traf ihn, als er 1871, eben vier-undzwanzigjährig, von Düsseldorf aus für wenige Ta-

32

ge nach Amsterdam – »die schönste Stadt der Welt« hat er sie später genannt –, nach Den Haag und nach Scheveningen gereist war. Die Fahrt auf dem Oberdeck der Pferdebahn von der Residenz über den prächtigen, baumüberschatteten Oude Scheveningse Weg an die See hat ihm damals unauslöschlichen Eindruck gemacht.[21] An die Spuren davon in seiner späteren Kunst wird zu erinnern sein. Im Jahr darauf kam er wieder und blieb nun länger zu wirklichen, zeichnerischen und malerischen Studien vor dem Motiv. Er hatte ja im Louvre und in Berlin bereits Gelegenheit gehabt, die holländischen Meister, Ruisdael, van Goyen, Rembrandt, Vermeer und dann vor allem Frans Hals im Original kennen und bewundern zu lernen. Schon 1873 kopierte er die ›Amme mit Kind‹ des Berliner Museums im Ausschnitt, und in

20 *Zuiderkerk in Amsterdam, um 1893, Kreide*

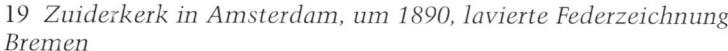

19 *Zuiderkerk in Amsterdam, um 1890, lavierte Federzeichnung, Bremen*

Paris malte er 1874 eine erste Totalkopie nach der ›Zigeunerin‹ des Haarlemer Meisters. Über das malerische Handwerk also, ein Verfahren der spontanen Wirklichkeitsaneignung, suchte er hinter die Geheimnisse dieser Kunst zu gelangen. Er hat dies auch später noch ganz systematisch praktiziert: während eines nun fünf Monate dauernden holländischen Studienaufenthaltes im Jahre 1876 hat er die Werke des bewunderten Malers, die damals noch im Haarlemer Stadhuis versammelt waren, in annähernd dreißig Detailkopien oder auch Gesamtskizzen durch und durch studiert – mit dem Pinsel in der Hand! Nicht nur die Freiheit seiner malerischen Handschrift in konsequenter Primamalerei und unter Verzicht auf harmonisierende Lasuren hat er sich damals gleich-

21 *Kopie nach Frans Hals, 1876, Gemälde*

sam unter den Augen des alten Meisters erworben, sondern zugleich zu einer neuen Intensität in der Erfassung der Natur selbst gefunden. – In Hinsicht auf gewisse reine Landschaftsstudien aus seinen frühen holländischen Jahren ist aber auch daran zu erinnern, daß die Landschafter des Barbizon-Kreises sich ihrerseits bereits als »Schüler« der Holländer des siebzehnten Jahrhunderts gefühlt hatten. Dies gilt zumal für den Hauptmeister der Gruppe, für Théodore Rousseau, der sich in Wort und Tat auf Jacob van Ruisdael als sein großes Vorbild berief, ähnlich aber auch für Daubigny, der sich Salomon Ruisdael und Jan van Goyen nahe fühlte; endlich sind Corots Mädchen im Atelier ohne das Erlebnis Jan Vermeer van Delfts nicht zu denken.

Wie wir gesehen haben, hatte Liebermann in den ersten Monaten des Jahres 1876 seine ›Arbeiter im Rübenfeld‹ in seinem Pariser Atelier vollendet und gleich darauf im Salon ausgestellt. Deren schwere, wie gemauerte Materie besaß noch nichts von der Halsischen Handschriftlichkeit und Frische, sosehr

sie dem Ernst und der Monumentalität des Bildvorwurfs angemessen sein mochte. Dasselbe Jahr 1876 wurde aber für den Künstler nicht nur eine Zeit neuer technischer Erfahrungen, es sah zudem die Entstehung einer gänzlich anders gearteten Bildwelt. Als ein Erstling seiner spezifisch holländischen Menschendarstellungen und als ein in sich vollkommenes Kunstwerk eigenen Gesetzes darf die ›Nähschule im Amsterdamer Waisenhaus‹ gelten, mit keinem der vorher entstandenen Werke zu vergleichen. Gleichzeitig oder kurz vorher mögen die ersten Farbskizzen für das große Frankfurter Waisenmädchenbild entstanden sein. Offenbar steht ein blitzartiges Augenerlebnis am Beginn seiner künstlerischen Auseinandersetzung mit diesem Themenkreis, der ihn über viele Jahre hin zu immer neuen Formulierungen inspirieren sollte. Auf einem seiner Rundgänge durch das alte Amsterdam erhaschte er eines Tages zufällig den Einblick in einen der typischen Innenhöfe der Stadt, die damals dem allgemeinen Zugang verschlossen waren. Und was er sah, war für seine Augensensibilität wahrhaft sensationell. In der Kalverstraat tat sich vor ihm ein begrünter Hof auf, der durch ein Farbenschauspiel ganz unerwarteter Art belebt war. Die Mädchen des Städtischen Bürgerwaisenhauses hatten ihre Freistunde und bewegten sich lebhaft in ihren schwarz-roten Kleidern mit den weißen Leinenschürzen und -hauben, einer Tracht in den Amsterdamer Stadtfarben, die auf die vergangenen Jahrhunderte zurückgeht. Liebermann war fasziniert. Wie aber war damals die Erlaubnis zu erlangen,

23

22 *Amsterdamer Nähschule, 1876, Gemälde (Detail), Wuppertal*

23 *Amsterdamer Waisenmädchen, 1882, Gemälde (Detail), Frankfurt a. M.*

das im zufälligen Augenblick Erhaschte an Ort und Stelle vor der Natur in Ruhe und mit dem unumgänglichen Umstand der Ölmalerei von Staffelei und Malutensilien zu studieren? Eine Anfrage bei der Hausverwaltung wurde sogleich abschlägig beschieden. Nun war Liebermann durch Vermittlung des deutschen Graphikers Wilhelm Unger, der damals im Auftrage eines Amsterdamer Kunsthändlers Reproduktionsradierungen nach Meisterwerken des Rijksmuseums ausführte, mit ebendiesem Kunsthändler italienischer Abstammung, namens Caramelli, bekannt geworden. Dieser Caramelli war mit den Regenten des benachbarten katholischen Waisenhauses bekannt, und es gelang ihm, bei den gestrengen Verwaltern dort dem deutschen Maler eine Ausnahmegenehmigung für den Zutritt zu ihrem Institut zu er-

wirken, die dann auf das andere ausgedehnt werden sollte. Anscheinend meinte man ihn zur Probe erst einmal im Innenraum besser unter Aufsicht zu haben; so mag es zuerst zur Darstellung der ›Nähschule‹ im Arbeitssaal des katholischen Hauses gekommen sein. Liebermann war hartnäckig, wenn er ein künstlerisches Ziel verfolgte. Mit Liebenswürdigkeit und Glück, das seine holländischen Kollegen in diesem Falle noch später bewunderten, gelang es ihm dann, auch zur Freistunde der städtischen Waisenmädchen zugelassen zu werden. Das daraus hervorgegangene große Bild hat er indessen erst 1882 in München ausgeführt, die verschiedenen Ölskizzen – es werden bis zu acht Exemplare gezählt, die möglicherweise jedoch nicht alle als Vorarbeiten, sondern im einen oder anderen Falle auch als Wiederholungen anzusehen sind[22] – wurden teilweise offenbar schon 1876 gemalt. Sie werden weiter unten im Zusammenhang mit der endgültigen Bildfassung zu betrachten sein. T4, 22, 158

T 12, T 13, T 14

Die ›Nähschule‹, das helle Klassenzimmer mit den hohen Fenstern, den Bankreihen mit dem Katheder und den emsig über ihre Arbeit auf den grünen Stickkissen gebeugten Mädchen hat Liebermann an Ort und Stelle, in der Übersicht durch den beengten Raum offenbar ein wenig behindert, über das Stadium einer bloßen Naturstudie hinaus zu weitgehender Vollständigkeit getrieben (heute in Zürcher Privatbesitz). Doch hat er das Ganze in seinem Pariser Atelier noch einmal vorgenommen (heute im Museum in Wuppertal). Er änderte die perspektivische Raumkonstruktion ein wenig, nebenbei mit Hilfe eines in diesen Dingen versierten Kollegen, wodurch der Eindruck des Gesamten luftiger, weiter geworden ist, fügte außerdem die Lampe, den Strauß auf dem Lehrerpult und den Wandschmuck hinzu, der eigentlich wie eine frühe holländische Liebermann-Landschaft aussieht. Dennoch ist die Authentizität der Atmosphäre vollkommen beschworen: das von Silberlicht und menschlicher Gegenwart erfüllte Interieur, der helle Farbklang mit den Flecken in Weiß, farbigem Schwarz und Grün zu den Fleischtönen von Gesichtern und Händen und dem Mittelwert des hölzernen Mobiliars – »holländischer« könnte es nicht sein. Der Geist des schon berufenen Delfter Vermeers scheint unmittelbar gegenwärtig. Dies gilt noch mehr für die während desselben Aufenthalts unmit- T4

158

telbar vor dem Motiv vollendete Stadtansicht der
T5 ›Giebel in Amsterdam‹. Liebermann nannte Vermeers ›Straatje‹ (im Rijksmuseum) »das schönste
Staffeleibild der Welt«. In seinem Blick über die Dächer der alten Stadt mit dem Turm der Westerkerk im
Hintergrund hat er auf seine scheinbar nüchterne,
das Faktische schlicht konstatierende Weise, und
hier ohne die an Frans Hals geschulte leichte Hand, in
den bloßen Ausschnitt mit den wenigen architekto-
nischen Elementen eine ganze Welt gesammelt.
Nochmals: holländischer könnte es nicht sein.

Der zwölfjährige Jesus im Tempel

T7 Aus holländischen Anregungen sehr anderer Art ist
nun in den folgenden Jahren 1877 bis 1879 auch ein
weiteres Bild hervorgegangen, das allen französischen Vorbildern ebenso fernsteht wie den eben genannten Werken aus Holland. Und doch wollte der
junge Meister mit diesem Bild so etwas wie die
Quintessenz seines ganz persönlichen Holland-
Erlebnisses zusammenfassen. Die Bildidee zum
›Zwölfjährigen Jesus im Tempel‹ ist Liebermann offenbar in der alten Portugiesischen Synagoge an der
Jodenbreestraat im ursprünglichen Atemraum Rembrandts und Spinozas gekommen. Er malte, wohl
T6 schon 1876, nicht 1877, wie die eigenhändige Datierung annahm, an Ort und Stelle einen engen
Raumausschnitt mit dem warmtonigen Holzwerk
von Bänken und Kanzel; streifiges Sonnenlicht fällt
von hinten aus hohem Fenster ein, unter dem die
schwarzen Gestalten von vier Betern hocken. Die
persönliche Anteilnahme des Malenden ist, bei aller
schlichten Sachtreue, wie auch in dem Dächerblick
schon, nicht zu übersehen. – Ein banales Mißge-
schick stieß indessen seine Pläne um: während eines
Besuchs bei den Eltern in Berlin brach er ein Bein; die
langdauernde Rekonvaleszenz führte ihn nach Süd-
deutschland und endlich nach Venedig, wo er sich in
159 der dortigen sephardischen Synagoge zu einer entsprechenden Interieurstudie angeregt fand. Diese hat
er dann, vor allem wohl wegen der in den Frauenraum
hinaufführenden, hölzernen Wendeltreppe, zum
Ausgangspunkt für seine Bildkomposition genommen. – In Venedig traf er mit mehreren deutschen

24 *Der zwölfjährige Jesus, 1879, Gemälde (Detail), Hamburg*

Malern zusammen, unter anderem mit Franz Lenbach, der ihn überredete, nach München zu kommen. Deshalb ist Liebermanns Huldigung an Amsterdam und an Rembrandt, wie immer sie gelungen
sein mag, in seinem Münchener Atelier in der Landwehrstraße entstanden. Ein Italienerjunge stand ihm
Modell für den Jesus, die Schriftgelehrten fand er unter den Insassen des dortigen Christlichen Hospizes.
So ist das Ganze schon von der Entstehungsgeschichte her ein schwieriges Unternehmen gewesen, bei
dem es galt, sehr verschiedenartige Elemente des Ge-
dachten und des Gesehenen zusammenzuzwingen –
im Widerspruch zu Liebermanns oft geäußerten

36

künstlerischen Überzeugungen und zu seinem bisherigen Vorgehen. Nach jenen mißglückten Versuchen des Akademieschülers, den »Kompositionsaufgaben« von Pauwels gerecht zu werden, hatte er sich wohlweislich jeglicher Historiendarstellung enthalten und seine Bildgegenstände mit eigenen Augen allein in der Natur gesucht und gefunden. Doch mag ihn sein »Versagen« insgeheim gekränkt haben – noch aus sehr viel späterer Zeit ist sein Ausspruch überliefert: »Ich hätte sollen Historienmaler werden.«[23] So kam es denn auch später zu gelegentlichen Exkursionen auf ein ihm wesensfremdes Gebiet: die beiden Fassungen von ›Samson und Dalila‹ (1902 und 1910) oder ›Der Barmherzige Samariter‹ (1911), Kompositionen, in denen er den Wettstreit mit seinen Sezessionskollegen Corinth und Slevogt suchte und, gerade im Vergleich mit diesen, kaum die Diskrepanz zwischen dem Vorgestellten und dem programmatisch Realistischen zu überwinden vermochte. Diese Bilder sind nicht zufällig Ausnahmen im Gesamtwerk geblieben. Von der verwandten Problematik in der Illustrationsgraphik wird zu sprechen sein.

Beim ›Zwölfjährigen Jesus‹ aber glaubte der Maler, allein vom Augenerlebnis in der Synagoge von Amsterdam oder Venedig ausgehen zu können. Indessen war dieses Augenerlebnis von Beginn an getrübt oder gefärbt, weil schon vom Ursprung her mit Gedanklichem, ja mit Sentimentalität befrachtet. Liebermann war gewiß nicht strenggläubig, obwohl er aus einem solchen Elternhaus stammte; doch ist er dem Glauben der Väter und dessen rituellen Formen bis zuletzt treu geblieben. Für ihn waren die Bethäuser mehr als nur ehrwürdige Lokalitäten, er hatte dort Heimatgefühle. Kaum davon zu trennen ist sein ausgesprochen gefühlsbetontes Verhältnis zu Rembrandt, in dem er den unerreichbaren Meister der Meister sah. Sein oft zitiertes Bonmot war sehr ernst gemeint: »Wenn man Frans Hals sieht, bekommt man Lust zu malen. Wenn man Rembrandt sieht, möchte man es aufgeben.« Hier hat ihm offenbar Rembrandt mehr als Frans Hals »Lust« gemacht. Die Komposition, die Zusammenordnung sich drängender Gestalten um ein Zentrum des Interesses, läßt unter anderem an die Radierungen ›Die kleine Beschneidung‹ (B. 48) oder ›Die kleine Darstellung im Tempel‹ (B. 51), beide von 1630, denken, ganz abgesehen von der entsprechenden Örtlichkeit der Szenen;

auch dem Maler Rembrandt hat er offenbar für sein psychologisierendes Thema mit den drastischen Physiognomien aus dessen Leidener Frühzeit gewisse Anregungen zu danken – von der Lichtregie des Helldunkels ganz zu schweigen. So ist es denn, im Widerspruch zu seinem Diktum, sehr wohl zu einer agonalen Bemühung gekommen: das kann ich auch! Später hat er behauptet, der aufkommende Antisemitismus habe ihn zu seinem Werk veranlaßt; doch ist das nicht sehr wahrscheinlich, eher hat er post festum die peinlichen Münchener Erfahrungen bei der Ausstellung des vollendeten Bildes in dessen Vorgeschichte hineinprojiziert. Wohl aber gab es außerdem eine sehr viel näherliegende »Quelle« für sein Unternehmen in Menzels Darstellung desselben Themas, das dieser in verschiedenen Formulierungen als Transparent und als Gouache behandelt hat, um es schließlich 1852 in einer vergleichsweise großen Lithographie zu popularisieren. Liebermann hat sich zudem selbst auf Menzels Lösung bezogen. In einem Brief vom 5. Juli 1911 an Alfred Lichtwark heißt es auf eine entsprechende Anfrage des Hamburger Museumsleiters: »[...] das Bild fing ich, wie gesagt, in München an, und zwar als erstes, was ich dort malte. Die Modelle nahm ich aus den christlichen Münchener Spitälern, da Juden sehr wenig posieren, und auch aus einem anderen Grunde, der mir bei der Wahl der Modelle von Jugend an maßgebend geblieben ist. Die Juden schienen mir zu charakteristisch, sie verleiten zur Karikatur – in welchen Fehler mir Menzel verfallen zu sein scheint... Ich bin der Überzeugung geworden, daß Rembrandts Modelle meistens Christen waren: das Accentuieren des Seelischen hat zu der Annahme geführt, daß er meistens Juden gemalt hätte [...] Rembrandt malte den Geist der Juden, während Menzel ihr Äußerliches wiedergab; gerade so wie Leibl und Defregger mit den Tirolern es machten, der erstere sie malerisch, d. h. innerlich, der andere, Defregger, sie literarisch, d. h. in diesem Sinne äußerlich auffaßte...«[24] Nicht von ungefähr erscheint aber in diesem Zusammenhang wieder der Name Rembrandts, von dessen Verhältnis zur Wirklichkeit er seine persönliche Charakterisierung gab, die in Wahrheit seine eigene Position zur Natur umschrieb.

Der Skandal, den das Bild auslöste – bis zur zweitägigen, landesüblich erregten Debatte mit den einschlägigen Unterstellungen und Beleidigungen im Bayerischen Landtag (»Blasphemie« – »Herrgottschänder«) – beruhte, recht besehen, auf dieser Frage des jeweiligen Verhältnisses zur Realität – beim Künstler wie beim Publikum. Weshalb denn hatte Menzels so viel peinlichere und dem Thema unangemessenere Darstellung mit ihrem trivialen Gegenüber von »chargierenden« Pharisäern und einem sentimentalen Jesusknaben ein Menschenalter vor Liebermann nicht auch Anstoß erregt? Die wohlgemerkt protestantischen Berliner fühlten sich offensichtlich in ihrer weltanschaulichen Erwartungshaltung bestätigt: hier die karikierten »bösen« Protagonisten der alten Lehre – dort das »reine, erleuchtete« Kind. Dabei war die Szene dort viel exaltierter gegeben als später bei Liebermann. Anscheinend wurde gerade der ruhige, scheinbar ungerührte Vortrag, die wirklichkeitsnahe Schlichtheit der Geschichte als kränkend empfunden, die Beschränkung auf ihren eigentlichen Inhalt, daß ein Kind mit redenden Händen, doch ohne großen Aufwand von Mienenspiel, den alten Männern ihm gegenüber etwas deutlich zu machen sucht, was sie nicht verstehen wollen, wie ihre skeptischen, grüblerischen Gesichter verraten. Es ist inzwischen längst zum Gemeinplatz geworden, festzustellen, daß es dem glaubenslosen neunzehnten Jahrhundert nicht mehr gegeben war, »das Heilige« im Bilde zu beschwören – wobei sich die Frage erhebt, ob dies denn dem frühen, dem drastischen Rembrandt in jedem Falle gelungen sei?[25] Liebermann war bescheiden und sachlich genug, von vornherein auf ebendieses »Heilige« zu verzichten, um nur zu fragen, »wie es wirklich gewesen« sei. Hier lag der eigentliche Grund für die allgemeine Ablehnung. Auch war den klerikalen Kreisen in München im bereits abklingenden Kulturkampf zwischen der Reichsgewalt und der katholischen Kirche die ganze Aufregung nicht ungelegen: da kam ein eben zugezogener Preuße, ein Jude dazu, und vergriff sich an den »heiligsten Gütern«. Es war nicht schwer, die Emotionen zu schüren. Das Bild mußte von seinem Ehrenplatz in der Ausstellung weichen, wurde freilich nicht entfernt, weil die Kollegen in der Jury und die jüngere Künstlerschaft allgemein für das Werk eintraten: Lenbach, Zügel, Gedon und vor allem Wilhelm Leibl und Fritz von Uhde. Die Vertreter freilich der traditionellen, d. h. aus belgischen Quellen gespeisten Münchner Historienmalerei mußten sich in ihrer Domäne bedroht sehen.

Liebermann, der sonst nicht eben empfindlich war, fühlte sich durch die Angriffe in der Presse mit Recht getroffen, der antisemitische Unterton der Kampagne war nicht zu überhören. Lange Jahre hat er das Bild nicht ausgestellt. Als es ein Menschenalter später wieder vor der Öffentlichkeit erschien, erlebte es »geradezu eine Auferstehung«, wie Hans Ostwald berichtet[26]. Doch war es wohl nicht allein die kränkende Erfahrung mit einem engstirnigen Publikum, die Liebermann davon absehen ließ, auf diesem Wege einer religiösen Historienmalerei in naturalistischer Gestalt fortzufahren. Sein künstlerisches Wollen richtete sich längst auf andere Ziele. Fritz von Uhde hat bald darauf das von Liebermann Begonnene fortgeführt. Mit großem malerischen und zeichnerischen Talent und einem glücklich-unglücklichen Hang zum Gefühlvollen und allgemein Eingängigen hat er dessen Herbheit im Sinne einer »deutschen Innerlichkeit« domestiziert.

Eigentlich war Liebermann Leibls wegen nach München gekommen. Die Affäre mit dem ›Jesus‹-Bild führte die beiden zusammen, wie Liebermann selbst berichtet: »Eines Tages klingelt's im Atelier in der Landwehrstraße, ich öffne und vor mir steht jemand, der sagt: ›Ich bin der Leibl. Ich habe gehört, daß Sie wegen Ihres Bildes so angegriffen werden. Es ist ein Meisterwerk, und wer Ihnen ein Haar krümmt, ich schlag ihn tot, den Hund!‹ (was bei der bekannten herkulischen Kraft Leibls einen guten Schutz gegen Rowdies darstellte).«[27] Leibl hatte sich inzwischen aus München aufs Land in Oberbayern zurückgezogen; so kam es nicht zu einem ursprünglich wohl erhofften, regelmäßigen Gedankenaustausch zwischen den beiden in ihrer bisherigen Kunst und zumal in ihrem Temperament grundverschiedenen, in ihrer künstlerischen Gesinnung ähnlichen Männern. Zwar versuchte Liebermann den Mißhelligkeiten, die ihm sein Bild immer noch bereitete, dadurch zu entfliehen, daß er, dem Beispiel Leibls folgend, aufs Dorf, nach Dachau, auswich. Doch spiegeln die dort oder aus dortigen Anregungen hervorgegangenen Bilder – Landschaften mit zahlreicher, kleinformatiger, fast anekdotischer Staffage – seine zeitweilige Unsicherheit. Eine Einwirkung der Kunst Leibls läßt sich darin einstweilen ebensowenig beobachten. Die bayerische Landschaft und der dortige bäuerliche Menschenschlag lagen ihm offensichtlich nicht. So ist er denn bald wieder in sein geliebtes Holland mit seiner ihm vertrauten Lebenswelt zurückgekehrt.

Das Altmännerhaus

Dabei ging es ihm zuerst um ein Bildthema sehr spezieller Art, das er weder in der Kunst der Vergangenheit noch bei seinen zeitgenössischen holländischen Kollegen hätte finden können: das ›Altmännerhaus T8, T9 in Amsterdam‹. Und wieder bildete ein spontaner Augeneindruck den Ausgangspunkt für seine Bildidee, die dazu in seinem weiteren Werk vielfältige Folge finden sollte. Erich Hancke übertrieb nicht, wenn er in seiner Liebermann-Biographie von 1923 schrieb, daß »dieses Erlebnis über seine künstlerische Laufbahn entschied. Er hatte einen Freund im Rembrandthotel aufgesucht, und als er die Treppe hinabsteigend aus dem Flurfenster sah, fiel sein Blick hinunter in einen Garten, wo viele alte, schwarzge-
25 kleidete Männer in einem von Sonnenlichtern übersäeten Gange herumstanden und -saßen.«[28] Liebermann hat den Augenblick der Inspiration später so geschildert: »Es war, als ob jemand auf ebenem Wege vor sich hingeht und plötzlich auf eine Spiralfeder tritt, die ihn emporschnellt.« Wieder hatte der Maler etliche praktische Schwierigkeiten zu überwinden, bis er wirklich den Zugang zu seinem Motiv erreichte. Der Garten gehörte zum Katholischen Altmännerhaus, und wieder gelang es der Bemühung des hilfreichen Caramelli, diesmal auf dem Umweg sogar über den päpstlichen Nuntius, die Hindernisse beiseite zu räumen. Liebermann durfte an Ort und Stelle malen. Und daraus wurden zwei oder eigentlich drei Meisterwerke. Das Thema scheint harmlos: die dunklen Gestalten im Gartengrün, dazu und darüber gestreut die Sonnenflecken. Diese gelten als Liebermanns ureigene Entdeckung und wurden von der Pariser Kritik besonders gerühmt, lassen sich indessen etwa schon bei Velázquez zweihundertfünfzig Jahre zuvor in dessen bezaubernder Lokalstudie aus dem Park der Villa Medici in Rom nachweisen (Madrid, Prado). Freilich hat Liebermann mit der ihm eigenen Selbstkritik und Selbstdisziplin aus der bloßen

25 *Altmännerhaus 1. Fassung, 1886, Gemälde (Detail), Privatbesitz*

Naturbeobachtung des Lichterspiels unter Laubschatten ein künstlerisches Darstellungs- und Ausdrucksmittel entwickelt, das er nicht allein als Kunstgriff, sondern als Wesensbestandteil seiner jeweiligen Bildidee einsetzte.

Ich glaube übrigens, ohne es beweisen zu können, daß die Stuttgarter Fassung des Themas im Hoch- T8 format (ohne die Sonnenflecken) den beiden querformatigen Fassungen (mit den Sonnenflecken) voraufgegangen ist. Zu diesen sei der Text aus Max J. T9, 162 Friedländers Liebermann-Monographie von 1924 zitiert, die zu den klassischen Bildbeschreibungen in deutscher Sprache überhaupt gehört: »Die merkwürdige Verbindung von Ruhe und Bewegtheit, von Gleichklang und Abwechslung fesselte den Maler, dem bei diesem Anblick genau das gegeben wurde, was ihm damals als bildwürdig, als malerisch und ›schön‹ vorschwebte. Die Ruhe kommt von den alten Männern, die in bescheidener, wunschloser Würde den Lebensabend genießen, die Bewegtheit von der großen Zahl der Figuren, Gebundenheit wieder von der Gleichheit der Kleidung. Die besonnte Erde, das frische Grün, der heitere Tag, im Gegensatz zu der erlöschenden Lebenskraft der Menschen, fügt der kontemplativen Behaglichkeit Leben hinzu. Leben kommt von der Sonne her. Und die von der Sonne ausgehende Bewegung kann als Symbol betrachtet werden für Liebermanns Schaffen in dieser Zeit. Das Licht übernimmt Regie und Komposition, wird zuweilen sogar etwas vorlaut.«[29]

Waisenmädchen

T12 Die ›Freistunde im Amsterdamer Waisenhaus‹ (›Amsterdamer Waisenmädchen‹), daran ist zu erinnern, wurde in ihren ersten Gesamtstudien oder -skizzen vor Ort schon im Jahre 1876 begonnen. Für Liebermann war es das Jahr des großen Bildes der ›Arbeiter
T3 im Rübenfeld‹ gewesen, das noch weitgehend unter dem Eindruck der Barbizon-Landschaft und der monumentalen Wirklichkeitssicht Courbets gestanden hatte. Mehr oder minder gleichzeitig mit der Arbeit an der bereits zukunftweisenden, Barbizon und
T4 Courbet hinter sich lassenden ›Nähschule‹ ging der Maler sein neues, großes Thema an. Sechs Jahre später erst fand es seine endgültige Gestalt in dem hochbedeutenden Bild in Frankfurt, einem großen, doch nicht sehr großen Bilde – die Figuren sind deutlich unterlebensgroß, wie man nach Reproduktionen nicht vermuten würde (78 mal 107 cm). Gegenüber den verschiedenen Annäherungen hat sich die Komposition im ganzen wie in etlichen Einzelheiten
T13 durchgreifend gewandelt. Blickwinkel und Bildausschnitt waren schon in den ursprünglichen Präparationen von 1876 mehrmals variiert worden. Vor allem ist nun der Standpunkt des Malers (und damit
166 des Betrachters) an den linken Bildrand verlegt, auch
167 wurde auf die Fensterreihe im Oberstock des Hauses verzichtet, endlich hat die menschliche Gegenwart der Mädchen wesentlich an Gewicht gewonnen – allein der Zahl nach, in ihrer individuellen Charakterisierung wie in ihrer Nähe zum Beschauer, der sich beinahe in ihre Gemeinschaft aufgenommen sieht. So spontan das erste Augenerlebnis gewesen war, und so spontan der Maler dann seine erste Skizze vor dem endlich erreichten Motiv heruntergeschrieben

26 *Freistunde der Amsterdamer Waisenmädchen, 1882, Gemälde (Detail), Frankfurt a. M.*

hat, rasch, frei und präzis in der Form, lebensfrisch in der Farbe, so sorgsam und planmäßig ging er dann an sein Bild. Dabei verfuhr er noch durchaus im Sinne der akademischen Lehre, studierte die einzelnen Figuren in ausführlichen Zeichnungen oder auch gemalten Einzelstudien. Er hatte sich einige der charakteristischen Anstaltskleider in Rot und Schwarz mit dem dazugehörigen weißen Leinenzeug aus Amsterdam besorgt und ließ also seine Münchener Modelle im Garten seines Ateliers im Freilicht posieren – natürlich nicht die mehr als zwanzig Mädchen gleichzeitig, sondern einzeln oder allenfalls in Gruppen zu zweien oder dreien. So baute er sein Bild fast wie ein Puzzle aus etlichen Einzelelementen zusammen, über deren genaues Aussehen und über deren genauen Ort in der endgültigen Komposition er sich vorher genau Rechenschaft gegeben hatte – ganz entsprechend waren Rubens oder Jacques Louis David, um zwei sehr verschiedene Meister zu nennen, auch vorgegangen. Was bei dem Flamen aber in der großen Geste der barocken Bewegung und im Furor seines schmiegsamen, malerischen Handwerks »wie von selbst« zum Ganzen zusammenfloß, oder was bei dem Franzosen immerhin zu einer tapisseriehaften Homogenität sich fügte, das mußte der spätgeborene Wirklichkeitssucher auf anderem Wege zu vereinigen suchen. Denn seine Einzelheiten – Gesichter, Gewänder, Gestalten, Gruppierungen und Bewegungen – waren inzwischen doch so weit von Leibls Kunst mitgeprägt, daß sie etwas von dessen stillebenhafter Verläßlichkeit angenommen hatten, daß sie die Form und die Oberfläche der Dinge sorgfältig betasteten. So waren diese Bauteile vergleichsweise spröde geraten und fügten sich weder durch Schwung oder Schmelz zueinander, noch wollten sie auf ihre plastische und auch räumliche Präsenz zugunsten einer dekorativen Flächigkeit verzichten. Liebermann fand das Kunstmittel zur angestrebten Vereinigung seines vielgliedrigen und vielstimmigen Bildapparats in seiner jüngsten Entdeckung, die er beim Altmännerhaus freilich noch vergleichsweise zurückhaltend eingesetzt hatte. Hier aber machte er sie zum dominierenden, vielleicht sogar etwas »vorlauten« Element: Sonnenflecken überflirren mit breiten oder spitzigen, längeren oder kürzeren Lichtbahnen, -tupfen oder -spritzern einen großen Teil von Bildfläche und Bildraum und tauchen so die Vielen und das Viele in ein alles verbindendes Medium. Davon war bei den verschiedenen Bildskizzen noch nicht die Rede gewesen, statt dessen waren diese sämtlich von jener gleichmäßig blonden, fast schattenlosen Helle erfüllt, die für die holländischen Silberhimmel bezeichnend ist. Endlich wurde nun überwölbender Laubschatten nötig, um das Lichterspiel darunter plausibel inszenieren zu können. Die originale Amsterdamer Lokalität zeigte nur kompaktes Gebüsch im Hintergrund. So fügte der Maler als Andeutung für eine Baumreihe Stamm und Gezweig einer Kastanie in die obere linke Bildecke ein. Der Stamm wurde übrigens zur Auswägung des Gesamten nach unten hin durch drei angeschnittene schwarze Mädchenfiguren verstellt – ein zusätzlicher Kunstgriff, den Liebermann hier, wie auch später gelegentlich, ganz

offensichtlich von Degas übernommen hatte, um das Momentane, Zufällige im Bildaufbau zu suggerieren. Degas hatte dieses Moment seinerseits bekanntlich den japanischen Farbholzschnitten entlehnt.

Was also nach Ursprung, Absicht und Ergebnis wie die Natur selbst im unmittelbaren Sonnengefunkel erscheint, was mit seinen hellen, leuchtenden Farben als die Inkunabel eines »deutschen Impressionismus« gelten könnte, ist in Wahrheit aus »Mühe und Arbeit« erwachsen, ist Resultat jahrelangen Planens und Bedenkens und setzt sich auch im endgültigen Schöpfungsakt des großen Bildes aus zahllosen Vorgängen und Vollzügen zusammen, ist ein kompliziertes Kunstgebilde aus Gesehenem und Gedachtem – nicht so sehr anders, als der ›Zwölfjährige Jesus im Tempel‹ es war. Darin offenbaren sich aber auch die künstlerischen Grenzen dieses Werks, das in seinem absoluten Rang von den bald darauf geschaffenen Bildern Liebermanns, wie vielleicht auch schon vom ›Altmännerhaus‹ noch übertroffen wurde. Dennoch bedeutet es einen Höhepunkt im Schaffen des Fünfunddreißigjährigen, verkörpert es eine Wegemarke für seine künftige Entwicklung. Vor allem ist es ein Kunstwerk voller Schönheiten, darin ein momentanes Augenerlebnis, das vom Ursprung her zugleich ein Gemütserlebnis gewesen war, zu einem Dokument von menschlicher Würde und lebensvoller Authentizität erhoben ist. Daß dieses Bild, wie behauptet worden ist[30]: »[…] die vorbildliche Fürsorge der Stadt für ihre Waisen und zugleich deren Abhängigkeit von der Anstalt« *zeige*, darf bezweifelt werden. Es beschwört vielmehr im Gewande zeitbedingter, folkloristischer und sozialer Erscheinung ein zeitloses Bild von Jugend, so wie jenes ›Altmännerhaus‹ im nämlichen Gewande zeitbedingter Erscheinung ein solches von Alter beschwor, und findet damit auf seine Weise eine neue Form einer Lebensalterdarstellung, die weit über den örtlichen und zeitlichen Anlaß hinausweist.

Leibl

Liebermann hat gelegentlich selbst behauptet, er habe »Schüler« bei Wilhelm Leibl werden wollen. Als die beiden sich aber in München begegneten, war, von beiden aus gesehen, ein Lehrer-Schüler-Verhält-

27 *Studie nach der Schusterwerkstatt, 1881 (?), Feder, Bremen*

nis zwischen ihnen nicht mehr denkbar. Doch hat der nur drei Jahre Jüngere das Werk seines großen Kollegen von früh an sorgfältig studiert, wenn er sich ihm auch nicht mehr, wie er es bei Frans Hals getan hatte, als Kopist genähert hat. Was Liebermann bewunderte, war mehr noch als das meisterliche Handwerk Leibls dessen Handwerks-*Gesinnung*, dessen Ehrfurcht gegenüber dem Sichtbaren. Als er im Jahre 1929 die große Leibl-Ausstellung in der Preußischen Akademie der Künste zu eröffnen hatte, sagte er: »Im Jahre 1873 sah ich in Munkácsys Behausung in der Rue de Lisbonne zu Paris zum ersten Mal ein Bild Leibls, ›Die Dachauerinnen‹, das jetzt in der Berliner Nationalgalerie hängt. Es machte einen so überwältigenden Eindruck auf mich, daß ich zwanzig oder mehr Jahre später dem neuernannten Direktor, Hugo von Tschudi, als ersten Erwerb für die Galerie den Ankauf dieses Bildes empfahl. Ich bin ebenso stolz darauf, mitgewirkt zu haben, dieses Meisterwerk für Deutschland zu retten, wie es mich freut, den Kauf der ›Dorfpolitiker‹ an Eduard Arnhold einst vermittelt zu haben. – Den Grund zu Leibls Berühmtheit hatte das Porträt der Frau Gedon gelegt, […] das aber zugleich den Gegensatz Leibls zur Piloty-Schule offenbart. Es war der Gegensatz zwischen naiver und sentimentaler Kunst. […] Zwar war Leibl schon bei Lebzeiten als epochemachendes Talent auch in Deutschland erkannt und anerkannt. Aber während die Makart, die Böcklin und Lenbachs als Genies gefeiert wurden, haftete unserem Meister trotz aller Anerkennung etwas von »Sträflingsarbeit« an – ein böses Wort, das Lenbach auf ihn geprägt hatte. Gerade das, was Leibl in unseren Augen zum Genie stempelt, seine naive Naturanschauung, sein nie wieder erreichter, geschweige denn übertroffener Wahrheitssinn, machte ihn in den Augen derer, die wie Makart oder Böcklin die Natur nur durch die Brille der alten Meister sahen, zum Kopisten der Natur.«[31] Daß einer der sichtbaren Wirklichkeit so nahe auf den Pelz rückte, daß er dies mit den Mitteln reiner Malerei unternahm, diese Inständigkeit der handwerklich-künstlerischen Bemühung, die keine Konzessionen an den Zeitgeschmack kannte und also das »Pittoreske« ebenso mied wie die äußerliche Brillanz des flotten Pinselschlags, das war es, was Liebermann bewunderte und was er gerade damals für seine eigene Kunst wollte und brauchte. Die ›Waisenmädchen‹

hatten in etlichen ihrer Details das Gemeinsame der Bemühung bereits verraten – ja, die »Sträflingsarbeit«! Doch ist es Liebermann erst in den darauf folgenden Werken auf je verschiedene Weise gelungen, die Leiblsche »naive Naturanschauung«, seinen »Wahrheitssinn« sich ganz zu eigen zu machen und, ohne nur gedankliche Verknüpfung, jeweils das *Ganze* eines Bildorganismus damit zu erfüllen.

›Die Schusterwerkstatt‹ von 1881, die also teils vorher, teils gleichzeitig mit jenem Bilde entstanden ist – Liebermann arbeitete immer länger an seinen einzelnen Werken, als die bloße Datierung verrät –, sie scheint in allem den völligen Gegensatz zum Waisenmädchen-Bild zu verkörpern. Gegenüber diesem ist sie mit ihrem Format von 64 mal 80 Zentimetern ein eher kleines Bild – ein Kabinettstück auch in Hinsicht auf die feingliedrige Malerei; anstelle der vielen Figuren dort sind hier nur zwei Menschen dargestellt, die ganz auf das sie verbindende Tun gesammelt sind – dort geschah in verschiedenen Gruppierungen vieles gleichzeitig, Ruhiges und Bewegtes; zugleich schienen die Mädchen den Beschauer in ihren Kreis, richtiger in ihre Kreise mit aufnehmen zu wollen. Vor allem aber: dies ist ein Innenraumbild, das zwar von Licht erfüllt ist und durch die halbblinden Scheiben des Fensters dazu Landschaftliches erkennen läßt, ohne dieses im einzelnen zu differenzieren. Endlich ist es ein beinahe farbloses Bild, dessen Farbtöne alle nach Grau gebrochen sind. Silbernes, holländisches, *leises* Licht ist in jedem Ding und um jedes Ding, Gegenlicht, das die vielen Dinge, die beiden Menschen, den älteren und den jungen zuerst, dann die Gerätschaften auf dem Werktisch, das Lederzeug und den Wust von Abfällen auf dem Boden trifft und auf bezeichnende, an Vermeer erinnernde Weise »randet«. Wegen der Fülle der Einzelheiten und der Sorgfalt, mit der diese jeweils charakterisiert sind, hat man vor dem Bilde von Menzel gesprochen. Doch unterscheidet sich Liebermann in einem wesentlichen Punkt von diesem: was Menzel, zumal in späteren Jahren, kaum je gelang, die Überfülle nämlich der von blitzenden Lichtern getroffenen Objekte in eine Gesamtordnung von abgestuften Wertigkeiten, von optischen und thematischen Wichtigkeiten, zu zwingen, das hat Liebermann hier und von nun an wohl immer mit Gelassenheit gelöst[32]. Im Jahre 1880 war er zuerst in Dongen in Brabant gewesen und auf

T 10, T 64, 163

163 das Motiv getroffen: eine Ölskizze von der Größe zweier Handflächen war das Ergebnis. Er hat außerdem zu den beiden Figuren genaue Modellstudien gezeichnet, Bleistiftzeichnungen, die er für so gewichtig hielt, daß er sie beide als durchgeführte Federzeichnungen zu Reproduktionszwecken wiederholte. Im Jahr darauf hat er dann, wieder unmittelbar vor dem Motiv, sein Bild innerhalb von vierzehn Tagen vollendet oder fast vollendet, offenbar hat er es, wie auch sonst bei ihm üblich, im Winter darauf in Ein-

27 zelheiten noch übergangen. Die Harmonie zwischen den Teilen und dem Ganzen, zwischen dem Studierten und dem Komponierten, zwischen dem Zeichnerischen und dem Malerischen, mag sich aus dem unmittelbaren Kontakt mit seinem ganzen Motiv an Ort und Stelle erklären – hier brauchte er nicht zusammenzusetzen und zu kombinieren. Die Harmonie beruht vor allem aber auf dem vollkommenen malerischen Handwerk und jener Ehrfurcht vor der Wirklichkeit, die ihn Leibl nun doch »gelehrt« hatte.

›Waisenmädchen‹ und ›Schusterwerkstatt‹ ernteten bei ihrer ersten öffentlichen Ausstellung im Pariser Salon von 1882 vielstimmigen Beifall in der Presse und beim Publikum. Beide Bilder wurden zudem sogleich an den namhaften Sänger Jean-Baptiste Faure verkauft, der damals als einer der urteilsfähigsten Sammler moderner Malerei galt – Manet hatte fünf Jahre zuvor sein Bildnis als Hamlet gemalt.[33] Liebermann durfte sich, gerade nach dem Skandal mit dem ›Jesus‹-Bild, endlich allgemein anerkannt sehen. Zwanzig Jahre später sollten beide Bilder den Weg zurück nach Deutschland nehmen und im Frankfurter Städelschen Kunstinstitut und in der Berliner Nationalgalerie ihren dauernden, ehrenvollen Platz finden.

Gleichzeitig mit der ›Schusterwerkstatt‹ arbeitete Liebermann an drei bedeutenden, untereinander verwandten Bildern, die in Handwerk und Wirklichkeitstreue ohne Leibls Vorbild nicht zu denken sind. Es sind Einzeldarstellungen von Bäuerinnen aus Dongen, nach denen er am Ort Studien gemalt hatte. Die dann im Atelier vollendeten Bildfassungen weisen indessen in ihrer großzügigeren Handschrift und ihrer inneren Großartigkeit bereits über Leibl hinaus und auf künftige Werke Liebermanns voraus. Dabei sind es nur mittelgroße, um 60 mal 40 Zentimeter

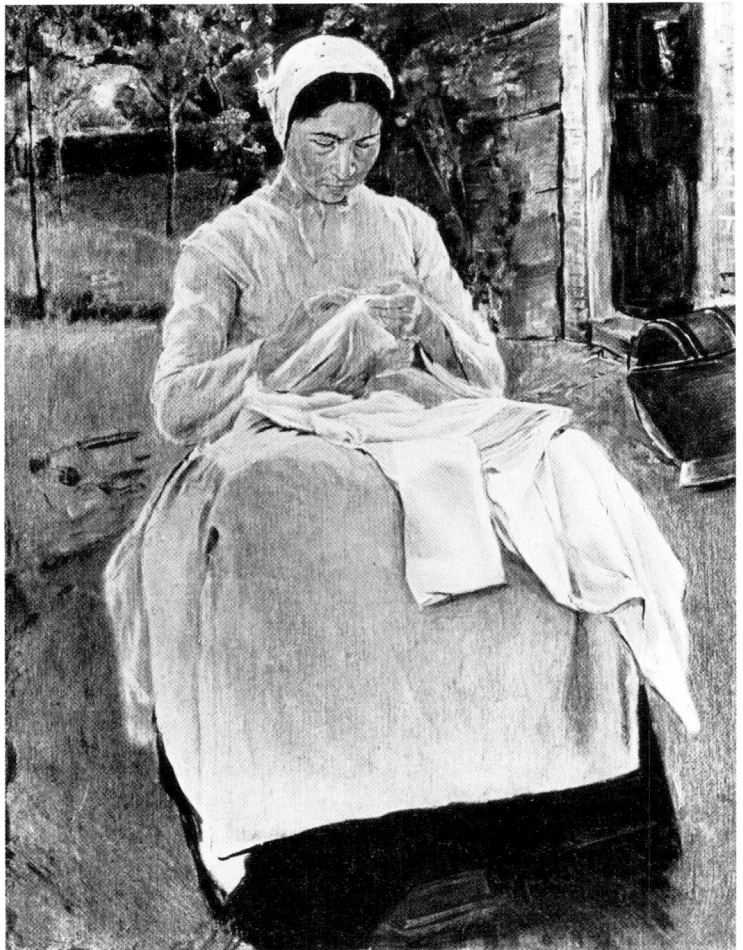

28 *Näherin, 1881, Gemälde, Dresden*

messende Stücke. Die ›Näherin‹ (Dresden), die ›Bra- 28 banter Klöpplerin‹ (Leipzig), beide nach demselben Modell geschaffen, und die ›Klöpplerin‹ der Hambur- T 11 ger Kunsthalle sind jeweils im Freien vor einer Hauswand gesehen. Es herrscht helles, schattenloses Licht, doch ist die Farbigkeit mit entschiedeneren Lokalfarben in Altrosa und Grün, in Blau und hellem Ziegelrot kräftiger als bei der ›Schusterwerkstatt‹ mit deren durchgängigem Silbergrau und Blond. Wie eine 1881 in Dongen vor der Natur ausgeführte Ölskizze wahrscheinlich macht (Wuppertal), hatte Liebermann anscheinend ursprünglich an eine Dreiergruppe mit einer nähenden und zwei klöppelnden Frauen gedacht, die er dort offenbar in der Realität vor Augen gehabt hatte. Die Entscheidung, das Thema in drei verschiedene, jeweils völlig in sich gerundete Einzelfiguren aufzuteilen, ist in Hinsicht auf seine kommenden großen Bilder bedenkenswert. Bis dahin hatte er bei seinen verschiedenen Arbeitsdarstellungen – die »Freistunde« eingeschlossen – immer wieder die Reihung, die Parallelität, zumindest die Gruppierung der Figuren gesucht und damit seine handelnden Personen mehr oder minder in die Anonymität, ins Kollektiv verwiesen. (Übrigens hat er das Gruppenthema auch in diesem Falle zwölf Jahre später noch einmal aufgenommen; doch hält die Komposition in der Galleria d'arte moderna in Venedig[34] dem Vergleich mit keiner der Einzelfassungen stand.) Die Vereinzelung der Gestalt bewirkt in jedem der Bilder eine ausgesprochene Steigerung der Bildaussage ins Monumentale.

Die Rasenbleiche

In einem Brief, den Vincent van Gogh im Herbst 1883 aus der Provinz Drente an seinen Bruder Théo schrieb, heißt es: »Ich will Dir ein wenig von einem Ausflug nach Zweelo erzählen, dem Dorf, wo Liebermann lange gewohnt und Studien für sein Bild im Salon gemacht hat, für das mit den Waschfrauen.« Und: »In Zweelo habe ich [...] keinen einzigen Maler getroffen, im Winter kämen nie welche, sagten die Leute. [...] Weil keine Maler da waren, beschloß ich [...] zu Fuß zurückzugehen und unterwegs ein bißchen zu zeichnen. So habe ich eine Skizze von dem Apfelbaumgarten begonnen, von dem Liebermann sein großes Bild gemalt hat.«[35] (Die Zeichnung ist heute V 6b im Museum Boymans-van Beuningen in Rotterdam.) Zwar kannte van Gogh, wie er an anderer Stelle betont, kein Werk des Deutschen im Original, offenbar aber doch die eine oder andere Reproduktion in Strichwiedergabe aus den Pariser Salon-Katalogen. Zu einer Begegnung zwischen den beiden ist es nie gekommen. Das »große Bild«, das »mit den Wasch-T 15, 170 frauen«, war ›Die Rasenbleiche‹ von 1882, die im Jahr darauf im Salon ausgestellt und dazu im Katalog abgebildet war (heute in Köln). Nach der Ausstellung hat sie der Maler wesentlich verändert, wie sogleich zu erörtern ist. Der Ruhm Liebermanns war also damals schon bis zu van Gogh gedrungen, der doch ein bloßer Anfänger in der Kunst war. Das Dorf Zweelo hatte unter Künstlern inzwischen eine gewisse Berühmtheit erlangt, da es sein altes Aussehen weitgehend erhalten hatte. Jozef Israels, der holländische Kollege, hatte Liebermann den Hinweis gegeben. So war er schon 1879 kurz dagewesen. Damals schrieb

Liebermann an seinen Bruder Felix: »[...] Ich möchte fast glauben, daß Ruysdal (sic!) und Hobbema hier Studien gemacht haben. Jedenfalls ist der Charakter ihrer Bilder der hiesigen Gegend entnommen und inzwischen hat sich nichts geändert. Die Häuser stehen 250 bis 300 Jahre...«[36]

›Die Rasenbleiche‹, von der berichtet wird, sie sei bis auf die figürlichen Teile ganz vor der Natur gemalt[37], ist eines der gelassensten Bilder des Meisters geworden, obwohl es seine endgültige Gestalt erst nach einer durchgreifenden Veränderung gefunden hat. Wie die kleine Abbildung im Salon-Katalog von 1883 170 zeigt, kniete ursprünglich im Vordergrund der Darstellung vor dem Wäschezuber eine von vorn gesehene, weitere Bäuerin mit großem Schutenhut und breitete ein weiteres Leinenstück auf dem Rasen aus. Offenbar schien dem Künstler diese Figur zu aufdringlich und möglicherweise in ihrer Proportion zu den übrigen Gestalten nicht glücklich – so hat er sie entfernt und übermalt, außerdem bei dieser Operation aber das Bild am unteren Rande um gut zehn Zentimeter verkürzt. Dadurch ist das über den goldenen Schnitt hinaus gestreckte Querformat entstan-

29 *Rasenbleiche, 1882, Gemälde (Detail), Köln*

den, das dem Gesamten etwas Episch-Breites, jedenfalls nicht Momentanes verleiht. In diesem Zusammenhang sei auch erwähnt, daß Liebermann auf sein spezifisches Wirkungsmittel der tanzenden Sonnenflecken hier gänzlich verzichtet hat. So herrscht Stille: zwei Frauen, in verschiedenem Abstand vom Beschauer, sind in der weiträumigen Gartenwelt unter den alles überwölbenden Kronen der Apfelbäume mit den weißen Laken auf dem Rasen beschäftigt. Sonst nichts – so will es jedenfalls scheinen. Ohne Kunstgriff ist es dem Maler gelungen, die nicht wenigen Bildelemente zu einheitlicher Wirkung zu verschmelzen. Dabei ist es ein völlig durchleuchtetes Bild: ein silberheller Himmel schimmert durch das Laubwerk, läßt dazu den Dingen durchaus ihre farbliche, plastische und räumliche Präsenz mit einer Fülle von Grüntönen zu dem Rosarot, dem Rot und Braun von Hauswand und -dach, von Baumstämmen, Ästen, Zuber und Figuren. Kleine, rote Äpfel leuchten im Laube, Hühner laufen herum, eine schwarzbunte Kuh grast hinten links, eine Frau breitet blaue und rote Kleidungsstücke zum Trocknen über einen Holzzaun, dahinter trägt eine andere ein Kind, ein zweites Kind hockt an einem Baumstamm. Mit den Augen spazierend mag der Beschauer das eine oder das andere weitere Detail entdecken. Nichts aber von alledem drängt sich vor, ein jegliches Ding geht in einem milden Gesamtklang auf. Der dies malte, muß glücklich dabei gewesen sein. Er überträgt sein Glück noch heute auf den, der vor dem Bilde steht. – Man hat gemeint, in diesem Bilde den Freilicht-Realismus seines französischen Kollegen und beinahe genauen Altersgenossen Jules Bastien-Lepage wiederzuerkennen. Wie nicht wenige seiner Generation suchte dieser die Motivwelt Millets und der Landschafter von Barbizon mit der Hellmalerei der Impressionisten zu verbinden, ohne indessen deren Farbigkeit und Formauflösung zu übernehmen. Das Ergebnis waren etwas plakative Darstellungen bäuerlichen Lebens in einer gedämpften, unfrischen Farbskala. Liebermann mag vor seinem Motiv an jenen gedacht haben, wahrscheinlich eher noch an Charles-François Daubigny, einen veritablen Meister aus dem Barbizonkreis, der, schon 1817 geboren, mehrere derartiger Apfelgärten in entsprechendem Format gemalt hat – mit leichterer Hand und ohne die geheime Monumentalität, die das Bild des Deut-

schen auszeichnet. Verwandter noch sehen gewisse bayerische Gartenbilder des schon berufenen Johannes Sperl aus, die, in den späten achtziger und neunziger Jahren entstanden, ihrerseits auf Liebermann zurückgehen. Doch machen solche Vergleiche deutlich, daß die ›Rasenbleiche‹ mit ihrem unverwechselbaren Lokalkolorit vor allem ein eminent holländisches Bild ist, das insgeheim etwas von jenen Meistern des siebzehnten Jahrhunderts in sich trägt, an die sich Liebermann in jenem Brief aus Zweelo an seinen Bruder erinnert fühlte.

Münchener Biergarten

Entgegen Liebermanns Erwartung und trotz günstiger Aufnahme in der Pariser Presse wurde die ›Bleiche‹ aus der Salon-Ausstellung nicht verkauft. So mag die Vermutung nicht ganz abwegig sein, der Maler habe diesem leisen, unauffälligen Bilde mit seiner Einsendung im nächsten Jahr etwas Auffälligeres entgegensetzen wollen[38]. Und in der Tat kann man sich kaum einen spektakuläreren Gegensatz zu jenem Stück denken als den ›Münchener Biergarten‹. T 17, 30 Das Thema knüpft bis zu gewissem Grade an die ›Freistunde der Waisenmädchen‹ an: auch hier sind mehr oder minder bewegte Gestalten unter durchsonntem Laubdach dargestellt. Was dort aber durch die Tracht der Mädchen, ihr annähernd gleiches Alter und nicht zuletzt durch die bewußten Liebermannschen Sonnenflecken zu inhaltlicher und formaler Einheit geführt war, ist hier offenbar in lauter Einzelelemente aufgesplittert. Das bunte Durcheinander der Menge, die Vielzahl von Figuren, Szenen und Beobachtungen müßte sich eigentlich zu einem wahren Wust von Bruchstücken summieren. Um so bewundernswerter das künstlerische Resultat: aus der scheinbaren Überfülle an Details ist ein in sich vollkommen schlüssiges Ganzes geworden. Dabei fungieren jene Sonnenflecken hier nicht als rigoroser, die Einheit erzwingender Kunstgriff wie dort – sie sind nur als liebenswürdig-leichte Zutat unter etlichen anderen eingesetzt. Was dem Maler – und dem Zeichner mit der Farbe! – hier gelungen ist, macht jedoch erst der Vergleich mit zwei anderen Bildern aus der näheren zeitlichen und räumlichen Nachbar-

V 7b schaft deutlich. Zu Beginn der sechziger Jahre – das genaue Datum ist nicht sicher – hatte Edouard Manet seine ›Musik im Tuileriengarten‹ (London, National Gallery) gemalt, eine friesartige Komposition mit zahlreichen Figuren, die zu gutem Teil als getreue Bildnisse zu identifizieren sind. Man könnte also ein Gruppenbildnis darin sehen, ein vielgliedriges »conversation piece«, das unter fast geschlossenem, nur summarisch untermaltem Laubdach, quasi im Innenraum, spielt. Trotz der Freiheit der Handschrift kann von Impressionismus im eigentlichen Sinne noch nicht gesprochen werden. Möglicherweise hat der Maler an eine Ausführung des 76 mal 119 Zentimeter messenden Bildes in großem Format gedacht, wozu es dann nicht gekommen ist. Ein solches Monumentalstück hätte sich nach Idee und Charakter würdig neben die »allégorie réelle« des großen Atelierbildes von Gustave Courbet gestellt. Überdies hat Manet Bildidee und Aufbau des Gesamten ohne Zweifel der gerade hundert Jahre zuvor entstandenen, berühmten Radierung von Gabriel de Saint-Aubin ›Spectacle des Tuileries – Les Chaises‹ (Dacier 18)

30 Münchener Biergarten, 1883, Gemälde (Detail), München

entlehnt. – Sein Bild (die Bildskizze?) war 1867 aus Anlaß der Weltausstellung in seinem Sonderpavillon an der Place d'Alma (gegenüber dem ›Pavillon du Réalisme‹ Courbets) zusammen mit seinem übrigen Werk ausgestellt. Seltsamerweise richtete sich die Empörung des Publikums zumal gegen dieses Bild. Wie Paul Meyerheim berichtet, hat Adolph Menzel V 7d die Ausstellung Courbets eingehend besichtigt. Sein Gemälde ›Ein Nachmittag im Tuileriengarten‹ (Dresden, Gemäldegalerie Neue Meister) macht indessen mehr als wahrscheinlich, daß der Deutsche damals ebenso Manets Sonderschau und also darin dessen Tuilerienbild gesehen habe, worauf auch einige briefliche Äußerungen Menzels schließen lassen[39]. Gewisse Details, so die im Vordergrunde der Bildmitte im Sande spielenden Kinder in beiden Bildern und manches mehr, sind kaum unabhängig voneinander zu denken. Wir werden diesen kleinen Mädchen bei Liebermann wiederbegegnen[40]. – Das »nach Erinnerungen« im nämlichen Jahr im Berliner Atelier ausgeführte, nur 49 mal 70 Zentimeter messende Gemälde mit seinem Übermaß an Beobachtungen, schnurrigen Einfällen, Anekdoten, Blickpunkten und Ablenkungen ist ein typisches Werk des späten Menzel. Diesem gelang es indessen nicht, je älter er wurde, um so weniger, des Überreichtums an Gesehenem, zuerst mit dem Bleistift in Orts- und Erinnerungsstudien Festgehaltenem und dann des Hinzugedachten, -erfundenen, -kombinierten mit der Malerei Herr zu werden. So entstand auch hier ein eigentlich ungeordnetes Bündel von Bildern, doch kein Bild. Liebermann bewunderte Menzel und hat seiner Bewunderung für den Meister mehrmals mit dem Wort, nicht zuletzt aber auch als Sammler seiner Handzeichnungen, Ausdruck gegeben. Deutlich erkannte er aber zugleich die künstlerischen Grenzen dieses von der Wirklichkeit, richtiger von den Wirklichkeiten, wahrhaft Besessenen[41].

Nun aber *sein* Bild! Zwar kann kein Zweifel sein, daß der Jüngere hier bewußt mit Menzel in Wettstreit getreten sei: das kann ich auch, das kann ich besser. Von angeblich mangelndem Fleiß hätte der Ältere hier nun, wie ehedem bei den ›Gänserupferinnen‹, beileibe nicht reden können. Liebermann hat sein Bild, wie Menzel das seine nicht anders, aufs sorgfältigste in gezeichneten und gemalten Detailstudien 31, 174 am Ort, dem Garten des Augustinerkellers und dem

31 *Näherin, Studie zum Münchener Biergarten, 1883, Bleistift, Bremen*

Ateliergarten seines neuen Domizils in der Findlingstraße, vorbereitet, wenn diese verständlicherweise auch nur zum Teil erhalten oder bekannt geworden sind[42]. Alle diese Einzeluntersuchungen sind nahtlos in den Zusammenhang der Szene und der Szenen eingeschmolzen und dabei in eine emailhaft kostbare Malerei verwandelt worden, die wieder verrät, wie aufmerksam Liebermann die Bilder Leibls studiert hat. Der mit den Augen im Bilde wandernde Betrachter wird immer wieder neue Einzelheiten und Schönheiten entdecken: von den schon berufenen, im Vordergrunde im Sand spielenden, kleinen Mädchen über die Bonne mit dem trinkenden Kind, die Näherin, die Kellnerin, den Zylinderherrn, die Liebenswürdige mit dem Sonnenschirm, die zeitgeschichtlich so bezeichnenden »Militärpersonen«, bis hin zum Dirigenten der Kapelle im Hintergrund mit dem erhobenen Geigenbogen oder gar dem Herrn Lie-

bermann selbst, der artig-ironisch mit dem Strohhut aus dem Bilde herausgrüßt, als wäre man noch im Barock. Dazu die delikaten, aber nicht lauten, farbigen Akzente: wieder von der rosa Schleife des Kindes vorn über die roten Uniformmützen, über den braunen »Maibock« in den gläsernen Bierseideln bis zum blinkenden Blech der Musik. Die Aufzählung ließe sich lange fortsetzen. Sie müßte die Lichtführung im einzelnen bedenken: von den Sonnenflecken auf Boden und Baumstamm vorn über die spielenden Helligkeiten in der Menge bis zum durchsonnten Laubgrün über dem Vielen und Bunten. Was sich aber so behaglich ausbreitet und gleichsam wohlig in der Nachmittagssonne dehnt – dies alles ist ohne jeden Zwang zum Ganzen gestaltet durch die Kunst der Komposition. Komposition aber heißt, hier wie überhaupt, Stufung von Gewichten und Wertigkeiten, wobei Form und Inhalt nicht voneinander getrennt werden können, die eine sich aus dem anderen ergibt und umgekehrt. Komposition heißt Öffnen und Schließen von Bewegungszügen, heißt Abwendung und Zuwendung innerhalb des Bildes und in Hinsicht auf den Betrachter vor dem Bild, heißt Lösen und Verknüpfen von Form- und Blickverbindung, heißt Kontrast und Anklang von Zeichnung und von Malerei, von Linearem und Farbigem, heißt lebendige Ordnung. Gewiß verzichtet diese Genredarstellung von bürgerlichem Behagen und spezifisch bayerischem Selbstgenuß auf die ohnehin hier unangemessene Dimension des Monumentalen, die sich in Manets Bild verbarg. Dieses Tafelbild (auf Holz gemalt) ist mit sich und das heißt auch mit seinem Format von 93 mal 69 Zentimetern im Einklang. Gewiß ist hierin – und das muß ausdrücklich betont werden – das »Soziale«, ganz unpolemisch und seinem ursprünglichen Sinne entsprechend, als das Menschlich-Verbindende gemeint und gezeigt. Doch wohnt in diesem Bilde, wieder aus geheimer holländischer Ahnenschaft, von Jan Steen oder Cornelis Dusart her, ein Element tieferer Bedeutung: auch dieses Bild harmlosen Volksvergnügens gibt, wie die Werke jener Meister auf ihre oft allegorische verschlüsselte Art, nun unmittelbarer, unverschlüsselt ein »Bild des Lebens«.

Der ›Biergarten‹ hatte im Jahr darauf großen Erfolg in der Pariser Presse, was ein wenig auch mit dem für die Franzosen so vertrauten wie »germanisch-exotischen« Bildgegenstand zusammengehangen haben mag. »Menschen unter Bäumen« – Liebermann hat diesem Thema, einem Schlüsselthema seiner Kunst, in der Folgezeit immer wieder neue malerische und inhaltliche Aspekte abgewonnen. In leisem Wandel hat er darin die Lebensform der bürgerlichen Gesellschaft vor dem ersten Kriege getreulich gespiegelt und zugleich überhöht. Mutatis mutandis ist wieder an Theodor Fontane zu erinnern. Dabei ist eines merkwürdig: soviel der ›Biergarten‹, nicht zuletzt in der liebevoll-sachlichen Schilderung der verschiedenen Typen und Charaktere, die ja weder Bildnisse noch Oberländersche Karikaturen sein wollen, vom Münchnerischen Lokalkolorit enthält – ein »Porträt« der Stadt oder gar ihre Vedute ist nicht daraus geworden. Überhaupt – der Münchener Aufenthalt, der immerhin fast sechs Jahre gedauert hat, er läßt sich auch in seinem sonstigen Werk an unmittelbaren Spuren nicht nachweisen. Die mittelbaren, zumal die Leiblschen Anregungen im Handwerklichen und in der schlichten Wirklichkeitsgesinnung sind

um so spürbarer gewesen, wie gerade auch der ›Biergarten‹ bekundet. Das moderne Thema »Großstadt« aber in seinen vielartigen Aspekten, das bald für die Maler der jüngeren Generation von zentraler Bedeutung werden sollte – Beckmann, Großmann, Kokoschka, Kirchner, Dix –, hat Liebermann offensichtlich kaum interessiert. Von einigen Tiergarten-Ansichten abgesehen, die er anderenorts ähnlich so hätte finden können, gilt dies sogar für seine Heimatstadt Berlin – für Paris ohnehin. Der ›Corso in Rom‹ und einige Florentiner Veduten in Pastell sind liebenswürdige Ausnahmen, die nur die Regel bestätigen. In Holland freilich, in Amsterdam oder Haarlem und an einigen kleineren Plätzen, hat er unmittelbar ›Stadtgesicht‹ abgebildet – aber das geschah aus jener nicht erklärbaren, persönlichen Affinität zu Land und Leuten dort. Bei Hamburg endlich, wovon zu sprechen sein wird, kam der besondere Anstoß durch einen bedeutenden Mann, durch Alfred Lichtwark, hinzu. Auch fühlte er sich von Beginn an in der Hansestadt heimisch.

32, 172

136

T5, T38

138

32 *Berliner Tiergarten, 1880, Gemälde*

33   *Frau Liebermann lesend, um 1885, Aquarell*

Berlin

Die Münchener Zeit war zu Ende – Liebermann kehrte nach Berlin zurück. Im Frühling des Jahres 1884 hatte er sich verlobt. Nicht künstlerische, ausschließlich persönliche Gründe führten also zur Trennung aus einer Umgebung, deren Liberalität er, trotz des Skandals mit dem ›Jesus‹-Bild, mehr und mehr zu schätzen gelernt hatte. Ein Kreis von Kollegen, Sammlern und Freunden war ihm und seiner Kunst immer günstiger gesonnen. Diese persönlichen Bindungen sollten sich auch weiterhin erhalten.

Seine Braut Martha Marckwaldt war die Schwester der Frau seines älteren Bruders. Im Spätsommer heirateten die beiden: ein langes, glückliches Leben beispielhafter menschlicher Gemeinsamkeit sollte erst durch Liebermanns Tod im Februar 1935 ein Ende

finden. In ungezählten Zeichnungen, in Gemälden, Pastellen und Aquarellen erscheinen Gesicht und Gestalt der schönen, der geliebten Frau, ohne daß Liebermann dabei auch nur einmal zu persönlich oder gar indiskret geworden wäre. Lovis Corinth betrachtete seine Frau mit anderen Augen.

Die Hochzeitsreise führte das junge Paar nach Holland – Liebermann mußte ihr »sein Land« zeigen und auch die Menschen, mit denen er dort inzwischen vertraut war. Zuerst fuhr man nach Braunschweig wegen der Rembrandt-Bilder im dortigen Herzog Anton Ulrich-Museum. Nach einem Zwischenhalt im eleganten Wiesbaden ging es dann nach Scheveningen, wo sie Jozef Israels und seine Frau erwarteten. Israels machte den Cicerone und führte die Freunde in eine Reihe jener »Malerdörfer«, die nach dem inzwischen weltberühmten Vorbilde Barbizons wegen ihrer besonderen landschaftlichen Schönheit und

34 *Frau Liebermann ruhend, um 1897, Kreide, Privatbesitz*

35 *Frau Liebermann im Walde lesend, um 1886,*
Bleistiftzeichnung aus dem Bremer Skizzenbuch

wegen ihres wohlerhaltenen Ortsbildes von den holländischen Kollegen der vorhergehenden Generation
entdeckt worden waren. Das erste Ziel war Laren bei
Hilversum, das man wegen seines prächtigen Bestan-
des an alten Ulmen das »holländische Barbizon« genannt hat. Hier existierte eine richtige Malerkolonie
wie in Dachau oder dann in Worpswede, deren Haupt
der damals hochgeschätzte Anton Mauve (1838 bis
1888) war – er war übrigens über seine Frau mit Vincent van Gogh verwandt und hat dem Anfänger ersten handwerklich-künstlerischen Rat erteilen können. An Mauve wird zu erinnern sein. Außerdem
führte Israels seine Gäste nach Delden in der Provinz
Overijssel, einen Ort, der wie Zweelo und Laren für
Liebermanns Werk besondere Bedeutung gewinnen
sollte, und endlich nach dem benachbarten Oele. In
Haarlem trennten sich die Freunde, Liebermanns
machten hier für einige Wochen Station – Frans Hals
zuliebe, und weil in Berlin die neue Wohnung noch
nicht fertig war. Während eines Ausflugs nach Amsterdam malte Liebermann eine erste Straßenansicht
aus dem dortigen Judenviertel (Hannover, Nieder-

sächsisches Landesmuseum). Aus der Hochzeitsreise
war längst eine ausgedehnte Studienreise geworden.
Zwar bestand deren Ergebnis weniger als in früheren
Jahren in ausgeführten oder doch vor dem Motiv bereits weitgetriebenen Gemälden als in einigen Ölstudien und zahlreichen Zeichnungen in den Skizzenbüchern[43]. Verschiedene Bildideen, die erst in den
kommenden Jahren endgültig Gestalt gewinnen sollten, danken ihre Entstehung jener Hochzeitsreise.
Sie sollten ein neues Kapitel in der Kunst des Meisters eröffnen.
Gegenüber München war Berlin damals in künstlerischen Dingen Provinz – trotz Menzel. Der Geist des
biedermeierlichen Bürgertums war mehr und mehr
ins Hintertreffen geraten. 1888 sollte der junge,
strahlende Kaiser seine Herrschaft antreten. Seine
Kunstvorstellungen, um von seinen sonstigen Eigen-
heiten, Qualitäten und Fehlern zu schweigen, waren
denen Liebermanns durchaus entgegengesetzt. Davon wird genauer zu berichten sein, dazu von den allgemeinen Umständen im geistigen Leben der Reichshauptstadt, die sich rasch veränderten. – Die erste
Berliner Wohnung des jungen Paares war in der Beet-
hovenstraße, bei den Zelten am Nordrand des Tiergartens gelegen. Im Hofe des Hauses wurde ein Atelier errichtet. Später bezog der Maler in der Auguste-
Victoria-Straße ein größeres Atelier. Nach dem Tode
der Mutter ging er mit Frau und Tochter in das väterliche Haus am Pariser Platz, das er von 1894 an, als
auch der Vater gestorben war, mit seiner kleinen Familie allein bewohnte. Über dem Flachdach des Hauses in Richtung auf den Tiergarten ließ er sich dann
1899 sein endgültiges Atelier bauen, das von seinem
Arbeitszimmer aus über eine Wendeltreppe zu erreichen war. Hier hat er bis zu seinem Tode gearbeitet,
fast darf man sagen: Tag für Tag. Jedem Besucher Berlins wurde in Vorkriegstagen der wie ein kleines Gewächshaus wirkende, wenig auffällige Glaspavillon
oben auf dem Dache gezeigt. Vier Jahre lang hatte Liebermann prozessieren müssen, bis er die Genehmigung für diese bauliche Zutat erhielt, da die Bauver-
waltung eine optische Beeinträchtigung des dane-
benliegenden Brandenburger Tores befürchtete.
Nicht ohne Grund hat Liebermann selbst eine Schi-
kane darin erblickt, die sich gegen ihn als wenig ge-
nehmen Opponenten der offiziellen Kulturpolitik
richtete. Am liebsten hätte man es gesehen, wenn er

sein Domizil dort ganz aufgegeben hätte. Man nannte ihn bald den »heimlichen Kaiser«, weil er in sein Haus am einen Ende der ›Linden‹ die Elite des geistigen Lebens der Hauptstadt zu ziehen wußte, die Wilhelm II. in das seine am anderen Ende der kaiserlichen Prachtstraße nicht ziehen konnte noch wollte.

Die großen Figurenbilder

Die Flachsscheuer in Laren

Liebermann, der sein eigenes Leben unter ein strenges Arbeitsethos stellte, hat in der Schilderung arbeitender Menschen eines der wesentlichen Themen seiner Kunst gesehen – jedenfalls gilt dies bis gegen die Jahrhundertwende. Über die väterlichen und brüderlichen Firmen, unter denen sich Kattunfabriken, aber auch Eisenwerke befanden, mußte er von Kind an zwangsläufig mit der allgemeinen, technischen

36 *Studie zur Flachsscheuer, 1886, Bleistift, Bremen*

und wirtschaftlichen Entwicklung der Epoche zur Groß- oder Schwerindustrie wohlvertraut sein. Dennoch gibt es von seiner Hand keine einzige wirkliche Industriedarstellung, die sich etwa Menzels ›Eisenwalzwerk‹ aus den siebziger Jahren vergleichen ließe. Von den ›Gänserupferinnen‹ an über die ›Arbeiter im Rübenfeld‹ und die ›Konservenmacherinnen‹ hat er zwar die kollektive Arbeit anonymer Menschen immer wieder als bildwürdig, in seinem Sinne als schön, empfunden, doch verharrte er in seinen Bildern, sozialgeschichtlich gesehen, bei der vor- oder frühindustriellen Phase der Entwicklung. Man hat ihm daraus den Vorwurf gemacht, er habe damit die Wirklichkeit verharmlost[44]. Doch geht eine solche ideologische Kritik an einer grundlegenden Tatsache im Bereich der Bildkunst vorbei, der Liebermann selbst in seinen Schriften mit Nachdruck Ausdruck gegeben hat. So hartnäckig er in seinem gesamten Schaffen die Realität, die Natur, die Wahrheit suchte, so unerschütterlich galt seine Überzeugung: »Alle Bildende Kunst ist Gleichnis.« Das aber bedeutete für ihn, daß er seinen Bildgegenstand »Wirklichkeit« jeweils nur in exemplarischer Gestalt oder in exemplarischen Gestalten, in Symbolen verwirklichen konnte und wollte. Solche exemplarischen Gestalten von der schlagenden Kraft des Sinnbilds fand er für seine Bildvorstellung nicht in den neuen Fabrikhallen mit ihren Maschinen und Apparaturen – das war schon Menzels Dilemma bei seinem Industriebild gewesen –, er fand sie eher in den handwerklich-ländlichen Betrieben, wie er sie zumal in Holland kennenlernen sollte. Ein bezeichnendes Beispiel bietet dafür die ›Seilerbahn‹ von 1887/88, in der nun das 37 Landschaftliche noch und schon, ähnlich wie bei der ›Rasenbleiche‹, das Figürliche fast in den zweiten Rang verweist. Exemplarische Gestalt, Symbol, so wie Liebermann sie verstand, war auch die Landschaft, das Elementare von Licht, Luft und bewegendem Leben. Der simple Arbeitsvorgang, daß die Männer im bedächtigen Schreiten in das Bild und seinen Raum hinein und zugleich wieder aus ihm heraus die Seile knüpfen und damit an einen und denselben Rhythmus im immer wieder gleichen Lebenstakt gebunden sind, ist durch die schlichte Darstellung im trübgrauen Tageslicht unter dem Laubzelt zum Sinnbild des Lebens selbst geworden. Wohlgemerkt ohne jedes Pathos und ohne jede Sentimentalität, ohne je-

37 *Seilerbahn, 1887, Gemälde, Kiel*

de soziale Bewertung – im reinen Anschauen voll-
zieht sich diese leise Verwandlung. Liebermann sagte: »Alle bildende Kunst (ebenso die Poesie) ist
Gleichnis. Woher anders als aus der Natur kann das
Symbol für das Gleichnis genommen werden? Die
Phantasie des Künstlers muß den Stoff zu ihren Symbolen von den Sinnen und diese wieder müssen ihn
von der Natur nehmen. Wenn es keine Wirklichkeit
gäbe, könnte es keine Kunst geben, wie es keine Sonne gäbe, wenn unser Auge sie nicht sähe.«[45] Lovis Corinth schätzte dieses Werk seines Kollegen am höchsten, er nannte es »das von mir am meisten geliebte
Bild [...] Farbe, Stimmung, die stille Arbeit der Menschen sind geradezu wunderbar.«

T18 Der holländische Maler und Graphiker Jan Veth
machte Liebermann auf das Motiv der ›Flachsscheuer in Laren‹ aufmerksam. Daraus ist eines der um-
fangreichsten Bilder des Meisters geworden, das er
großenteils unmittelbar vor der Natur dort in der

Holzscheune in Laren ausgeführt hat. Das bedeutet
natürlich nicht, daß er nicht vorher, wie bei ihm die
Regel, in etlichen gezeichneten und gemalten Einzelstudien sein Bildpersonal genauestens untersucht 36, 38, 39
und in seiner Zusammenfügung zum Ganzen erprobt
hätte. Die Aufgabe war riesig: es galt, etwa zwanzig
handelnde Personen, die durch den primitiven Ar-
beitsablauf und, in wörtlichem Sinne, durch die
Flachsfäden aneinander gebunden sind, in einen formalen Rhythmus innerhalb des Bildraumes und der
Bildfläche zu ordnen. Dabei durfte diese formale Ordnung den Vorgang selbst nicht verunklären, sollte ihn
vielmehr verdeutlichen. Von links fällt helles, glie-
derndes und modellierendes Licht durch vier Spros-
senfenster in den niedrigen, staubigen Raum, ein
fünftes Fenster an dessen Rückwand ruft an einigen
Stellen eine gewisse Silhouettenwirkung oder doch
Betonung der Umrisse hervor. Unter den Fenstern der
sich verkürzenden linken Raumwand hocken hinter-
einander mehrere Kinder, Knaben und Mädchen; mit
ihren Händen und Armen halten sie die großen
Schwungräder in Gang, die ihrerseits jeweils zwei
Spulen antreiben, auf die die Flachsfäden gewickelt
werden. Diese Fäden, die den Raum waagerecht
durchlaufen, werden von den in der rechten Bildhälfte stehenden oder langsam rückwärts schreitenden
Mädchen und Frauen mit den Händen gehalten und
durch die Drehung der Spindeln zwischen Daumen
und Zeigefinger geformt. Unter dem Ellenbogen an
den Körper gepreßt halten die Spinnerinnen jeweils
ihr Flachsbündel, aus dem sie den Faden ziehen. Nur
die Summierung der vielen, gleichzeitig miteinander
Arbeitenden macht aus dem urtümlichen, handwerklichen ein quasi industrielles Verfahren. Der Betrachter muß sich dies und den simplen technischen
Vorgang einmal klarmachen, um zu erkennen, welche Schwierigkeiten der Künstler zu überwinden
hatte, daß aus der bloßen Reihung des immer Gleichen eine gegliederte, eine lebendige Vielfalt wurde.
Zusammen mit der so einfachen wie raffinierten
Lichtführung sorgt vor allem die Perspektive für Ordnung und Stufung, für Akzentuierung und Dämp-
fung. Die fluchtenden Dielenbretter des Fußbodens
und die parallele Folge der Deckenbalken betonen die
Verkürzung, die sich in der jeweiligen Größe und Gewichtung der Gestalten innerhalb des Gesamten ausspricht, von der größten Vordergrundfigur halbrechts

38 *Skizze zur Flachsscheuer, 1886, Gemälde*

bis zu den beinahe halb so groß scheinenden Mäd-chen vor dem Hintergrundfenster. Zwei oder drei der Figuren lösen sich etwas aus dem mechanischen Ab-lauf des Arbeitsvorgangs: halblinks macht sich eine an der Spule zu schaffen, rechts hinten trägt eine an-dere, dem Beschauer zugewandte, eine Haspel, mit der neuer Flachsvorrat herbeigeschafft werden soll. Am rechten Bildrand hebt eine dritte die Rechte über den Kopf empor, um so den Faden zu größerer Span-nung anzuziehen. Alle übrigen sind, offenbar stumm, ganz auf das Tun ihrer Hände gesammelt, die Köpfe mit den bläulich leuchtenden Leinenhauben leise im Profil geneigt. Damit ist die sehr zurückgenommene Farbigkeit des ganzen Bildes angesprochen: braune,

gelbliche, graue und bläuliche Schattierungen herr-schen vor, hier und da leuchtet ein lachsrosa Hals-band unter den variierten Fleischtönen der Gesich-ter, ein Grün erscheint im hinteren Fenster. Die Farbskala ist das bare Gegenteil von der des ›Biergar-tens‹ mit ihrer blumigen Fülle. Was sich in der ›Seiler-bahn‹ schon ankündigte, ist hier zum durchgängigen Prinzip erhoben: alles ist karg und scheinbar reizlos, vor allem vergleichsweise arm an Einzelheiten. Mit breitem, schwerem Pinsel scheint die zähe Farbmate-rie aufgetragen. Alles Kostbare, Emailhafte, von Leibl sich Herleitende, ist bewußt ausgeschieden. Daher denn die monumentale Wirkung dieser Gestalten, die dabei im einzelnen nicht einer spröden Grazie

39 *Studie zur Flachsscheuer, 1886, Bleistift, Bremen*

tes Märchen [...]«[46]. Angesichts des Bildes, dessen geheimer Zauber in der Spannung zwischen der nüchternen Sachschilderung von Raum, Gerät und Arbeitsvorgang *und* dem herben Liebreiz der Protagonistinnen liegt, ist man versucht zu sagen, daß offenbar jener Kritikus hier die Rolle des Märchenerzählers übernommen habe. Aber auch eine heutige Interpretation, die darin das »Ethos der Arbeit« sucht und »in den statuarischen Figuren... den Charakter des Erhabenen« entdecken will, geht fehl, wenn sie dazu noch vermißt, daß der Maler »in der Auseinandersetzung zwischen Kapital und Arbeit Partei ergriffen« habe, die doch »ein zentrales Thema der Zeit« gewesen sei. Trotz des Menzelschen Industriebildes, das ein Auftragsbild war, gilt dies jedoch gewiß nicht für die Malerei und auch die übrige bildende Kunst der Epoche. Hier sei, so heißt es weiter, »die für Liebermann charakteristische Harmonisierung durchaus aktueller Problemstellungen seiner Zeit zu beobachten«[47]. Ein aufmerksamer Betrachter wird indessen erkennen, daß hier »nur« ein stiller Ernst am Werke ist, daß hier einer aus Ehrfurcht vor dem Sichtbaren redlich, leise und liebevoll das Wirkliche anschaut.

Der Wandel der Liebermannschen Malerei von der ›Bleiche‹ oder dem ›Biergarten‹ zur »grauen Monumentalität« der Seilerbahn oder der ›Flachsscheuer‹ wird oft durch die Einwirkung des Holländers Jozef Israels auf den Deutschen erklärt. Israels suchte auf den Spuren Rembrandts im dämmrigen Helldunkel seiner Fischer- und Bauernszenen »die Töne des Gemüts [...], die jedem vertraut sind«, um es mit den Worten Liebermanns zu sagen. »Israels liebt die Dämmerung, wenn die Konturen der Gegenstände ineinander verschwimmen; das Enveloppierte zieht er dem Bestimmten vor, das Träumerische der Abendstunde der grellen Sonne, das Geheimnisvolle, das uns mehr ahnen als sehen läßt, in einer nur ihm allein gehörenden Technik: kaum ein fetter Strich im Bilde, nichts Materielles, alles durchgeistigt, keine Farbe, alles Ton; das Ganze mehr auf die Leinwand hingehaucht als gemalt.« Und: »Mit der ganzen Innerlichkeit seiner Nation und seiner Rasse versenkt sich Israels in die Natur, dorthin, wo sich die Äußerungen des Gefühlslebens am naivsten zeigen: in das Leben der Armen und Elenden. Wohl mit Voreingenommenheit für sie, aber nicht etwa in tendenziöser Weise wie der politische Parteigänger. Israels schil-

entbehren. Die zeitgenössische Kritik sah darin, wie früher in den ›Gänserupferinnen‹ oder den ›Arbeitern im Rübenfeld‹, die bare Häßlichkeit, der der »Armeleutemaler« noch und wieder huldigte. Es ist erstaunlich und wahrscheinlich nur aus der Seltenheit von ausreichenden Reproduktionen zu erklären, was die Rezensenten von damals behaupten konnten, ohne der Blindheit oder des Betrugs geziehen zu werden: »Liebermanns Flachsscheuer ist die wirkliche Darstellung stumpfen, durch ein Einerlei von schwerer Arbeit hervorgerufenen Siechtums [...] Bauernweiber in verschlissenen Schürzen und Holzpantoffeln, mit Gesichtern, die kaum, daß sie jung waren, die Züge grämlichen Alters zeigen, liegen in der Kammer, deren Gebälk wie drückend niederlastet, ihrem mechanischen Tagewerk ob. Kein Blick wird von der Arbeit aufgehoben. Kein Mütterchen erzählt ein bun-

40 *Schäfer, um 1890, lavierte Federzeichnung, Bremen*

dert die Mühe und Arbeit wie der Psalmendichter, der das Leben köstlich nennt, wenn es Mühe und Arbeit gewesen. Aus Israels spricht Versöhnung, etwas von der heiteren Ruhe des Philosophen, der alles verzeiht, weil er alles versteht.«[48] In diesen Sätzen aber, die Liebermann seinem verehrten Freunde – übrigens auf dessen Anregung – im Jahre 1901 gewidmet hat, ist, bei aller Bewunderung des Jüngeren für den Älteren, deutlich auch die Distanz zu spüren, die jenen inzwischen von diesem und seiner Kunstanschauung trennte. Liebermann mied auch in den Jahren, da er Israels von den Motiven her nahe schien, grundsätzlich »das Enveloppierte«, »das Geheimnisvolle, das uns mehr ahnen als sehen läßt«. Und »das Leben der Armen und Elenden«, »wo sich die Äußerungen des Gefühlslebens am naivsten zeigen«, diese Umschreibung der Themenwelt des Holländers macht vollends klar, wie anders Liebermann seine eigene Kunst und die Position des Menschen in seiner Bildwelt ansah. Liebermann war gerade kein »Naiver«, der

»Äußerungen des Gefühlslebens« gesucht hätte. Damit sind Grenze und Größe seiner von Grund auf nüchternen Kunst benannt.

Die Netzeflickerinnen

Schon während der Hochzeitsreise im Jahre 1884 war ihm das Thema in der Natur begegnet, und er hatte in einer ersten Studie oder Skizze niedergelegt, was er da bei Scheveningen in den Dünen sah: Fischerfrauen, die in Gruppen dabei waren, die ausgebreiteten Segel und zerrissenen Netze ihrer Männer auszubessern. Er war nicht der erste, der darin einen bildwürdigen Gegenstand sah[49]. Jozef Israels hat in den Jahren 1886/87 sein Bild desselben Motivs gemalt, das Liebermann natürlich gekannt hat, als er endlich 1887 mit seinem großen Bild begann. Der Vergleich der beiden Werke zeigt sehr einfach, was der Jüngere, hier wie auch sonst, dem Vorbild entnommen haben

V 9d

41 *Skizze zu den*
Netzeflickerinnen, 1888,
Federzeichnung aus dem
Bremer Skizzenbuch

43 *Radierung nach den Netzeflickerinnen, 1894*

42 *Studien zu den Netzeflickerinnen, 1888, Kreide, Bremen*

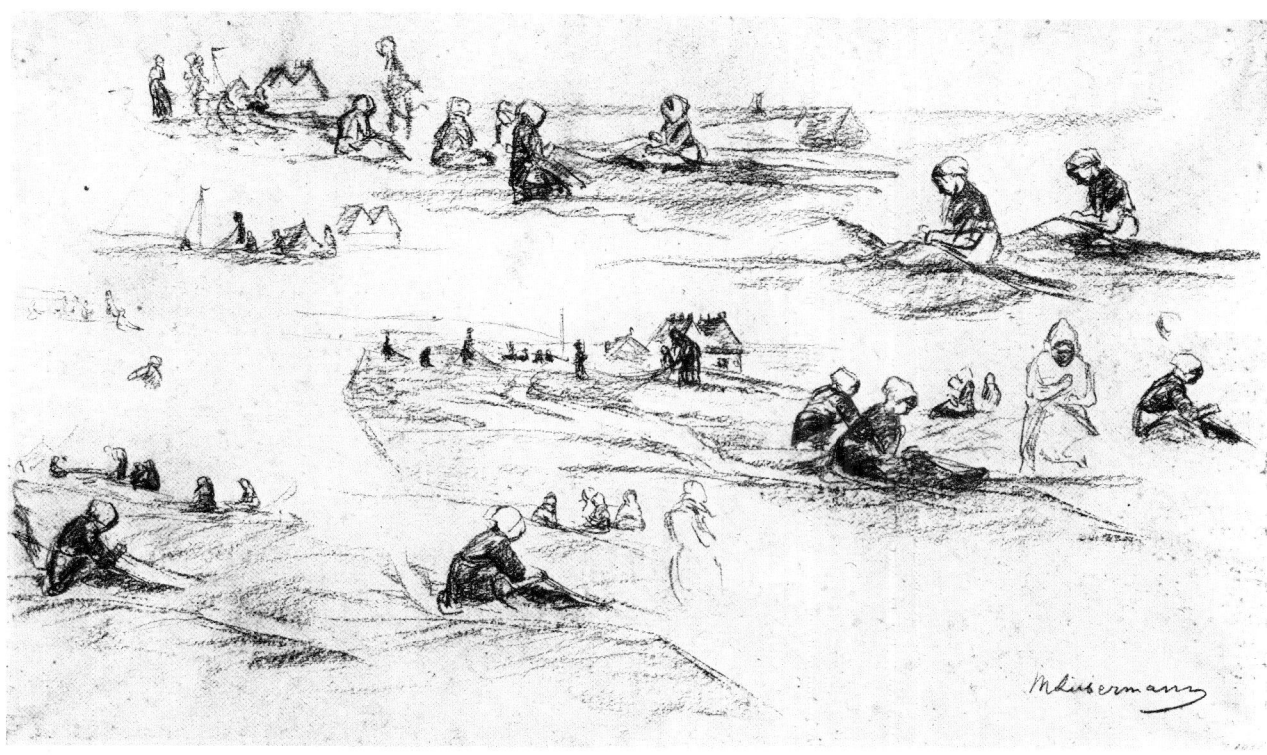

44 *Netzeflickerinnen, 1888, Kreide*

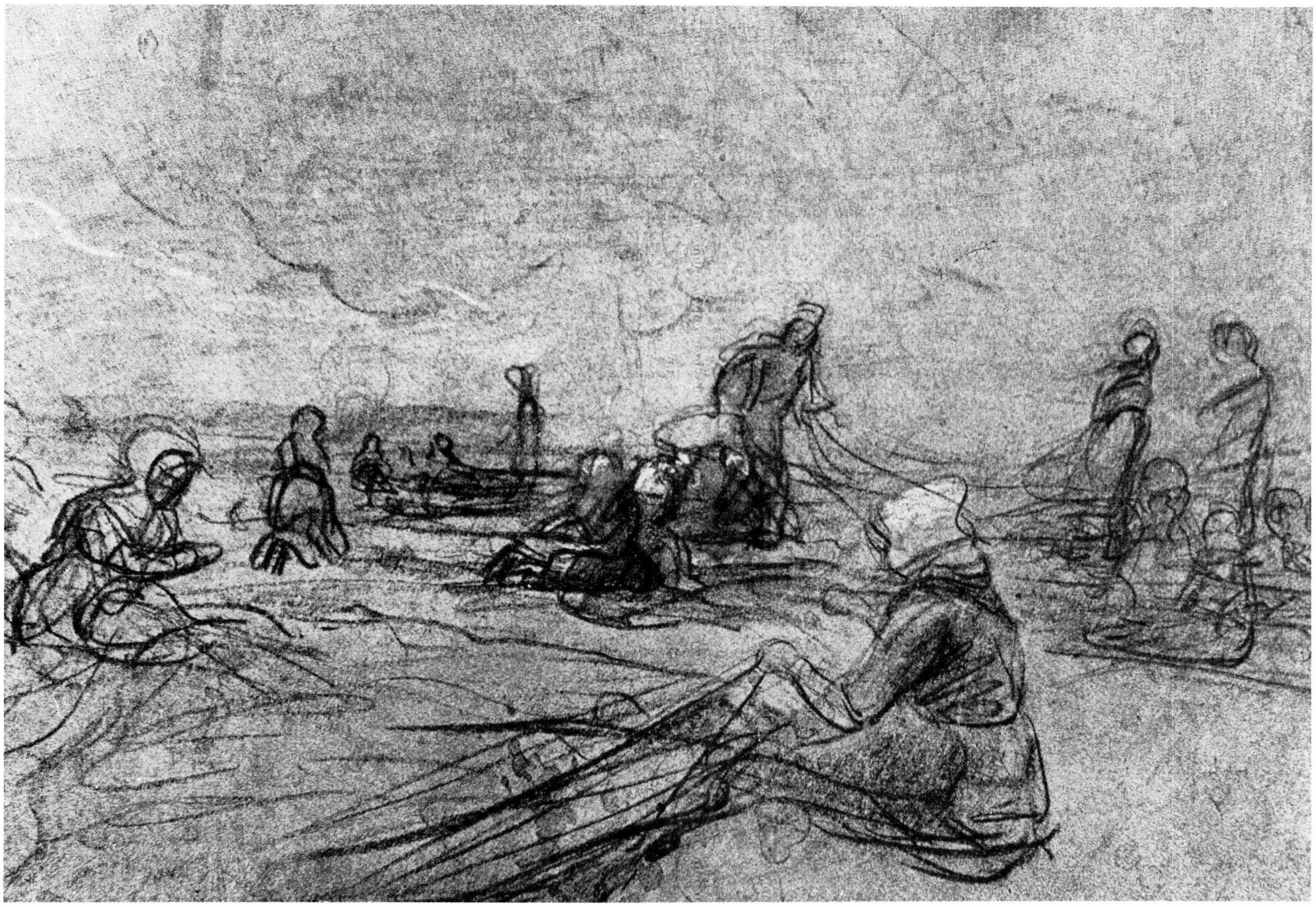

könnte – wenn es denn ein Vorbild war. Liebermann, der geniale Eklektiker, der zu nehmen wußte, wenn etwas zu nehmen und für seine ureigene Bildauffassung nutzbar zu machen war – es sei an Frans Hals bei den Alten, an Menzel oder Leibl bei den Zeitgenossen erinnert –, Liebermann muß von vornherein gewußt haben: das ist »mein« Thema, das kann ich besser, richtiger sagen! Sein Bild ist nicht nur besser geworden, es hat eine Größe der Form und des Ausdrucks gewonnen, die ihm selbst bis dahin nicht erreichbar gewesen war. So hat er auf die Formulierung Israels' nicht eigentlich zurückgegriffen, er hat auf sie reagiert. Aus einem weitläufig erzählenden Genrebild, der folkloristischen Schilderung holländischen Fischeralltags, ist ein gleichsam religiöses Monument, eine Bildpredigt geworden. Doch ist deren Religiosität, deren Pantheismus, der die Schöpfung, Mensch und Natur, preist, merkwürdigerweise von nüchterner Grundstimmung. Vor kaum einem seiner Werke aber gilt wie hier sein Bekenntnis: »Nur wer den Odem Gottes in der Natur spürt, wird in Wahrheit lebendig gestalten können.« Sein Bild steht als ein absolutes Meisterwerk der Malerei des neunzehnten Jahrhunderts über allem, was in Holland zu jener Zeit im Umkreis der Haagschen Schule, über allem aber auch, was in Europa sonst in der Nachfolge der bäuerlichen Figurenbilder Millets geschaffen worden ist: Breton, Lhermitte, Bastien-Lepage oder Cazin, Kalckreuth, Uhde oder Mackensen. Erst Vincent van Gogh und dann Paula Modersohn-Becker haben mit je verschiedenen künstlerischen Mitteln und je verschiedener künstlerischer Aussage Bilder verwandter Thematik von vergleichbarer Bedeutung geschaffen, in denen ein fernerer Nachklang aus der Kunst Millets sich findet. In seinem Bild tritt Liebermann aber noch einmal in *unmittelbaren* Wettstreit mit dem französischen Urvater der Bauernmalerei und obsiegt. Dabei ist sehr wohl zu bedenken, was denn sonst in der Kunst um die Wende zum letzten Jahrzehnt des Jahrhunderts geschah. Ist nicht ein solches Bild auch nur, wie die entsprechenden Darstellungen jener eben genannten kleineren Franzosen oder Deutschen, von den nicht wenigen Nachläufern in den übrigen, zumal den osteuropäischen Ländern ganz abgesehen, um diese Zeit ein grandioser Anachronismus? Es sei nur an van Gogh, an Gauguin und Cézanne, an Seurat, an Toulouse-Lautrec und Munch und deren

Werke aus jener Epoche erinnert, an Werke, in denen die Malerei als Malerei und in denen die Bildkunst überhaupt gänzlich neue Bereiche eroberte.

Genauere Betrachtung ist nötig. Was sich da im historischen Kontext als eine durchaus altmodische Malerei in schweren, trüben Farbtönen, in zäher, reizloser Materie darbietet, kahl und karg neben dem farbigen Reichtum der neuen Meister, ist und bleibt deshalb unvergeßlich und über der Zeit stehend, weil Liebermann hier mehr als je zuvor eine große Bildhieroglyphe geprägt hat. Was sich in der vordersten Figur der ›Flachsscheuer‹ vielleicht ankündigte, eine gewisse Hervorhebung der Einzelgestalt gegenüber den anderen, den vielen, dem »Kollektiv« der Arbeitenden, ist hier zum tragenden Pfeiler der Komposition, zum sammelnden Sinnzeichen für seinen Gehalt geworden, von der schlagenden Kraft eines Münzbildes. Verschiedene Autoren haben zu Recht von der »Heldin« des Bildes gesprochen. Wenn die ›Flachsscheuer‹ in klare Prosa gefaßt war – mit allen Deutlichkeiten des technischen Vorgangs dort –, so wird hier gleichsam in epischen Versen gesprochen. Diese über den Horizont ragende Frau hat etwas von urtümlicher Größe. Dies ist monumentale Kunst, doch ohne jede Übersteigerung oder Überzeichnung – auch ohne »Florenz« wie ehedem die ›Arbeiter im Rübenfeld‹. Aber auch Feuerbachs Klassizismus oder Hodlers Parallelismus sind ferne, von Kontrapost und Muskelspiel ist nichts zu spüren. Ein Wort Liebermanns über die Handzeichnung, bei einer Ausstellungseröffnung in der Berliner Sezession im Jahre 1901 formuliert, enthält den Schlüssel zu diesem Bild: »[…] erst wer in die Hieroglyphenschrift der Zeichnung eingedrungen ist, wird dieses vollendete Kunstwerk ganz verstehen.«[50] Gezeichnet, Hieroglyphen gesucht, hat Liebermann für das Bild fast mehr als für jedes andere. Mit der gewohnten Sorgfalt ging er zu Werke: zahlreiche kleine Skizzenbuchnotizen, etliche größere, auch durchgeführtere Blätter, dazu und vor allem eine bedeutende Gruppe von Ölstudien und -skizzen offenbaren sein Tasten, Suchen und Finden, bis er, offenbar erst in einem späten Stadium seiner Erwägungen und Erprobungen, die einzelne, stehende Figur hinzu»erfunden« hat, um sie seinem Bildplan einzufügen. Aber erst im endgültigen Akt der Realisation auf der großen Leinwand (und im Atelier!) hat die Frau ihren großen Kontur

T19

V 9a-9c

41, 42, 4
45, 125

45 *Netzeflickerinnen, 1888, Ölskizze*

gewonnen. Doch hat der Künstler sich ihre Stellung nicht etwa »ausgedacht«, um das Modell dann entsprechend posieren zu lassen – er hat sie in der Wirklichkeit gesehen, wie sie sich hochreckt und gegen den Meerwind stemmt, der über die unendliche Ebene geht und ihr ins Gewand und in die Haare greift. So wird sie, gänzlich unsentimental, doch nicht ohne Pathos im figürlichen Ausdruck, zum Symbol, zur Verkörperung der elementaren Naturkräfte, die dieses Land an der See regieren. Was Adolph Menzel vor dem ›Flachsscheuer‹-Bilde gesagt haben soll, gilt beinahe mehr noch hier: »Das ist der einzige, der Menschen macht und keine Modelle.«[51] Vor diesem so spröden wie selbstverständlichen Meisterwerk bekommen seine eigenen bekenntnishaften Worte erst

ihr volles Gewicht. So sei es erlaubt, sie hier in größerem Zusammenhang zu wiederholen: »Dieses Unsichtbare sichtbar zu machen, das ist es, was wir Kunst nennen. Ein Künstler, der darauf verzichtet, das Unsichtbare, das, was hinter der Erscheinung liegt – nennen wir es Seele, Gemüt, Leben –, vermittelst seiner Darstellung der Wirklichkeit auszuwirken, ist kein Künstler. Aber der Künstler, der auf die Darstellung der Erscheinung verzichten wollte zugunsten einer stärkeren Auswirkung seines Empfindens ist ein – Idiot.« Die ungegenständliche Kunst, die zwei Jahrzehnte später als Inbegriff des »Geistigen in der Kunst« auf den Plan treten sollte, war Liebermanns Überzeugungen nicht zugänglich. »Denn wie soll das Übersinnliche ohne das Sinnliche begriffen werden? Alle bildende Kunst (ebenso die Poesie) ist Gleichnis: Woher anders als aus der Natur kann das Symbol für das Gleichnis genommen werden! Die Phantasie des Künstlers muß den Stoff zu ihren Symbolen von den Sinnen und diese wieder müssen ihn von der Natur nehmen. Wenn es keine Wirklichkeit gäbe, könnte es keine Kunst geben, wie es keine Sonne gäbe, wenn unser Auge sie nicht sähe.«[52] Im Angesicht dieses Kunstwerks erweist Liebermanns Credo seine subjektive Wahrheit.

Als das Bild 1889 auf der Pariser Weltausstellung im Rahmen des inoffiziellen deutschen Beitrags[53] erschien, war der Widerhall in der Presse geringer, als Liebermann es gewohnt war – offenbar vermißte man die »peinture«, der der Künstler in der ›Bleiche‹ wie im ›Biergarten‹ immerhin seine Reverenz erwiesen hatte. Wilhelm Bode, der Direktor der Berliner Gemäldegalerie, der den Maler schon vom gemeinsamen Aktzeichnen im Atelier Steffecks kannte und der ihm schon im Jahr zuvor in der ›Cölnischen Zeitung‹ einen rühmenden Aufsatz gewidmet hatte, sah das Bild hier in Paris zum ersten Male[54]. Er war begeistert und machte seinen Hamburger Kollegen Alfred Lichtwark darauf aufmerksam. Lichtwark erwarb es zu dem vergleichsweise sehr bescheidenen Preis von tausend Mark für sein Institut. Doch war damit eine Verbindung geknüpft, die für das künftige Schaffen Liebermanns ungeahnte Folgen haben sollte.

Die Frau mit den Ziegen

Hartnäckig, wie er von Beginn an war, setzte Liebermann die Reihe seiner großen Figurenbilder planmäßig fort. Es galt, das Gefundene zu nutzen und auszubauen. Das großartige karge Münchener Bild der T21 ›Frau mit den Ziegen‹, das er im Winter 1889/90, noch während der Arbeit an den ›Netzeflickerinnen‹, im Berliner Atelier ausführte, steigerte die formalen und inhaltlichen Elemente jener Mehrfigurenkomposition mit der dominierenden ›Heldin‹ zur äußersten Konsequenz. Lakonischer, lapidarer läßt sich nicht sagen, was gesagt werden sollte: Mensch und Natur, diese gleichgewichtig in den beiden Tieren wie in der kahlen Dünenlandschaft verkörpert, sind zu *einem* monumentalen Bildzeichen vereinigt. Die Fernwirkung könnte nicht übertroffen werden. »Mühe und

46 *Ziegenstudien, 1890,*
Kreidezeichnung aus dem Bremer Skizzenbuch

Arbeit« im Sinne der Bibel, wie Liebermann sie für das eigene Schaffen wieder und wieder berief, sind zu großartiger Spannung zwischen der schwer ins Bild hinein schreitenden Frau und der Ziege vorn zusammengerafft, durch ein Minimum von Bewegung und Gegenbewegung versinnlicht. Physiognomie, menschlicher Ausdruck wohnt in der Silhouette der Figur mehr als in ihrem verlorenen Profil; Physiognomie, tierischer Ausdruck ist in der nebenher trottenden, kleinen Ziege zu spüren. Liebermann hat diese skurrilen Tiere in zahlreichen Studienzeichnungen, Bewegungsnotizen im Skizzenbuch wie größeren Blättern, geduldig bobachtet – getreuer, »ähnlicher« könnte sie niemand wiedergeben. Sein Thema, zu dem ihn sein holländischer Kollege Anton Mauve V 9e angeregt haben könnte, war ihm in der Natur offenbar zuerst in Gestalt eines Bauernjungen begegnet, 176 der beide Tiere am Strick führte und zu regieren suchte – dieses Motiv behielt er zuerst auch bei, als er den Jungen durch eine Frau ersetzte. Endlich aber gestaltet er aus der momentanen, eher episodischen Beobachtung in den Skizzen die unverrückbare Hieroglyphe der Existenz im ausgeführten Bild.

47 Ziegenstudien, 1890,
Kreidezeichnung aus dem Bremer Skizzenbuch

48 Ziege, Detail aus dem Gemälde Frau mit Ziegen,
1890, München

49 Ziegen mit Karren, um 1890, Kreidezeichnung, Privatbesitz

In den folgenden Jahren bis gegen 1896 hat Liebermann in verschiedenen Formulierungen großen und mittleren Formats seinen Bildgegenstand »Menschenfigur in Düneneinsamkeit« mehrmals variiert – exemplarische Verkörperungen des Menschenlebens sind sie gleichermaßen geworden, obwohl nicht ganz von der inneren Größe des Münchener Bildes. Der ›Karren in den Dünen‹ von 1889 ist in seiner formelhaften Abkürzung so etwas wie der Prototyp gewesen, von dem die anderen Fassungen mehr oder weniger ihren Ursprung nahmen: der Rastende ›In den Dünen‹ (1885), der ›Schreitende Bauer‹ (1895), der ›Bauer mit Kuh‹ (1896) und vor allem der große ›Schreitende Bauer‹ aus demselben Jahr – sie alle ähneln sich in der betonten Simplizität ihres derben malerischen Vortrags, der farbigen Zurückhaltung innerhalb der Grauskala, wie in ihrer Bildaussage[55].

Die Kuhhirtin

T22 Ein neuer Ton klingt demgegenüber in der ›Kuhhirtin‹ auf. Von 1890 bis 1894 hat Liebermann an diesem Bilde gearbeitet und mehrfach geändert – er hat es zwischenzeitlich auch ausgestellt, um es dann doch wieder vorzunehmen. Wenn nicht auch die eben genannten Bilder von derselben schweren, zähen Materie wären – die Farbe ist zu gutem Teil mit dem Spachtel aufgebracht –, möchte man meinen, daß die massive Farbschicht in etlichen Partien der ›Kuhhir-

50 *Kuhhirtin, um 1890, Feder, Bremen*

51 *Kuhhirtin, um 1890, Kreide, Bremen*

tin‹ etwas von dem mühevollen Entstehungsvorgang der Komposition verriete. Doch wollte Liebermann damals seine Bildarchitektur durch eine entsprechende Festigkeit seiner malerischen Mittel gleichsam mauern. Um so überraschender ist das Ergebnis: es ist dem Künstler gelungen, alle Spuren des Experimentierens und des Korrigierens vollkommen zu tilgen, so daß ein wahres Exempel an Gelassenheit entstanden ist, als wäre das Bild von Beginn an in seiner Vorstellung fertig gewesen, als hätte es ihm sogleich vollendet vor seinem geistigen Auge gestanden. Was so selbstverständlich scheint, ist indessen das erarbeitete Resultat sorgfältiger Ponderierung, ist erst aus einer langen Kette von Erwägungen und Vollzügen herangereift. 1890 hatte er die Szene in Delden auf der endgültigen Leinwand begonnen, nachdem er aber schon drei Jahre zuvor in einem Ölbild und einem Pastell das stille Miteinander von Hirtin und grasender Kuh sehr ähnlich dargestellt hatte – gewiß nicht ohne dabei an Millet und auch an Mauve zu V 9a–c, denken. Doch gibt es einen wesentlichen Unterschied: dort standen, wie bei Millet, die beiden Gestalten von Mensch und Tier jeweils vor demselben kahlen Horizont, der in jenen Dünenbildern zum gewichtigen Träger des Ausdrucks geworden war. Jetzt aber ist die Szenerie in der Tiefe durch eine Waldkulisse wie durch eine Wand geschlossen – das Ganze bekommt dadurch etwas von einem Innenraum, auch erscheint die besonnte Weide mit den grasenden Tieren nun um so leuchtender gegenüber dem verschatteten Hintergrund. Bewußt verzichtet der Maler auf den hallenden Kontrast von Silhouette und unendlichem Horizont, ebenso auf die schattenlose Graustimmung der Atmosphäre, die diesen Kontrast jeweils noch heftiger hatte erscheinen lassen. Mit neuer Wärme durchdringt das Licht den gesamten Bildraum. Es ist mildes Sonnenlicht des Nachmittags, das sich verbindend und verbindlich über die Grasfläche breitet, die Kühe modelliert, die Nackenlinie der Hirtin zeichnet und Laubschatten als eine geschlossene, nur am rechten Rande ein wenig durchbrochene Bildschwelle in den Vordergrund malt. Von tanzenden oder gar scharfen Sonnenflecken wie bei den ›Waisenmädchen‹ ist hier gewiß nicht die Rede. Das Laubwerk der schattengebenden Baumkronen ist dazu im Bildausschnitt ausgespart, nur zwei Baumstämme geben einen Hinweis darauf – rhythmisch akzentuieren sie den Raum, der rechte antwortet der Neigung der Hauptfigur. Alles ist Ruhe. Nichts aus der kompositionellen Ordnung ließe sich verrücken, ohne die schwebende Stille zu stören, die den eigentlichen Inhalt des Bildes ausmacht. Von der Strenge jener Arbeitsbilder hat sich der Künstler leise entfernt. Mehr als bei jedem anderen der bisher betrachteten Werke seiner Hand wohnt Poesie in dieser Bildwelt, als würde nun in einfachen, lyrischen Versen gesprochen.

T 15 Was sich mit der ›Rasenbleiche‹ und dann auf ähn-
37 liche Weise mit der ›Seilerbahn‹ ankündigte, ist hier ganz unprogrammatisch wiederaufgenommen: die Elemente der Landschaft – das heißt übrigens auch

52 *Kuhhirtin, um 1895, Radierung*

des Landschaftsgrüns – drängen stärker hervor. Künftig wird die Darstellung des Landschaftsraums die Bedeutung der menschlichen Figur innerhalb des jeweiligen Bildorganismus nach und nach in den zweiten Rang verweisen. Zugleich wird das Freilicht mehr und mehr an Gewicht gewinnen, werden die Bilder überhaupt zu gutem Teil im Freien und nicht im Atelier vor dem Motiv ausgeführt werden. Ehe wir aber die Entwicklung Liebermanns zum »Impressionisten« oder »Beinahe-Impressionisten« weiter verfolgen, ist innezuhalten und nach der allgemeinen historischen, geistigen und künstlerischen Situation zu fragen, in der der bald fünfzigjährige Meister die Höhe seines Schaffens erreicht und die Wandlung zu seiner neuen Anschauung der Welt vorbereitet hat. Erst im Angesicht dieses Hintergrundes läßt sich diese Wandlung begreifen und möglicherweise bewerten.

1885 – 1900

Von der Gleichzeitigkeit des Heterogenen, Paradoxen und in Wahrheit Ungleichzeitigen als einem Charakteristikum des gesamten neunzehnten Jahrhunderts ist zu Beginn unserer Betrachtung die Rede gewesen. Es ist, als ob sich dieses Widersprüchliche der Erscheinungen in die letzten beiden Jahrzehnte des Säculums noch einmal besonders drastisch zusammendränge. In eben den Jahren, da Liebermann seinen monumentalen Figurenstil in wahren Tafeln des Wirklichen entwickelte und dem Künstler, endlich auch in der Heimat, wachsender öffentlicher Erfolg beschieden war, wurden in den Bereichen der Politik und des Geistes, nicht zuletzt auch in denen der bildenden Kunst die Weichen in eine andere Zukunft gestellt. 1884 begann die deutsche Kolonialpolitik, 1888 wurde Wilhelm II. Deutscher Kaiser und König von Preußen, 1890 wurde Bismarck entlassen. Schon 1894 wurde sein Nachfolger Caprivi durch den Fürsten Hohenlohe ersetzt, 1897 Tirpitz zum Staatssekretär im Reichsmarineamt ernannt – der Ausbau der deutschen Kriegsflotte begann, der Kaiser führte sein Volk »herrlichen Zeiten entgegen«. 1884 begann Paul Wallot den Bau des Reichstagsgebäudes in der Nachbarschaft des Liebermannschen Hauses am Brandenburger Tor. 1884 schrieb Ibsen ›Die Wildente‹

53 *Menükarte des Banketts für Ibsen, Freie Bühne, 1898*

und »Frau Max Liebermann«, der Maler war nicht dabei; doch zeichnete er später immerhin eine Menükarte für ein Festmahl zu Ehren von Henrik Ibsen. 1890 schrieb Ibsen ›Hedda Gabler‹, Hamsun ›Hunger‹, Sudermann ›Die Ehre‹ und Fontane ›Stine‹, 1891 Wedekind ›Frühlings Erwachen‹, Wilde ›Das Bildnis des Dorian Gray‹ und Richard Strauss ›Tod und Verklärung‹. 1892 ist das Jahr der ›Weber‹ von Hauptmann, des ›Falstaff‹ von Verdi, des ›Bajazzo‹ von Leoncavallo, aber auch von Maeterlincks ›Pelléas et Mélisande‹. Im Jahr darauf folgen Halbes ›Jugend‹, Hauptmanns ›Biberpelz‹ und ›Hanneles Himmelfahrt‹, dazu Wildes ›Salome‹ und Puccinis ›Manon Lescaut‹. 1894 schrieb Hamsun ›Pan‹ und Debussy sein ›Prélude à l'après-midi d'un faune‹, vor allem aber erfanden die Brüder Lumière – nomen est omen – den Kinematographen; im Deutschen Theater in Berlin wurden die ›Weber‹ uraufgeführt, was die Kündigung der Hofloge durch den Kaiser zur Folge hatte. Das Jahr 1895 verzeichnet neben Fontanes ›Effi Briest‹ Verlaines ›Confessions‹, Freuds und Breuers ›Studien über Hysterie‹, die Entdeckung der Röntgen-Strahlen und die Gründung der London School of Economics and Political Science. Im Jahre 1896 schrieben oder veröffentlichten Schnitzler ›Liebelei‹, Tschechow ›Die Möwe‹, Proust ›Les Plaisirs et les Jours‹, Bergson ›Matière et Mémoire‹, dazu erfand Marconi die drahtlose Telegraphie. 1897 kamen Georges ›Jahr der Seele‹, Jarrys ›Ubu Roi‹ und Gides ›Nourritures terrestres‹ heraus. 1898 starb Fontane, Thomas Mann veröffentlichte den ›Kleinen Herrn Friedemann‹ und Zola sein ›J'accuse‹. 1899 erschienen Hofmannsthals ›Der Tor und der Tod‹, Rilkes ›Cornet‹, Schnitzlers ›Reigen‹ und die ersten Hefte der ›Fackel‹ von Karl Kraus. Endlich: im ersten Jahr des neuen Jahrhunderts kamen Conrads ›Lord Jim‹, Freuds ›Traumdeutung‹ und Puccinis ›Tosca‹ heraus – Planck begründete die Quantentheorie.

Diese so schematische wie willkürliche Aufzählung einiger Neuheiten, Neuigkeiten und Merkwürdigkeiten aus den Bereichen der Politik, der Literatur, des Theaters, der Musik, der Philosophie, der Naturwissenschaften und der Technik offenbaren dem gutwilligen Betrachter und Leser eine Anzahl von geistigen Bewegungen und Gegenbewegungen, dazu einige offenbar »monolithische« Fakten – in summa ein Vielerlei, das indessen von den meisten der genann-

und Huysmans ›À rebours‹, in den Jahren 1884 bis 1887 Fontane ›Irrungen Wirrungen‹, 1885 Zola ›Germinal‹. 1886 wurde das Automobil gleich zweimal erfunden, aber auch der S. Fischer Verlag gegründet, der bezeichnenderweise mit der Herausgabe von Handbüchern »zur rapiden Entwickelung der technischen Gewerbe« begann, ehe er sich bald aktuellen literarischen Themen skandinavischer Autoren zuwandte. Tolstois ›Kreutzersonate‹, Ibsens ›Rosmersholm‹ und Nietzsches ›Jenseits von Gut und Böse‹ gehören in das nämliche Jahr. 1887 schrieb Strindberg den ›Vater‹ und wurden Ibsens ›Gespenster‹ im Residenztheater in Berlin aufgeführt. 1889 folgte Hauptmanns ›Vor Sonnenaufgang‹. 1889 wurde auch der ›Verein Freie Bühne‹ (zwei Jahre nach dem ›Théâtre Libre‹ in Paris) gegründet. Im zweiten Mitgliederverzeichnis vom Januar 1890 finden sich unter den mehr als tausend Mitgliedern »Herr und Frau Theodor Fontane« sowie »Herr Gustav Liebermann« (ein Cousin)

ten Protagonisten wahrscheinlich, expressis verbis oder unausgesprochen, unter dem schillernden Begriff des Fortschritts subsumiert worden ist. Die Richtung dieses »Fortschritts« war indessen höchst unterschiedlich, wie auch dessen Ursprünge jeweils in unterschiedliche Bereiche weisen. Der Expansion des Geistes in weite Regionen und Möglichkeiten des Materiellen und Praktischen steht seine bemerkenswerte Wendung nach Innen ins Soziale und Psychologische gegenüber, die »herrlichen Zeiten« sehen sich mehr und mehr mit »den Schatten« konfrontiert, die nun »an der Reihe sind«. Auffällig ist nicht zuletzt der wachsende Anteil der Russen und der Nordländer an der europäischen Geistigkeit, die nicht mehr ausschließlich oder überwiegend von den Franzosen, den Engländern, den Italienern und den Deutschen bestimmt wird.

Wir widerstehen der Versuchung, aus solchen Beobachtungen plausible Schlüsse über den Verlauf und

54 *Bildnis Gerhart Hauptmann, um 1892, Pastell, Berlin*

den Sinn der Geschichte zu ziehen. Für unsere Betrachtung stellt sich die einfache und nicht so einfache Frage, wie denn ein bildender Künstler, dessen Überzeugungen, bei allem sozialen Engagement und bei aller intellektuellen Schärfe, von bürgerlichem Biedersinn geprägt zu sein scheinen, wie denn ein Max Liebermann in diesem summarischen Panorama zu lokalisieren sei? Um dieser Frage jedenfalls näher zu kommen, ist es nötig, eine entsprechende und nun sogar etwas ausführlichere Zusammenstellung der wichtigsten Tatsachen aus dem Bereich der Bildkunst in derselben Abfolge der Jahre zu wagen. Dabei soll es, wie eben schon, unser Bemühen sein, nur Namen, Werke und Fakten aufzuführen, die für den Interessierten ihren positiven oder negativen Zusammenhang mit unserem eigentlichen Thema unschwer erkennen lassen.

1883 starb Manet, und mit seiner Nachlaßauktion begann langsam der bis auf den heutigen Tag unaufhaltsame Aufstieg der Malerei der Impressionisten in der allgemeinen Schätzung der Welt. Im nämlichen Jahr fand eine erste einschlägige Ausstellung in der Galerie Gurlitt in Berlin statt; Böcklin malte den ›Heiligen Hain‹ und Puvis de Chavannes ›Le Rêve‹. Im nächsten Jahr entstand Uhdes ›Lasset die Kindlein zu mir kommen‹, begann aber auch Seurat die Arbeit an seinem Jahrhundertbild des ›Dimanche après-midi à l'Ile de la Grande Jatte‹, dazu fand der erste ›Salon des Indépendants‹ statt. 1885 schufen Marées sein ›Goldenes Zeitalter‹ und van Gogh seine ›Kartoffelesser‹, der Pointillismus begann sich auszubreiten (Seurat beschwerte sich darüber), der Zöllner Rousseau trat vom Dienst zurück, um sich künftig ganz der Malerei zu widmen. Im Jahr darauf fand die letzte Gruppenausstellung der Impressionisten statt, van Gogh kam nach Paris; Gauguin, Bernard und Laval trafen sich in Pont-Aven in der Bretagne, Rodin vollendete seine ›Bürger von Calais‹, Klinger begann seinen ›Beethoven‹ und Moréas veröffentlichte sein ›Manifest des Symbolismus‹. 1887 vollendete Renoir seine ›Grandes Baigneuses‹. In Paris zeigte man eine große Millet-Ausstellung, Gauguin brach nach Martinique auf, und Anton von Werner wurde Vorsitzender des Vereins Berliner Künstler – zwei Jahre zuvor hatte er mitgeholfen, daß Liebermann dort Mitglied wurde. Wieder ein Jahr später malte Ensor den ›Einzug Christi in Brüssel‹, Huysmans schrieb in einer

Symbolisten-Zeitschrift über Cézanne, der damals seinen ›Mardi-Gras‹ malte, so wie van Gogh in Arles die ›Sonnenblumen‹, die ›Zugbrücken‹ oder das ›Nachtcafé‹. Redon schuf die Illustrationen zur ›Tentation de Saint-Antoine‹ von Flaubert. Die ›Nabis‹, Bonnard und sein Kreis, begannen ihre regelmäßigen Zusammenkünfte. 1889 fand die Weltausstellung in Paris statt, die vom Eiffelturm überragt wurde. In der französischen Kunstausstellung war Cézanne immerhin mit einem Gemälde vertreten, Lautrec malte den ›Bal du Moulin de la Galette‹, im Café Volpini fanden sich Gauguin und seine Bretagne-Freunde als ›Groupe impressionniste et synthétiste‹ zu einer Ausstellung zusammen. Für vierzigtausend Mark erwarb die Berliner Nationalgalerie Böcklins ›Pietà‹. In seinem Todesjahr 1890 verkaufte van Gogh sein erstes Bild auf einer Ausstellung der ›Vingt‹ in Brüssel; bei den »Indépendants« in Paris waren zehn seiner Werke zu sehen; Cézanne malte die ›Kartenspieler‹, Monet begann die Serien seiner ›Pappeln‹ und ›Heuhaufen‹, Hodler malte ›Die Nacht‹, und Langbehn veröffentlichte ›Rembrandt als Erzieher‹. Im Jahr darauf wurde die ›Revue Blanche‹ gegründet, Aurier schrieb im ›Mercure de France‹ den programmatischen Aufsatz ›Le symbolisme en peinture‹, das denkwürdige Symbolisten-Bankett fand statt, Gauguin ging nach Tahiti, in München und Weimar wurden erste Impressionisten-Ausstellungen gezeigt. Lautrec begründete die moderne Plakatkunst mit seiner großen Affiche ›La Goulue au Moulin Rouge‹, van de Velde wandte sich von der Malerei dem Kunstgewerbe zu. 1892 wurde Munchs Ausstellung von fünfundfünfzig Bildern im Verein Berliner Künstler wegen ›Unsittlichkeit‹ geschlossen, was Liebermann, Leistikow und Skarbina bei der Gründung der ›Vereinigung der XI‹ bestärkte; Trübner, Slevogt, Stuck und Uhde gründeten die Münchner Sezession. 1893 begann Käthe Kollwitz den Graphikzyklus ›Weberaufstand‹, Stuck malte die ›Sünde‹, das ›Théâtre L'Œuvre‹ eröffnete mit Ibsens ›Rosmersholm‹ unter künstlerischer Mitwirkung von Vuillard und seinen Freunden. Hildebrand veröffentlichte seine Schrift ›Das Problem der Form‹. Wieder ein Jahr darauf illustrierte Beardsley Wildes ›Salome‹ und schuf Klinger die ›Brahmsphantasien‹. Im Jahr 1895 wurde nach dem Vorbild der ›Revue Blanche‹ der ›Pan‹ gegründet, an dem auch Liebermann mitarbeitete. Die Worpsweder

Malerkolonie entstand. In Paris feierte man ein Jahrhundert Lithographie. 1896 wurde Tschudi zum Direktor der Berliner Nationalgalerie berufen, Liebermann fuhr mit ihm zusammen nach Paris, um bei Durand-Ruel Manets ›Gewächshaus‹ für Berlin zu erwerben. In München gründete man den ›Simplizissimus‹ und die ›Jugend‹. 1897 malte Klinger den ›Christus auf dem Olymp‹, schuf Rodin den ›Balzac‹ und Gauguin ›D'où venons-nous, que sommes-nous, où allons-nous?‹, dazu veröffentlichte er ›Noa Noa‹. Die Wiener Sezession wurde unter dem Vorsitz von Klimt gegründet. Das erste Bild von Cézanne kam, wenn auch als Geschenk, in ein öffentliches Museum: in die Berliner Nationalgalerie, lange bevor solches in Frankreich denkbar gewesen wäre. 1898 wurde auf Betreiben Liebermanns und aus Protest gegen die offizielle Ablehnung eines Landschaftsbildes von Leistikow die Berliner Secession gegründet. Bruno und Paul Cassirer eröffneten ihren Kunstsalon mit einer Ausstellung von Werken Liebermanns, Degas' und Meuniers. Th. Th. Heine wurde auf Grund einer Simplizissimus-Karikatur wegen Majestätsbeleidigung zu sechs Monaten Gefängnis verurteilt. Lautrec schuf die Lithographienfolge ›Elles‹. Im Jahr darauf malte Corinth seine ›Salome‹, erregte Slevogt in München Skandal mit seiner ›Danaë‹, begann Monet die Serien seiner Wasserrosenbilder und veröffentlichte Signac seine Schrift ›D'Eugène Delacroix au Néo-Impressionnisme‹. Im ersten Jahr des neuen Jahrhunderts, nach Nietzsche dem »klassischen der Kriege«, war wieder Weltausstellung in Paris mit erstem breiteren Widerhall für die Impressionisten, Paula Becker reiste nach Paris, Vollard gab Bonnards Illustrationen zu Verlaines ›Parallèlement‹ heraus, und Hodler malte den ›Rückzug von Marignano‹.

Nochmals: wir möchten der Versuchung widerstehen, aus diesen kunstgeschichtlichen Daten und Fakten so etwas wie eine verallgemeinernde historische Logik herauszulesen. Doch seien einige Beobachtungen und Gedanken daran angeknüpft: Es läßt sich nicht leugnen, daß sich fast alle wesentlichen Entscheidungen auf dem Felde der europäischen *Bildkunst* damals in Paris vollzogen – eindeutiger als dies für jedes andere Gebiet der Künste, der Literatur, des Geistes behauptet werden könnte. Die gemeinsame Reise Hugo von Tschudis und Liebermanns zur Galerie Durand-Ruel nach Paris im Jahre 1896 gewinnt unter diesem Aspekt geradezu exemplarischen Charakter. Offenbar haben sich die beiden wechselweise zur Erweiterung ihres künstlerischen Weltbilds inspiriert: der ehemalige Assistent Bodes für ältere Kunst, der eben zu allgemeiner Überraschung zum Direktor der Nationalgalerie avanciert war, und der inzwischen arrivierte, »realistische« Maler. Als Liebermann 1874 sein Atelier auf dem Boulevard de Clichy innehatte, existierten Manet und seine Freunde noch nicht für ihn – sie existierten damals ebensowenig für die offizielle französische Kunstwelt. 1885 oder 1886 – der Künstler erinnerte sich später nicht genau an das Datum – war Liebermann mit dem Ehepaar Bernstein bekannt geworden. Bernstein war Jurist und wenige Jahre zuvor von Paris nach Berlin gekommen. Die Bernsteins besaßen nicht nur eine nach Pariser Geschmack eingerichtete, elegante Wohnung »In den Zelten 23«, in unmittelbarer Nähe zu der damaligen Liebermanns, sie besaßen vor allem eine bemerkenswerte Sammlung von modernen französischen Bildern, von Manet zumal, dazu solche von Degas, Monet, Pissarro, Berthe Morisot und Eva Gonzalez. Schon im Oktober 1883 – am 30. April war Manet gestorben – hatte die Galerie Gurlitt den konsternierten Berlinern dieses Ensemble von Meisterwerken zum ersten Mal vor Augen geführt – die Ablehnung durch die Öffentlichkeit war einhellig. Wie hätte es zu dieser Zeit anders sein können? Es ist aber durchaus möglich, daß Liebermann schon damals nach München Kunde davon bekommen oder sogar die Ausstellung selbst bei einem seiner Besuche im Elternhaus zu Gesicht bekommen habe. Die Beziehungen zum Bernsteinschen Hause wurden bald enger – später, 1892, malte Liebermann den Professor. Er erhielt als Dank dafür ein Blumenstilleben von Manet zum Geschenk, Frau Felicie Bernstein vermachte dem Maler überdies bei ihrem Tode das ›Mohnfeld‹ von Monet, das Liebermann schon immer bewundert hatte. Die Nationalgalerie erbte den berühmten ›Fliederstrauß‹ von Manet. So hat also die eigentliche Begegnung des Malers mit den französischen Impressionisten in Berlin stattgefunden, und es ist wahrscheinlich, daß der erste Gedankenaustausch mit Tschudi sich vor den Bernsteinschen Bildern abgespielt hat. Man führte ein großes Haus mit gepflegter Gastlichkeit und wußte im Pariser Stil die Intelligenz der Stadt um sich zu versammeln: Mommsen, Curtius, Georg Brandes, Bode, Max Klinger. Es sieht sehr so aus, als ob Liebermanns späterer »Salon« in seinem Hause am Pariser Platz nach diesem Vorbilde und nicht allein aus Berliner biedermeierlichen Traditionen entstanden sei.[56]

Der französische Impressionismus und Pleinairismus, erwachsen aus dem schöpferischen Widerspruch zur Kunstwelt der akademischen Ateliers mit ihrem altmeisterlichen Dämmerlicht, setzte den Realismus der Barbizonmeister und Courbets konsequent fort, auch sein Streben galt der Erfassung der »reinen« Natur. Aber: »Der Dämon der Veränderung um der Veränderung willen ist in Wahrheit der Vater vieler Dinge... Er hetzt uns vom Schönen zum Wahren, vom Wahren zum Reinen, vom Reinen zum Absurden und vom Absurden ins Platte. Er läßt durch die Jahrhunderte sein großes Lied von der ›Rückkehr zur Natur‹ erschallen, zumindest einmal alle hundert Jahre. Aber es ist niemals dieselbe Natur. Das macht immer einen gewissen Effekt. Doch sobald er eine gewisse Menge um sich versammelt hat, stiehlt er sich davon und nimmt andere Gestalt an, um nun den Leuten etwas anderes einzuflüstern. Diesem und jenem raunt er ins Ohr, die Natur, auch sie, sei nur eine Konvention. Er beginnt, dem Realismus den Impressionismus entgegenzustellen. Er suggeriert, es gebe überhaupt keine Gegenstände; so verbiete es sich denn, etwas anderes auszudrücken, als das, was die Netzhaut aufzunehmen vermöchte... Und schon beginnt alles zu vibrieren.« So hat Paul Valéry in seiner Erinnerungsschrift ›Degas Danse Dessin‹ mit wenigen Worten in einem sogenannten »Abriß der Malerei« die Entwicklungsgeschichte der Kunst von Courbet bis Monet umschrieben – und ironisiert. Er fährt fort: »Aber kaum ist man auf den Bildern dem Licht unter Mühen gerecht geworden, beklagt er sich darüber, daß es alle Formen auffresse... Alsdann zieht er aus irgendeinem Vorrat, der so verborgen war, daß daraus der älteste Trödel als Neuheit erscheint, eine Kugel, einen Kegel und einen Zylinder hervor, endlich einen Kubus, den er sich zum Dessert aufgespart hat.« Womit Valéry denn den Schritt zu Cézanne und den Kubisten gekennzeichnet hat. »Es kommt in der Folge zu fürchterliche Aktdarstellungen. Ohne Zweifel aber nimmt die Liebe vor diesen Klötzen, deren Ecken sie entsetzen, Reißaus. Gerade damit aber hatte dieser Dämon gerechnet, um verstohlen zu Guido Reni und Francesco Albani, zu den Grazien, den Nymphen, und den süßen Madonnen (...) zurückzukehren.«[57] (Übersetzung des Autors) Liebermann stellte ähnliche Überlegungen an: auf Grund einer klassischen Ästhetik statuierte er: »Manet oder Leibl dachten malerisch. Sie suchten nicht das sogenannte Malerische in der Natur, sondern sie faßten die Natur malerisch auf: die Natur war für sie der Canevas für ihr Bild. Feuerbach, Marées oder Böcklin übersetzten ihre Stimmungen oder Gedanken in die Sprache der Malerei: zum Ausdruck ihres Sentiments bedienten sie sich der Natur. Derselbe Gegensatz wie zwischen dem naiven und sentimentalen Dichter besteht auch in der Malerei: Der naive Maler geht von der Erscheinung aus, der sentimentale vom Gedanken.«[58] »Aber es ist niemals dieselbe Natur!«

Daß sich Liebermann selbst, zusammen mit den Realisten und den Impressionisten, auf der Seite der »naiven« Maler sah, ist selbstverständlich. (Wohlgemerkt sind mit diesem Terminus hier nicht der Zöllner Rousseau und die Seinen gemeint.) Die »Sentimentalen« der älteren Generation wie Feuerbach, Marées und Böcklin bei den Deutschen oder Puvis de Chavannes, Redon und Rodin bei den Franzosen fanden neben den Impressionisten und nach den Impressionisten mancherlei Nachfolge. Man bediente sich ursprünglich recht arglos der malerischen Mittel der Impressionisten bis hin zum Divisionismus der Neo-Impressionisten: Klinger, Stuck oder Klimt und van Gogh, Gauguin und sein Kreis, die Nabis um Bonnard und Vuillard oder Munch. Sie alle, die sie zu gutem Teil »gern impressionistisch gemalt« hätten, wie van Gogh seinem Bruder in einem Brief bekannte, die Synthetisten und Symbolisten verschiedenster Spielart, sie alle, die man heute unter dem vagen Etikett der »Post-Impressionisten« zusammenfaßt, »übersetzten *ihre* Stimmungen oder Gedanken in die Sprache der Malerei«. Im Gegensatz zu jenen »Naiven« gingen sie »vom Gedanken aus«. Doch bedienten sie sich mehr oder minder alle, wenngleich mit je verschiedener Akzentuierung, auch späterhin eines künstlerisch-malerischen Grund-Vokabulars, das jene Kunstrichtungen geprägt hatten, die sie gerade zu überwinden entschlossen waren. Wenn man diese historischen Verschränkungen und Widersprüche

bedenkt, erscheint der antiquierte Außenseiter und Spätentwickler Liebermann mit seinen großen Figurenbildern der achtziger/neunziger Jahre plötzlich in anderem Lichte. Zwar malte er seine ›Netzeflickerinnen‹ um eben die Zeit, als van Gogh den Expressionismus und Cézanne den Kubismus »erfanden«, wenn diese Abkürzung einmal erlaubt ist. Zwar waren seine Bilder »ledern« in ihrer Materie und realitätsgesättigt in ihren Gestalten, doch sind es in Wahrheit »symbolistische«, ja gerade im Sinne Schillers oder Liebermanns, »sentimentalische« Prägungen, deren Bildhieroglyphe und deren Bildaussage sie neben entsprechende Monumentalwerke von Puvis de Chavannes, Hodler oder Munch rücken. Nur verzichtete der Deutsche bewußt auf Eurhythmie, Faltenwurf oder Ornament. Von »Guido Reni« oder »Francesco Albani« im Sinne Valérys kann bei ihm ohnehin nicht gesprochen werden. Er blieb, recht besehen, der »Apostel der Häßlichkeit«, der »Elendsmaler«, als den ihn die Berliner Kritik der siebziger Jahre klassifiziert hatte. Die »Rinnsteinkunst«, die Wilhelm II. bei Gelegenheit der Einweihung seiner »Siegesallee« im Jahre 1901 glaubte, im Kontrast zu der von ihm kreierten Hofkunst, apostrophieren zu dürfen, blieb als Kennzeichnung seines Schaffens an ihm haften. Dies galt im Negativen wie im Positiven gleichermaßen: offenbar suchte er auch weiterhin »den Schmutz« – oder: offenbar wollte er in seinen Bildern gegen die Fron ausbeuterischer Arbeit protestieren. Seine »oppositionelle Voreingenommenheit für das Unerfreuliche der Erscheinungswelt«[59] veranlaßte die Wohlmeinenden zu entsprechender Mißdeutung zuerst seiner Arbeitsbilder, denen ein soziales Pathos unterstellt wurde, das sie nicht besitzen, dann aber nicht anders jener Zeugnisse seines späteren Schaffens, mit denen er offensichtlich dem »Erfreulichen der Erscheinungswelt« huldigte und also die Überzeugungen seiner früheren Jahre verriet.

Ich sehe einen wesentlichen Grund für solche Mißdeutungen in einem früher wie heute verbreiteten, leichtfertigen Umgang mit gewissen verallgemeinernden, dazu ideologisch überfrachteten Schlagworten. Die Terminologie, mit der künstlerische Phänomene benannt werden, ist in jedem Falle fragwürdig. Häufig handelt es sich um mehrdeutige Bezeichnungen: »Romantik« ist ein solches Wort, das für die Literatur, für die Musik, für die Malerei, für deutsche oder französische Verhältnisse benutzt, jeweils höchst unterschiedliche, dazu historisch verschieden angesiedelte Erscheinungen beruft. Die präzis gemeinte Bedeutung sollte jeweils erörtert werden, bevor man damit als einer feststehenden Größe in einem bestimmten Kontext hantiert. Wieder ist Paul Valéry zu zitieren, bei dem es in den eben genannten »Degas-Erinnerungen« heißt: »Die Sprache der Künste – le langage du pays des Arts – ist von einer ganzen Metaphysik getrübt, die sich mit den reinen Begriffen des Metiers allzu innig vermischt. Während diese von Haus aus sauber und verläßlich sind und sinnfällige und übertragbare Eigenschaften und Verfahren benennen, entspringt dieser metaphysische Teil dem Gefühl, allerhand undenklichem Ungefähr, der Mode und der Gegen-Mode. Sie führt zu jener Art von Debatten, die nie zu einem Ergebnis gelangen. Es existiert eine Unzahl von Wörtern, die dazu angetan sind, das Vage von Geschlecht zu Geschlecht weiterzugeben.«[60]

Für die Betrachtung der Kunst Liebermanns heißt das: es sollte vorsichtiger *fragen,* wer vor seinen Bildern die Worte »Realismus« und »Naturalismus« benutzt. Ist der Naturalismus Gerhart Hauptmanns der Sehweise Liebermanns bei seiner ›Flachsscheuer‹ oder seinen ›Netzeflickerinnen‹ denn überhaupt sinnvoll zu vergleichen? (Vom Verismo der italienischen Oper etwa bei Leoncavallo zu schweigen.) Die relative, zeitliche Koinzidenz besagt bei näherer Prüfung nur wenig. In der Kunstgeschichtsschreibung – und also auch im Falle Liebermanns – hat man sich angewöhnt, den Terminus »Naturalismus« als eine gewisse, konsequente Steigerungsform für den originären Courbetschen »Realismus« zu verwenden, um den sachlichen Wirklichkeitsgehalt einer Darstellung zu unterstreichen. Heute aber, seit der philosophisch-literarischen »Realismus-Diskussion« – einer »jener Art von Debatten, die nie zu einem Ergebnis gelangen«? –, meint auch der gegenwartsbewußte Kunsthistoriker mit beiden Termini sogleich ihre soziale oder kritische Komponente als die eigentliche, die ausschließliche darin enthaltene Bedeutung. – Liebermann und Hauptmann waren befreundet, und Liebermann gehörte zu den Teilnehmern an jener legendären Uraufführung von Hauptmanns ›Vor Sonnenaufgang‹ und gewiß auch zu den Lesern von Fontanes denkwürdiger Rezension des Stücks. Der Maler

55 *Bildnis Gerhart Hauptmann, 1912, Gemälde, Hamburg*

hat den jungen Dichter porträtiert, auch den späteren, vom Erfolg Verwöhnten. Ein engagierter Theatergänger ist er deshalb nicht gewesen, wie Karl Scheffler zu Recht bemerkt[61]. Dennoch: Paul Eipper berichtet von einem Gespräch mit Liebermann aus dem Jahre 1925. Es ging um eine Bildnis-Radierung von Thomas Mann für den S. Fischer Verlag. Liebermann setzte den Preis fest: »Aber nicht herumhandeln, Sami kann's bezahlen. Bei *den* Autoren.« Und im Zusammenhang damit kam er auf Hauptmann zu sprechen: »Ich kenne ihn fast länger, als ihn Fischer kennt. Wissen'se, wegen Hauptmann habe ich mich sogar mit meinem Freund Felix Lehmann verkracht, dem Verleger von Sudermann. Bei der Premiere von ›Vor Sonnenaufgang‹. Ich hatte einen großen Eindruck. Ging zusammen mit Lehmann zu meinem Bruder, dem Gelehrten Liebermann, und dort verriß mein Freund Lehmann das Stück. Es sei Quatsch, Sudermann der kommende Mann. Ich schimpfte zurück: Sudermann sei Gartenlaube – erst nach zehn

134

Jahren gab mir Lehmann recht. – Den späteren Dramatiker Hauptmann mag ich nicht. Schon seine ›Weber‹ mißfielen mir. ›Versunkene Glocke‹ finde ich zum Kotzen. Eine Oper mit romantischem Gequatsch. Habe ich Hauptmann auch ins Gesicht gesagt. Er war ärgerlich und verletzt und hat mich sehr beleidigt. ›Dieses Stück können nur Arier verstehen‹, sagte er. Und auch Brahm hat mich deswegen zur Rede gestellt. – Unsinn! Ich bin eben ein völlig unromantischer Mensch. Hasse alle Opern. Ist gar keine Kunst, so ein Zwischending, mit Bim und Bum. Höre Musik nur im Konzertsaal. Hauptmann war ausgezeichnet in allen Stücken, die er selbst erlebt hat. Der echte Künstler wird überhaupt nie etwas erklügeln, sondern erleben.«[62] Eine Anekdote faßt sein Urteil über den literarischen Naturalismus in drastischer Weise zusammen: Auf die Frage, ob er nicht auch in eines der einschlägigen Stücke – eher von Sudermann als von Hauptmann – gehe, gab er zur Antwort: »Nee, jeh ick nich hin. Wenn ick 'ne miese Familie sehen will, bleib ick zu Hause!« Was im ersten Augenblick beinahe noch salopper klingt als sein subjektives Diktum über ›Die versunkene Glocke‹ und die Oper, offenbart sich bei näherer Prüfung und im Angesicht *seiner* »naturalistischen« Bilder als ein Wahrspruch, der seine eigene, unverwechselbare künstlerische Überzeugung kennzeichnet. In sehr ernstem Sinne blieb er in seiner Kunst »zu Hause«, im überschaubaren, nüchternen Raum seiner »Phantasie«, worunter Liebermann »den belebenden Geist des Künstlers« verstand, »der sich hinter jedem Strich seines Werks verbirgt. Die Phantasie in der bildenden Kunst geht von rein sinnlichen Voraussetzungen aus. Sie ist die Vorstellung der ideellen Form für die reelle Erscheinung.«[63]

Secession

Bei allem Witz und raschem Geist, bei aller Souveränität in den künstlerischen und geistigen Auseinandersetzungen, die ihn vor anderen auszeichneten – er hatte eine dünne Haut, wie nicht allein jene Hauptmann-Erinnerung belegt. Schon bei dem Münchener Skandal mit dem ›Jesus im Tempel‹ hatte sich seine Empfindlichkeit deutlich gezeigt. Daraus mag sich auch sein ausgesprochenes Streben nach öffent-

56 *Bildnis-Photo, neunziger Jahre (?)*

licher Anerkennung, sein Bemühen um bürgerliche Respektabilität und äußeren Erfolg erklären, das er freilich mit Strauss und wohl auch mit Hauptmann teilte. Manchmal will es scheinen, als stünde dies im Widerspruch zu seinen eigentlichen, künstlerischen Intentionen, die doch Konvention und Konzession verachteten. Zwar meinte er zur Zeitungskritik: »Ejal, wat se schreiben. Hauptsache se schreiben!« Doch war ihm in Wahrheit sehr daran gelegen, positiven Widerhall zu erfahren – anfänglich wohl auch, um sich gegenüber seinem grundsätzlich skeptischen Vater zu beweisen. Dabei hatte er doch seit den ›Gänserupferinnen‹ immer wieder Erfolg und dazu das Glück gehabt, engagierte Käufer zu finden, wenn auch für lange Jahre die breitere Resonanz ausblieb oder sich allenfalls zwiespältig artikulierte. Immerhin bekam er 1888, als Einundvierzigjähriger, in Berlin die Kleine Goldene Medaille für sein liebenswürdiges, an Gotthard Kuehl gemahnendes Bild ›Stille 57

Arbeit‹. 1889 erhielt er in Paris bei der von ihm inspi-
rierten, inoffiziellen Sonderschau auf der Weltausstellung eine Ehrenmedaille, wie er ja in Paris über
lange Zeit mehr Zustimmung und Käufer gefunden
hatte als in der Heimat. Bode vermittelte damals den

T19 Ankauf der ›Netzeflickerinnen‹ nach Hamburg. Zwei
Jahre später zeigte der Münchener Kunstverein eine
große Ausstellung seiner Werke, es gab die Kleine
und dann ebenda die Große Goldene Medaille für

T21 ›Die Frau mit den Ziegen‹, die außerdem durch die
Neue Pinakothek angekauft wurde – und damit war
er arriviert. Doch als er 1892 mit Leistikow und Skarbina die ›Vereinigung der XI‹ gründete, verweigerte
ihm die Königliche Akademie nochmals die Große
Goldene Medaille. Wieder ein Jahr später kaufte der
französische Staat den ›Biergarten in Brannenburg‹
für das Luxembourg-Museum, und die Berliner

57 *Stille Arbeit, 1885, Gemälde*

Nationalgalerie schickte die ihr geschenkte ›Flachsscheuer in Laren‹ zur Weltausstellung nach Chicago. T18
1894 verlieh ihm Wien die Große Goldene Medaille.
Als der Sohn dem Vater nicht lange vor dessen Tode
von diesem Erfolg berichtete, ergab sich der folgende
von Ostwald wiedergegebene und gewiß von Liebermann selbst kolportierte, bezeichnende Dialog:
»Hast du jetzt überall die Goldene Medaille?« »In
Berlin noch nicht.« Der Vater sagte nichts. Nach lan-
gem Schweigen fragte er: »Hat Uhde sie schon in Berlin?«[64] Im nämlichen Jahr gingen die ›Gänserupferinnen‹ als Vermächtnis des Vaters an die Nationalgalerie. 1895 erhielt er den Ersten Preis auf der Internationalen Ausstellung in Venedig für sein Pastell-Bildnis
Gerhart Hauptmanns. Wieder ein Jahr darauf die Eh- 54
renlegion – und endlich, zum fünfzigsten Geburtstag,
1897 die lange erstrebte große Ausstellung mit einunddreißig Bildern in Berlin, dazu die Große Goldene
Medaille und den Professorentitel der Königlichen
Kunstakademie, der mit einem Lehramt nicht verbunden war. 1898 wurde er in die Akademie gewählt,
deren Präsident er in der Republik einmal werden
sollte. Er schlug Käthe Kollwitz für ihre Blätter zum
›Weberaufstand‹ für eine Goldmedaille vor – der Kaiser lehnte ab.
Die nun erreichte öffentliche Position und aber
ebenso seine Erfahrungen mit der offiziellen Kunst-
politik des Kaiserreichs, die sich mehr und mehr in
der Person des Historienmalers Anton von Werner
verkörperte, drängten Liebermann, ohne daß er ursprünglich danach gestrebt hätte, in die Rolle des Wi-
derparts zu Wilhelm II. auf dem Gebiet des Berliner
Kulturlebens. Es zeigte sich bald, daß er ungeahnte
Talente zum Organisator besaß, die sich freilich
schon ein Jahrzehnt zuvor bei jener deutschen Sonderschau zur Pariser Weltausstellung bewährt hatten. Es zeigte sich aber auch, wie sehr er, bei allen
festumrissenen Kunstüberzeugungen für das eigene
Schaffen, in der Lage war, über den eigenen Schatten
zu springen. Wenn er wollte, konnte er großzügig
sein. Dies erwies sich weithin sichtbar bei der Schlie-
ßung der Munch-Ausstellung im Verein Berliner
Künstler im Jahre 1892. Zwar war die Gründung der
›XI‹ diesem Ereignis schon voraufgegangen, doch
steigerte der Vorfall seine Empörung gegen alle Regle-
mentierung und seinen Elan für eine junge Kunst,
mochte diese ihm im Grunde auch fremd sein. Im

Jahr darauf spaltete sich vom Verein Berliner Künstler, dem Anton von Werner präsidierte, die ›Freie Künstlervereinigung‹ ab, die damit ausdrücklich gegen eine Zensur des Geistes durch die Obrigkeit oder ihre Handlanger protestierte. Erst mit der Gründung der eigentlichen ›Berliner Secession‹ aber, am 2. Mai 1898 gelang es Liebermann, der wachsenden Zahl der Opponenten gegen den allerhöchsten Provinzialismus eine gemeinsame Stoßrichtung zu geben. Wesentlichen Anteil an der Gründung und an der weiteren Entwicklung der Secession und damit des gesamten Berliner Kunstlebens kommt dabei dem von Bruno und Paul Cassirer im nämlichen Jahr ins Leben gerufenen Kunstsalon in der Victoriastraße 35 zu. In ihren schlichten, von Henry van de Velde eingerichteten Ausstellungsräumen zeigten die Vettern vor allem auch französische Malerei und Skulptur. 1901 schon trat Bruno Cassirer aus dem gemeinsamen Geschäft aus, um sich künftig ganz seiner verlegerischen Tätigkeit zu widmen – seit 1902 erschien in seinem Verlag die Kunstzeitschrift ›Kunst und

59 *Bildnis Karl Scheffler, 1918, Gemälde*

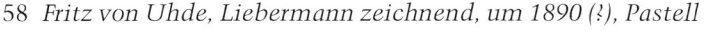

58 *Fritz von Uhde, Liebermann zeichnend, um 1890 (?), Pastell*

Künstler‹, die beste und lebendigste Kunstzeitschrift, die es in deutscher Sprache je gegeben hat – bis auf den heutigen Tag. – Liebermann blieb beiden Cassirers eng verbunden. Galerie und Secession, die sich wechselweise befruchteten, standen über Jahre hinaus ganz eindeutig unter dem Eindruck seiner künstlerischen Überzeugungen und seiner starken Persönlichkeit. So kam es für lange Zeit zu einer idealen Zusammenarbeit zwischen dem Künstler und dem Galeristen, da beide gleichermaßen die strengsten Qualitätsmaßstäbe an das Ausstellungsgut anlegten. Die Eröffnungsrede Liebermanns zur ersten Secessionsausstellung im Frühjahr kennzeichnet den Geist, in dessen Zeichen man gemeinsam angetreten war: »Nicht sowohl durch das, was wir bringen – denn Meisterwerke lassen sich nicht aus der Erde stampfen –, als vielmehr durch das, was wir nicht bringen, wird sich unsere Ausstellung von den sonst üblichen unterscheiden. [...] Bei der Auswahl [...] war nur das Talent, in welcher Richtung es sich auch offenbarte, ausschlaggebend. [...] Für uns gibt es keine alleinseligmachende Richtung in der Kunst, sondern als Kunstwerk erscheint uns jedes Werk [...], in dem sich eine aufrichtige Empfindung verkörpert [...] im

Vertrauen auf die siegreiche Kraft der Jugend und das wachsende Verständnis der Beschauer haben wir ein Unternehmen ins Leben gerufen, das einzig und allein der Kunst dienen will.«[65] Bei aller betonten Objektivität war er ein guter Propagator einer Kunst, deren Vielfalt jedenfalls in ihrem Widerspruch gegen die »offizielle Richtung« einheitlich war. Und zur zweiten Ausstellung im Frühjahr 1900 sagte er: »Eine jede Vorführung von Kunstwerken soll den Geschmack der Beschauer bilden. Eine jede Kunst hat das Publikum, welches sie verdient. Nicht ein nachsichtiges, sondern ein einsichtiges Publikum wünschen wir uns [...]«.[66] Liebermann sah die Aufgabe der Secession und seine eigene nicht zuletzt als eine kunstpädagogische Verpflichtung gegenüber der Allgemeinheit. Gerade in diesem »kunstpädagogischen Eros« fühlte er sich dem großen Hamburger Kunsterzieher Alfred Lichtwark verwandt. Davon wird zu sprechen sein.

60 *Bildnis Wilhelm v. Bode, 1915, Kaltnadelradierung*

61 *Bildnis Max J. Friedländer, zwanziger Jahre, Kohle, Privatbesitz*

›Kunst und Künstler‹, die Zeitschrift Bruno Cassirers, zuerst von Emil Heilbut, dann, bis zu ihrer Einstellung im Jahre 1933, von Karl Scheffler meisterlich redigiert, machte sich zum Sprecher derselben zukunftweisenden Ideen. Scheffler war, bei aller Selbständigkeit seines Urteils – er kam vom Malerhandwerk her und wußte, wovon die Rede war –, ein engagierter Verfechter einer qualitätvollen »malerischen Malerei« und so zumal auch der späteren Kunst Liebermanns, was man ihm vorgeworfen hat. In diesem Zusammenhang ist indessen zu betonen, daß er die Spalten seiner Zeitschrift gerade auch den kunsthistorischen Fachleuten für ältere oder auch außereuropäische Kunst geöffnet hat. Anders ausgedrückt: die bedeutenden Berliner Museumsleute wie Bode, [88] Friedländer, Rosenberg, Mackowsky, Kühnel, Küm- [61] mel oder Sarre, dazu zahlreiche auswärtige Fachkollegen wie Goldschmidt, Pauli, Tietze, Uhde-Bernays, [62] Valentiner, Voll oder Waldmann sahen in dieser Zeitschrift den angemessenen Ort für ihre Veröffentlichungen allgemein interessierenden Charakters. Es ist zudem kein Zufall, daß die genannten Gelehrten

62 *Bildnis Adolf Goldschmidt, 1912, Kaltnadelradierung*

keit im ersten Jahrfünft des Jahrhunderts groß; doch ist zu betonen, daß Herkunft, künstlerisches Temperament und künstlerische Entwicklung den schwerblütigen Ostpreußen Corinth und nicht anders den so viel beweglicheren Mainfranken Slevogt jeweils zu durchaus anderem Ausdruck in ihrem Werk geführt haben als den nüchternen Berliner. Das Verhältnis Liebermanns zu Corinth und umgekehrt wurde mit der Zeit distanzierter, nicht zuletzt durch den Einfluß von dessen Frau Charlotte Behrend. Diese Distanz mag in dem hier wiedergegebenen Bildnis Corinths von der Hand Liebermanns aus dem Jahre 1899 bereits zu ahnen sein. Es ist andererseits wahrscheinlich, daß Corinths große mythologische Figurenkompositionen Liebermann zu seinen fragwürdigen Darstellungen von ›Samson und Dalila‹ angeregt haben, doch blieb das Episode. In Slevogt indessen hat Liebermann bis zuletzt eine beneidenswerte Begabung gesehen, die ihm im fabulierenden Erfinden zumal seiner Illustrationen einfach überlegen war. »Aber wenn ick Slevogt liebe« – er sagte wirklich: liebe –, »weeß ick jenau, warum: er ist doch der Eenzige, der noch wat kann!« So zu Ernst Benkard[67]. Bei seinem achtzigsten Geburtstag 1927 sei es ihm nur darauf angekommen, so sagte er, daß bei dem Empfang ein Einziger mit dabei wäre: »und er ist auch wirklich dagewesen: Slevogt.« Solche uneingeschränkten Sympathieäußerungen für einen Kollegen waren selten bei ihm.

Auf Grund der wahrhaft bismarckischen Aktivitäten Bodes für die Berliner Museen hatte sich der Kunsthandel für Ältere Meister, auch der internationale, mehr und mehr in Berlin angesiedelt. Tschudis Wirken für die Nationalgalerie, dazu die Secession, ihr Künstler- und Sammlerkreis taten ein übriges für die Neueren Meister, um in Berlin fast über Nacht ein wirkliches aktuelles Kunstleben entstehen zu lassen. Bald hatte die Reichshauptstadt München überflügelt. Was sich vor kurzem noch auf beklagenswertem Provinzniveau bewegt hatte, gewann Anspruch und Rang. Nicht nur die französische Kunst des 19. Jahrhunderts von Delacroix bis Cézanne, dazu van Gogh, wurde bei Cassirer und in der Secession in bahnbrechenden Einzelausstellungen oder in größerem Überblick bekannt gemacht, sogar die jüngeren Meister bis hin zu Matisse und Picasso kamen gegen Ende des Jahrzehnts zu Wort. Aber auch die deutsche

fast ohne Ausnahme ein persönliches Verhältnis zur Kunst Liebermanns besaßen und sich zu wiederholten Malen für ihn, seine Künstlerfreunde und seine künstlerischen Überzeugungen ausgesprochen haben – bewußt und offen gegen den offiziellen Kurs der Wilhelminischen Kulturpolitik.

Im Jahre 1901 gelang es Liebermann mit Hilfe Leistikows, das Gewicht der Secession vor der Öffentlichkeit auf spektakuläre Weise zu verstärken: Lovis Corinth und dann auch Max Slevogt folgten seinem Ruf von München nach Berlin. Damit waren die bedeutendsten Vertreter der neuen Richtung zu einer Trias in der neuen Kunststadt vereinigt. So hat man die drei Künstler gern in einem Atem genannt, als die wesentlichen Repräsentanten eines »deutschen Impressionismus« verstanden und ihre historische Rolle für die deutsche Malerei damit auf unglückliche Weise verallgemeinert. Gewiß war ihre Gemeinsam-

63 *Bildnis Lovis Corinth, 1899, Gemälde, Privatbesitz*

wurde, der dazu ein kluger Verwalter seines wachsenden Ruhmes war, mußte Widerspruch herausfordern. »Früher, na, ich hatte zu viele Feinde. Ich bot ja auch drei Angriffsflächen: ich war erstens Jude, zweitens reich und drittens hatte ich Talent. Eines davon hätte doch genügt.« So meinte er im Jahr 1925 im Rückblick auf seine Karriere[68]. Die reaktionäre Künstlerschaft um Anton von Werner, den Spezialisten für wilhelminische Staatsakte, machte sich die Langbehnschen Argumente eines verquollenen Kunst-Nationalismus zu eigen, die dieser in seinem ›Rembrandt als Erzieher‹, bei erstaunlichem Widerhall unter »Gebildeten«, entwickelt hatte. Man polemisierte auf jeden Fall anti-französisch und, mehr oder weniger kaschiert, auch antisemitisch. Die Veröffentlichungen Julius Meier-Graefes (die ›Entwicklungsgeschichte der modernen Kunst‹ – in der ersten Ausgabe 1904, ›Der Fall Böcklin‹ – 1905 und ›Der junge Menzel‹ – 1906) regten die Diskussion auf ungeahnte Weise an: hier befragte ein begnadeter Augenmensch, ein Dilettant im eigentlichen Sinne, das Kunstwerk, die »malerische Malerei«, so wie sie die Franzosen seit Delacroix bewußt gemacht hatten, mit einer bis dahin ungekannten Intensität der Sprache. Er »entwickelte eine Höhe der intuitiven Analyse, die dem bloßen Kunsthistoriker nie erreichbar ist. Darum bedeuten seine großen Darstellungen [...] wirklich Epoche. Wie bei allen, die auf einem Gebiet Lebendiges hervorbringen, geht seine Wirkung weit über dieses Gebiet hinaus. Er hat eine sehr persönliche Ausdrucksweise geschaffen, die nun viele nach ihm gebrauchen – durch deren Rezeption aber in Tausenden von Köpfen das Verhältnis nicht nur zu Werken der Malerei, sondern zum Kunstwerk überhaupt eine neue Lebendigkeit gewonnen hat.«[69] So schrieb Hugo von Hofmannsthal 1927 zum sechzigsten Geburtstag des Autors. Ein Ernst Schur aber meinte 1905 in einem einschlägigen Pamphlet, »Meier-Graefe sei ein gewandter Geschäftsreisender in Kunst«, der nur durch enge, persönliche Interessen mit der Secession verbunden sei[70].

Liebermann griff aufs geistreichste mit seiner Schrift ›Die Phantasie in der Malerei‹ in die Diskussion ein. Sein späteres öffentliches Streitgespräch mit dem Kunsthistoriker und Bayreuth-Anhänger Henry Thode in der ›Frankfurter Zeitung‹, der die nationale Partei gegen die »undeutsche, ja antideutsche« Richtung

Kunst vom Klassizismus und der Romantik bis zum Realismus wurde 1906 in der von Tschudi und Lichtwark unternommenen Jahrhundert-Ausstellung zum ersten Mal in großem Zusammenhang und nach strengen Qualitätsmaßstäben ausgewählt und ausgebreitet. Neben der direkten und indirekten Anregung, die Liebermann ganz persönlich einem Gutteil dieser kunsterzieherischen Arbeit angedeihen ließ, ist der propagandistischen Fähigkeiten und des reinen Enthusiasmus zu gedenken, die der Kunstschriftsteller Julius Meier-Graefe damals in derselben Richtung eingesetzt hat. Im Rückblick offenbar eine ideale Epoche des optimistischen Aufbruchs zu neuen Ufern – »herrliche Zeiten«? Doch blieb die Gegenseite nicht müßig. Die Widerstände gegen die Secession, gegen Tschudi und Liebermann wurden von allerhöchster Stelle aus geschürt und haben offenbar geradezu persönliche Formen angenommen. Der »heimliche Kaiser«, dessen Bonmots kolportiert der Secession ergriff, da diese nur aus »Geschäfts-rücksichten« den Impressionismus fördere, veran-laßte den Kritiker Lothar Brieger-Wasservogel in ei-ner Broschüre einen ›Fall Liebermann‹ zu kreieren. Darin hieß es: »Max Liebermann wird seine kultur-historische Stellung haben als der wesentliche Schädling der modernen Kunst, als der Mann, der ei-nem gesundenden Baum die eigene Lebenskraft be-schnitt, um fremde Reiser darauf zu pflanzen und so den Entwicklungsprozeß zu hemmen, anstatt ihn zu fördern.«[71] Von hier bis zu Carl Vinnens Schrift ›Ein Protest deutscher Künstler‹ war nur ein Schritt. Da-von wird gleich zu sprechen sein.

Aber auch von anderer Seite regte sich die Opposition gegen die dominierende Rolle Liebermanns, der Cas-sirers und Schefflers. Die junge oder jüngere Genera-tion der Künstler sah sich, je länger um so weniger, weder in der Secession noch in den Spalten von ›Kunst und Künstler‹ ihrer Bedeutung entsprechend repräsentiert. Emil Nolde machte sich 1910 in einem offenen Brief an Scheffler, den Redakteur, zum Spre-cher der unverstandenen Jugend, obwohl er damals immerhin ein Mann von dreiundvierzig Jahren war. Er schrieb: »Wir wissen wohl, daß erst die neue Kunstzeitschrift unserer Anschauung gerecht wer-den wird, so gut wie Kunst und Künstler die An-schauung und die Interessen der Künstler der alten Art befürwortet, wo ja alles mehr oder weniger unter dem Geschäftszeichen Liebermanns steht. Dem so klugen alten Liebermann geht es wie so manchem klugen Mann vor ihm – er kennt seine Grenzen nicht. Sein bedeutendes Lebenswerk: seine agitatorischen Leistungen für die Secession und die Kunstanschau-ung, für die diese eintrat, zerblättert und zerfällt, er sucht zu retten, wird dabei nervös und phrasenhaft. Ähnlich wie hier ergeht es ihm mit seiner Kunst. Er veranlaßt, daß soviel wie möglich über ihn geschrie-ben und publiziert wird, er macht, malt und stellt aus, soviel er nur kann. Die Folge davon ist, daß die ganze junge Generation übersatt schon nicht mehr seine Arbeiten ansehen kann und mag. Daß sie er-kennt wie absichtlich dies alles ist, wie schwach und kitschig nicht nur seine gegenwärtigen Arbeiten son-dern auch so manche seiner früheren es sind. Die Kri-tik wird bald zur gleichen Ansicht gelangen, das gro-ße Publikum folgt und so verschwindet der quali-tativ ungenügend fundamentierte Kunstbau Lieber-

manns…«[72] Scheffler reagierte: »Allen […] Leuten, die eine ihnen intellektuell unerreichbare Arbeit zu verdächtigen lieben, soll es bei dieser Gelegenheit mit aller Deutlichkeit einmal gesagt werden, daß ›Kunst und Künstler‹ nur von einer Autorität beein-flußt wird: von der Autorität guter Kunst. Wer uns andere Motive unterschiebt, der lügt. Da wir Lieber-mann für den besten unter den heute lebenden deut-schen Malern halten, so ist häufig von ihm die Rede, so fordern wir ihn von Zeit zu Zeit auf, seine uns wertvollen Kunstanschauungen auszusprechen. […] Wir sind auf diesen Brief auch darum näher eingegan-gen, weil er ein gewisses Licht auf die letzten Kämpfe innerhalb der Secession wirft.[73]«

Aus diesen Kämpfen aber mußte Liebermann erken-nen, daß es sich nicht nur um einen äußerlichen Kon-flikt der Generationen oder gar um primitiven Futter-neid handelte, sondern um einen Dissens in den künstlerischen Grundsätzen. Zwar hatte er mehr-fach als Redner und auch als Juror die Beteiligung der Jüngeren wie Nolde, Beckmann, Kandinsky, Klee, Hofer, Barlach und auch der Maler der »Brücke« in den Ausstellungen seit 1906 gefördert – gewiß schweren Herzens oder gar zähneknirschend, gegen seine eigentliche Überzeugung. Zur Eröffnung der Frühjahrsausstellung 1909 sagte er: »Cézanne ist der Vater der neuesten modernen Bewegung. Seine Auf-fassung von starken Farben und geschlossener For-mensprache« – über diese Charakterisierung mag man streiten – »finden wir in den jüngsten Schöpfun-gen modernster Empfindung wieder. Diesem Suchen nach Neuem, das einen guten Teil der jüngsten Gene-ration bewegt, sind wir dahin gerecht geworden, daß wir auch diesen Künstlern, unserer Pflicht gemäß, neue Talente zu suchen und zu fördern, Platz in unse-ren Räumen gewährt haben.«[74] Und zum zehnten Jahrestag der Gründung der Secession betonte er: »Mögen die Sezessionen auch untergehen, sie wer-den in andrer Form und unter anderem Namen wie-derauferstehen, weil jede zur Herrschaft gelangte Form der Kunst von der folgenden verdrängt wird und verdrängt werden muß. Die wir heute als die Moder-nen gelten, werden vielleicht morgen schon von noch Moderneren zum alten Eisen geworfen. Wir sind alle Kinder unserer Zeit, und es ist ganz natürlich, wenn die Jungen den Platz der Alten einnehmen wollen.«[75] Doch diese Jungen fühlten sich mit gewissem Recht gerade bei dieser Gelegenheit benachteiligt: siebenundzwanzig ihrer Einsendungen waren refüsiert worden. So kam es zum Auszug der ›Neuen Sezession‹ unter der Führung von Max Pechstein und einer Protestausstellung der ›Zurückgewiesenen‹. Gleichzeitig aber war es dem reaktionären Flügel der Widersacher gelungen, Hugo von Tschudi zum Rücktritt von der Direktion der Nationalgalerie zu zwingen, nachdem schon seit 1899 alle Neuerwerbungen, Geschenke eingeschlossen, der allerhöchsten Billigung bedurften[76].

Im Jahre 1911 trat Liebermann von der Präsidentschaft der Secession zurück, Lovis Corinth wurde sein Nachfolger – jedoch nur für kurze Zeit, da ihn seine erste schwere Krankheit zwang, schon im Winter des Jahres zu resignieren. Ein Jahr darauf übernahm Paul Cassirer den Vorsitz mit dem positiven Ergebnis einer besonders glanzvollen Ausstellung für das Jahr 1912 mit Werken von Renoir, Cézanne, Bonnard, Derain, Marquet und Vlaminck auf französischer und solchen von den ›Brücke‹-Malern und Kokoschka auf deutscher Seite. Das negative Ergebnis aber war, daß man Cassirer und damit der Secession ein unmittelbares geschäftliches Interesse bei der Auswahl der Werke unterstellte, was sich in der Zurückweisung der Einsendungen von etlichen alten Mitgliedern manifestiere. Es kam zum zweiten Bruch und zur Gründung der sogenannten ›Freien Secession‹, zu deren Ehrenpräsident Liebermann und zu deren Ehrenmitglied Paul Cassirer gewählt wurden. Zum Vorstand zählten vor allem Slevogt, Beckmann, Zille, Barlach und Lehmbruck. Man veranstaltete eine bemerkenswerte Ausstellung, in der neben den jungen Deutschen, zu denen inzwischen auch August Macke zählte, exemplarische Werke der französischen Impressionisten und van Goghs zu sehen waren; besonders betont war der plastische Beitrag mit Werken von Kolbe, Fiori, Scheibe, Sintenis, Barlach und Lehmbruck.

Mehr noch als in dieser letzten Ausstellung vor dem Krieg hatten sich die Streitenden drei Jahre zuvor zu wirklicher Einmütigkeit zusammengefunden. So protestierten sie gegen den sogenannten ›Protest deutscher Künstler‹, welchen der den Worpswedern nahestehende Landschaftsmaler Carl Vinnen bei Gelegenheit der Erwerbung von van Goghs ›Mohnfeld‹ für die Kunsthalle Bremen gegen die »Überfremdung« der deutschen Museen durch französische Kunstwerke veröffentlicht hatte. Es zeigte sich zum einen, daß längst nicht mehr in Berlin allein für die Impressionisten und van Gogh, für Liebermann und seine Freunde eingetreten wurde, da in Hamburg und in Mannheim, in Bremen und in Hagen, in Dresden und in München entsprechende moderne, öffentliche Kunstsammlungen entstanden, jeweils inspiriert durch einige hellsichtige Sammler und mutige Museumsleute – von Hamburg wird besonders zu sprechen sein. Es zeigte sich zum anderen, daß die Hitlersche Aktion der »Entarteten Kunst« von 1937 damals eine bedenkenswerte »Vorform« erlebt hat, weil sich, damals wie später, in unserem Volke der »gesunde Menschenverstand« oder das »gesunde Volksempfinden« nur zu leicht gegen die »Schädlinge«, die »Intellektuellen«, die »vaterlandslosen Gesellen«, die »Juden«, die »Interessenten«, die »Ästheten«, die »Snobs« und die »Skribenten« aufhetzen ließen. Es zeigte sich endlich, in dieser imponierenden Geschlossenheit damals 1911 leider eine Ausnahme, daß es möglich war, eine Elite des deutschen Geistes in der Abwehr provinziellen Ungeists zu einstimmiger Äußerung, über alle Berufssparten und Richtungen hinweg, zu vereinigen. Ohne Liebermann, ohne Meier-Graefe oder Scheffler wäre dies freilich nicht möglich gewesen. In der in München erschienenen Antwort auf den ›Protest‹ schrieb etwa Max Slevogt: »Das alarmierende Wort ›Deutsche Kunst‹ von so vielen hier gebraucht, macht nachdenklich. Es erinnert an den Ruf des Juristen nach dem Normalmenschen, den es, sagt man, garnicht gibt! [...] Ich fürchte, deutsch sein soll wieder einmal soviel heißen, wie im Leiterwagen fahren, wenn alle Welt Auto fährt. Ich fürchte, es handelt sich um eine blasse Ängstlichkeit vor Fortschritt, vor Freierem. [...] Vom Beginn des vorigen Jahrhunderts bis zum Ende und bis heute [...] fließt ein solch freudig rauschender, feuriger Strom von Kraft, Gesundheit und Schönheit aus Frankreichs Kultur, daß wir diese enorme Fülle wohl anerkennen müssen und anerkennen wollen, da *wir* doch so gerne hören, daß Deutschland im gleichen Jahrhundert eine unglaubliche Fülle von Musik der Welt geschenkt hat. [...] Zwar man fürchtet den materiellen Erfolg und geistigen Einfluß französischer Bilder, aber doch mehr [...] die lebendigen Träger dieser Ideen, die mit diesem eisernen Pfluge in Deutschland pflügen, und Boden geschaffen und gewonnen haben: Man ärgert sich über die Berliner Secession und den Berliner Kunstsalon Cassirer [...] sie haben die Bewegung eingeleitet und bis heute rücksichtslos geführt.«[77] Und der Jüngste im Kreise, August Macke, ließ sich so vernehmen: »Als hervorragendsten der Kunsthändler und Museumsdirektoren die, frei von allem Kleinlichen, ihre Persönlichkeit eingesetzt haben für eine Förderung malerischer Kultur, sind wir Maler Paul Cassirer und Hugo von Tschudi zu großem Dank verpflichtet. Und auch allen anderen, die unerschrocken [...] für die Durchsetzung guter Kunst in Deutschland gekämpft haben [...] vor allem Meier-Graefe, der Vielgeschmähte, dessen Namen man in Gesellschaft gebildeter Deutscher nur mit Vorsicht nennen darf. Die Namen derer, für die er gearbeitet hat, [...] sprechen für seinen künstlerischen Instinkt. [...] Wir brauchen in der Kunst volle Freiheit und keine Bezirksfeldwebel.«[78]

Deutscher Impressionismus?

Wer heute die Säle mit den Bildern Liebermanns in der Münchener Neuen Pinakothek betritt, sieht sich zwei Werken des Meisters gegenüber, die verschiedener nicht gedacht werden könnten: der ›Frau mit den Ziegen‹ von 1890 und den ›Badenden Knaben‹ aus den Jahren 1896 bis 1898. Es sind zwei große Leinwände sehr ähnlichen Formats: ungefähr eineinviertel Meter hoch und eindreiviertel bzw. anderthalb Meter breit. Obwohl noch nicht ein Jahrzehnt zwischen ihrer Entstehung liegt, scheinen die beiden Bilder durch Welten voneinander getrennt. Nicht der Ernst der Arbeitswelt ist das Thema des jüngeren Bildes, sondern die Heiterkeit einer Ferienwelt; nicht der graue Alltag im holländischen Dünenland wird geschildert, sondern die helle Sonne über dem Strand an der See bei Zandvoort; nicht die monumentale Menschengestalt dominiert ihre Umgebung, sondern diese, die Landschaft: Meer und Sand und Himmel, dazu in allem der Wind, haben »Übermacht« über das Figürliche, scheinen die bewegten Gestalten der Badenden zu durchdringen und in ihrer Substanz aufzuzehren. Nicht die große, dauernde Bildhieroglyphe der Komposition hat der Künstler hier gesucht, son-

T 21, 64

dern »nur« den vorüberhuschenden Augenblick ergriffen, der die Gestalten in zufälliger, übergänglicher Position innerhalb von Bildraum und Bildfläche fixiert. Eine solche Aufzählung der hauptsächlichen Merkmale dieser Darstellung macht es verständlich, daß der so kritische Edgar Degas, wie Hancke berichtet, sich lobend über das Bild geäußert habe, scheinen damit doch etliche charakteristische Eigenschaften einer impressionistischen Weltsicht berufen[79]. So hat man denn gemeint, von diesem Werk oder allgemeiner von der Jahrhundertwende an Liebermann als *den* »deutschen Impressionisten« klassifizieren zu können, und er selbst hat einer solchen kunstgeschichtlichen Einordnung nicht widersprochen. Er schätzte und sammelte die Werke Manets und seiner Freunde nach dem Vorbilde der Bernsteins; als Secessionspräsident und Ausstellungsorganisator sorgte er für deren Schätzung und Verbreitung im deutschen Publikum. Zwar ist es hier ebenso müßig wie im Falle von Realismus und Naturalismus, in eine Diskussion über Bedeutung, Gültigkeit und Berechtigung einer derartigen Benennung einzutreten – schon Manet und gar Degas waren, recht besehen, keine »Impressionisten«, wie es Monet und Sisley offenbar auf exemplarische Weise gewesen sind. Sinnvoll aber scheint es mir, hier wie überhaupt, genau mit den Augen zu prüfen, was der Künstler in seinem Werk eben »vor unseren Augen« tut. Bei aller Helle der Szene entspricht die durchaus tonige Farbigkeit der ›Badenden Knaben‹ weitgehend der gedämpfteren Tonigkeit der großen Figurendarstellungen in den Dünen: was bei diesen grau, graugrün oder graubraun war, ist nun nach Hellgrau, Blond und Rosa gestimmt, im farbigen Gewebe aber keineswegs auf jene leuchtenden Kontraste gerichtet, die Monet als erster in ihrer provozierenden Frische entdeckt hatte. Von einer Zerlegung der Mischfarben in die Grundfarben des Spektrums, wie Seurat oder Signac sie betrieben haben, kann vollends nicht die Rede sein. Liebermanns Diktum ist oft zitiert: »Wissen Sie, das mit den zerlegten Farben, das ist alles Unsinn. Ich habe es jetzt wieder gesehen, die Natur ist einfach und grau.«[80] »Einfach und grau« ist auch das Badebild. Ein weiteres, wichtiges Moment kommt hinzu: was so spontan und augenblicksselig erscheint, ist, wie schon bei den ›Netzeflickerinnen‹ oder der ›Kuhhirtin‹ beobachtet, gerade nicht Ergebnis raschen Einfalls oder flotter Nie-

T 19, T

64 *Badende Knaben, 1898, Gemälde, München*

derschrift, ist vielmehr langsam gereift in planender, ordnender, ändernder Arbeit und wieder Arbeit. Dies ist keine Freilichtimpression, sondern ein Atelierbild, das aus Schichten von schwerer und spröder Farbmaterie und aus Übermalungen erwachsen ist – in Jahren, bis es der Künstler endlich als endgültig aus den Händen ließ. Es sei gestattet, einen subjektiven Augeneindruck wiederzugeben: die Oberfläche dieses Bildes hat etwas von der »Gänsehaut«, wie sie den frierenden Knaben eigen ist, die aus dem kalten Wasser kommen und eilends, noch naß, in ihre Kleider schlüpfen. Endlich ein scheinbar marginales Detail aus der Entstehungsgeschichte des Bildes, dem, über dieses Bild hinaus, Bedeutung für die weitere Entwicklung der Liebermannschen Kunst zukommt:

die ursprüngliche Komposition, wie sie zumeist in den älteren Publikationen über den Künstler wiedergegeben ist, zeigt einige Figuren, dazu mehrere Bündel abgelegter Wäsche, mehr – der Künstler hat diese Elemente zugunsten größerer Einfachheit des Ganzen übermalt. Am Bildrande rechts aber, in der äußersten Tiefe der Landschaft, hat er einen schräg ansteigenden, graugrünen Dünenhang durch das bunte Gewirr von Strandkörben und hellen Figuren ersetzt. Die Ferienwelt des Seebades tritt dadurch sinnfälliger heraus. Was ursprünglich die badenden Fischerjungen aus Zandvoort gewesen sein mögen, die also vielleicht noch ihren bäuerlichen Ursprung erkennen ließen wie ihre Mütter und Väter, die Netzeflikkerinnen oder Kiepenträger in der Düneneinsamkeit, an die jener Hang noch erinnerte, das sind nun »Badegäste« geworden wie andere auch.

Wie aber ist Liebermann zu dieser Wendung vom Ernsten, Großen und Bedeutenden zum Heiteren, Harmlosen und Leichten in der Thematik und – nach und nach – auch in Darstellung und Handschrift gelangt, die sein gesamtes späteres Werk zu kennzeichnen scheint? Hinweise hierauf, gewisse Vorwegnahmen in dieser Richtung hatte es freilich vorher schon gegeben – er hatte ja nicht nur »große« Bilder gemalt.

T 15, T 17 Schon die ›Rasenbleiche‹ oder der ›Biergarten‹ aus München verzichteten auf die »Hieroglyphe« in Gehalt und Gestalt. Nun mag bei den ›Badenden Knaben‹, wie bei den alten Männern oder den Waisenmädchen, ein momentanes Augenerlebnis, »als habe er auf eine Spiralfeder getreten«, den ersten Anstoß gegeben haben. Doch beschäftigte ihn das Thema schon lange. Schon in Paris hatte er in den Jahren 1875/77 nach sorgfältigen, akademisch-klassizistischen Aktstudien vor dem Modell eine entsprechende große Bildkomposition, bereits auf Grund holländischer Eindrücke, geschaffen und wieder verworfen[81]. Dann hatte er den Gegenstand 1894 in einer Radierung unter Verwendung einiger Figuren aus dem frühen Bild wieder aufgegriffen. Außerdem blieb es nicht bei dem großen Gemälde von 1898; er kam mehrmals darauf zurück[82]. Vor allem aber gesellten sich zu diesen Badebildern die zahlreichen Reiter am T 33, T 34 T 39, T 40 Strand, die vielen Ferienstrände mit den Strandkörben, den Burgen und den Fahnen, dann die Restaurantgärten, die Baumalleen, die reinen Landschaften – endlich die Wannseegärten.

Nochmals: wie kam es zu dieser Kehre in seiner Entwicklung? Die Anregung durch die französischen Impressionisten, offensichtlich weniger in ihrer Malweise als in ihrem programmatischen Verzicht auf große Bildinhalte, ist gewiß nicht zu übersehen. Diese »großen Bildinhalte«, die Darstellungen aus dem Arbeitsleben einfacher Menschen, hatten sich für Liebermann ohnehin erschöpft: die letzten Fassungen der Männer in den Dünen verrieten eine gewisse Ermüdung, zeigten die Gefahr der Wiederholung, der Selbstkopie. Vor allem aber mußte er erleben, wie seine ureigene Bildformel von anderen übernommen und mehr oder minder banalisiert oder ins Sentimentale ihres Milletschen Ursprungs zurückgeführt wurde. Uhdes gefühlvolle, realistisch-religiöse Komposi-

tionen, Kalckreuths oder Mackensens heimatsinnige Bauernbilder, so ernst und so gut sie gemeint waren, so meisterlich oder doch solide sie in ihrer Durchführung im einzelnen sein mochten – sie alle waren Kunst aus zweiter und dritter Hand, sind, von heute aus gesehen, neben Liebermanns entsprechenden Prägungen rhetorisch und flau. Aber auch jene aktuelleren, bewußt sozialkritischen Darstellungen eines Skarbina oder eines Baluschek, so sehr sie aus aufrichtigem Empfinden für die gesellschaftlichen Probleme der Epoche entstanden sein mochten, blieben im Polemisch-Illustrativen, in der leeren Geste stecken. Einzig Käthe Kollwitz wurde dem sozialen Gegenstand in ihren Radierungen gerecht – nicht zufällig gehörte Liebermann zu ihren rückhaltlosen Bewunderern. Doch entsprach das menschlich-künstlerische Engagement dieser großen Frau nicht seinem Naturell: Nüchternheit und Distanz waren für ihn seit je nicht allein Eigenschaften des Temperaments im praktischen Alltag, sie waren für ihn moralische Kategorien, unter die er sein Leben und sein Werk gleichermaßen gestellt hatte. So ist an dieser Stelle wieder an Theodor Fontane zu erinnern, der den nämlichen Tugenden huldigte.

In eben der Zeit, da er an den ›Badenden Knaben‹ arbeitete und änderte, erreichte ihn der Auftrag der Schriftleitung des ›Pan‹ für das dort zu veröffentlichende Fontane-Bildnis. Der Dichter schrieb damals an den ›Poggenpuhls‹, die kaum ein Roman zu nennen sind: »dies Nichts, das es ist«, bemerkte er in einem Briefe vom 4. Januar 1897 an den Freund Georg Friedlaender. Ist es da ganz abwegig, anzunehmen, daß das Gespräch mit dem Alten während der Sitzungen, das sich ja nicht im Anekdotischen allein erschöpft haben wird, auch gelegentlich Grundsätzlich-Ästhetisches des jeweiligen Handwerks berührt haben möchte? Könnte nicht Fontane, der in seinen Stoffen immer wieder die »einfachen Lebenskreise« und die einfachen menschlichen Beziehungen aufsuchte, der aber mehr und mehr dahin gelangte, im scheinbar Trivialen, Banalen, Harmlosen, Inhaltlosen – kurz im »Nichts« – das Gesellschaftliche und das Menschliche als eines zu begreifen, könnte nicht dieser Fontane Liebermann, mittelbar oder unmittelbar, darin bestärkt haben, sich vom »Monumentalen« abzuwenden? Daß er nun, im Rahmen seines Metiers *und* seiner Generation, in der optischen Er-

3

scheinung einer scheinbar trivialen, banalen, harmlosen, inhaltslosen Umwelt – in Biergärten und
Baumalleen, in Judengassen und Wannseegärten –
das »Gesellschaftliche«, den Geist einer gewandelten Epoche zu fassen suchte?

Die ›Papageienallee‹ als Exemplum

65, T29 Die ›Papageienallee‹ von 1902 vereinigt alle Eigenschaften der neuen Weltsicht Liebermanns und alle
Schönheiten seiner neuen, freien Malerei. Als ein so
lebensvolles wie in sich ruhendes Werk von äußerster, künstlerischer Vollkommenheit steht es vor
dem Betrachter und war doch nach Bildgegenstand
und Entstehungsgeschichte alles andere als eine
Selbstverständichkeit. Seltsam – dieses Bild, das zu
Recht als eines der typischsten des Künstlers gilt,
verdankt seine Entstehung dem Anstoß durch das
Augenerlebnis eines anderen. Bevor Max Slevogt im
Jahre 1901 von München nach Berlin kam, hielt er
sich für einige Wochen in Frankfurt am Main auf, um
dort im Zoologischen Garten Tierstudien zu malen
V 10b und zu zeichnen: Raubtiere, Affen, exotische Vögel[83].
So brachte er damals mehrere, unmittelbar vor dem
Motiv rasch heruntergemalte Skizzen oder skizzenhafte Bilder nach einem Papageienwärter, der seine
flatternden Zöglinge auf ihren Hängevorrichtungen
mit sich trägt, nach Berlin mit – jüngste Zeugnisse
seiner spontanen Handschrift und seines barocken
Farbensinns, funkelnd und leuchtend, frisch und
spritzig wie kaum etwas in der gedämpfteren Haltung der bisherigen Malerei seiner neuen Kollegen an
der Spree. Das unausgesprochene »Das kann ich auch
– das kann ich besser« auf seiten Liebermanns, der
naive Gedanke des handwerklichen Wettstreits mit
dem Neuankömmling, den er sich ja selbst gewünscht hatte, war die sofortige Folge. Wir kennen
entsprechende Reaktionen des Künstlers aus vergangenen Zeiten. Als er im Jahr darauf wieder nach Amsterdam kam, zog es ihn sogleich in den dortigen Zoo,
der wegen seiner Allee bunter mittelamerikanischer
Papageien, sogenannter Aras, berühmt war. Liebermann zeichnete, und Liebermann malte: zuerst auch
einen solchen »Papageienmann« nach dem Vorbilde
Slevogts und bereits weit über dieses hinaus. Mehre-

65 *Papageienallee, 1902, Gemälde, Bremen*

re Fassungen entstanden, darunter die hier wiederge- T27, 183
gebene schönste und in ihrem Farbenspiel sprühend-
ste des Essener Museums. Daraus aber entwickelte
er, wieder in zwei Varianten, die ›Papageienallee‹, in 65
der das Momentane der raschen Beobachtung dort
nun ins Beschauliche beruhigt ist.

Die zoologischen Gärten haben überall in der Welt
ein ähnliches, ein internationales Gesicht. Sie sind
künstliche Inseln in einer jeweils ganz anders gearteten Umgebung, ob nun in Frankfurt oder in Amsterdam. Was im Bilde Liebermanns auf wahrhaft zwin-
gende Weise wie der Inbegriff von Natur erscheint,
präsent und lebensfrisch, ist indessen in Wahrheit ein
hybrides Gemenge aus unmittelbarer Realität und
fragwürdiger volkspädagogischer, eigentlich musea-
ler Absicht. So taucht denn der Besucher des Tiergartens ein in eine durchaus artifizielle Atmosphäre, die
sich aus dem widersprüchlichen Beieinander von
Tieren aus fernen Zonen unter ihnen fremdem Himmel, aus Gittergehegen und Stangenwerk, aus Park-
wegen unter dennoch holländischem, schattendem
und kühlendem Baumwuchs zusammenfügt.

66 *Polospieler, 1907, Gemälde, Privatbesitz*

Und mit dem Maler taucht auch der Betrachter vor dem Bilde ein in dieses fiktive, dieses säkularisierte Paradies. Darin bewegen sich die Herumspazierenden und die Rastenden mit ihrer Neugier und ihrer leisen Langeweile – Projektionen des Betrachters in die Bildwelt. Weißgewandete, kleine Mädchen, Herrschaftskinder, gehen artig an der Hand ihrer Mütter oder Gouvernanten, die in bodenlangen Kleidern aus hellem Mull oder Musselin daherkommen. Man trägt leichte Hüte aus Panamastroh zum Schutze gegen eine milde Sonne, die durchs Laub fällt und ihre Liebermannschen Flecken, nicht so sehr viele oder gar »vorlaute«, auf Weg und Rasen malt. Ein würdiger, älterer Herr sitzt zusammen mit seiner Enkelin im wärmenden Licht auf der Parkbank vorn – ein weißer Papagei thront unmittelbar über ihnen. Man ruht sich aus von der mäßigen Last der Jahre oder des Tages. Der Herr trägt dunkles Zeug, solide Schnürstiefel, eine goldene Uhrkette auf der Nankingweste. Doch wird das alles mehr angedeutet als ausführlich geschildert. Die Parkwege sind gewalzt und gewiß säuberlich geharkt, die Rasen geschoren. Die bunten

Vögel, die das eigentliche farbige Element in das Bild tragen – man hat sie wie Blumengebinde an eisernen Stangen zum Schmucke des Ensembles an der Allee entlang verteilt – sie kreischen, flattern, funkeln. Hinter den Gattern links geht Rotwild. Man freut sich des Daseins, hier – jedenfalls hier – scheint die Welt im Lot, sind die Probleme der Epoche fern: es ist Frieden. Jedermann hat zu essen und wenig Steuern zu bezahlen. Heitere Behaglichkeit liegt über einer bunten Sommer-Sonnen-Ferienwelt – sagenhafte, glückliche Epoche. So wie Fontane in seinen Romanen Welt und Mensch aus seiner Generation mit scharfen und dennoch milden Augen betrachtete, so geschieht es hier ein zweites Mal unter dem zupackenden und liebenden Blick des Malers. Wie die kleinen Schicksale der Gestalten des Dichters für den späteren Leser und Beobachter in weite Fernen gerückt scheinen – und ihn trotzdem »angehen«, so scheinen nicht anders die Zoobesucher und Sommerfrischler, dann die Strandreiter und Polospieler der Liebermannzeit dem heutigen Kunstbetrachter gänzlich gleichgültig geworden zu sein. Zumal diese Zeit noch ein wenig später und bürgerlicher geworden war als die Fontanes. Und dennoch berührt, trifft eine solche Darstellung das empfängliche Auge und über das Auge sogar das Herz eines Beschauers, der bereit ist, die Vielschichtigkeit historischer und die Mehrdeutigkeit künstlerischer Phänomene wahrzunehmen. Zwar mag es uns heute schwer werden, mit milden, gar mit liebenden Augen auf Erscheinungen zu blikken, denen wir zu Recht glauben, Schuld oder doch Mitschuld geben zu können für das, was seit 1914 bis heute geschehen ist – Schlimmes, das zuletzt den Maler selbst noch erreicht hat. Die »gute, alte Zeit«, etliche ihrer Protagonisten in ihrer selbstzufriedenen Behaglichkeit und Tüchtigkeit – sie waren blind für »die Schatten, die nun an der Reihe« waren. Ein solches Kunstwerk aber »weiß« in seiner optischen Authentizität als eine geschichtliche Urkunde höherer Ordnung mehr über den Geist einer Epoche als viele der papierenen Dokumente, derer sich die Geschichtsschreibung gemeinhin bedient. Es zeigt im »schönen Schein« seiner Malerei – über diese gleich noch ein Wort –, durch die geheime und unpathetische Macht künstlerischen Prägevermögens, künstlerischer Imagination – es zeigt Wahrheit: wie es wirklich gewesen. Es zeigt, wie die Menschen gelebt haben und wie sie miteinander umgegangen sind. »Nichts trügt weniger als der Schein«, sagte der witzige Liebermann – und meinte damit gewiß kein unverbindliches »l'art pour l'art« noch einen Impressionismus um seiner selbst willen. Ich wüßte kaum ein Werk der französischen Programm-Impressionisten wie Monet oder Sisley, darin in harmloser Freilichtszene, bei gänzlicher Abwesenheit jeglicher Menzel-Anekdote, so viel an menschlicher Präsenz zu spüren wäre wie hier. Mag diese menschliche Präsenz das »reine Kunstwerk« im Sinne einer rigiden Ästhetik auch gelegentlich ein wenig »trüben«. Andererseits hat ein kritisches Bewußtsein dem Künstler bis in unsere Tage sein »soziales Manko« vorrechnen wollen, da er hier und in seinen folgenden Werken gerühmt habe, was doch vor kritischem Rückblick nicht zu rühmen sei. Liebermanns Kunst seiner letzten Jahrzehnte, seit der Jahrhundertwende, rage »ins Leere bei aller Heiterkeit ihrer Gegenstände gespenstisch beinahe, wie das scheinbar so fest gefügte Deutschland Wilhelms II., dessen reinster Ausdruck sie ist«. So meinte Georg Schmidt, der so kluge Basler

Museumsmann[84]. Man hat es ihm nachgesprochen und wurde damit, unwillentlich vielleicht, zum Opfer einer kurzschlüssigen Interpretation, die jene Gleichzeitigkeit des Heterogenen, Paradoxen und in Wahrheit Ungleichzeitigen als Charakteristikum gerade dieses Zeitabschnitts, nicht als Faktum und als Regulativ des Urteils in die Betrachtung mit einbezieht. Daß Liebermanns Kunst, seine malerische Schilderung und auch Verklärung der Arbeitswelt wie der Bürgerwelt, der »reinste Ausdruck« des wilhelminischen Deutschland gewesen sei, wird niemand behaupten wollen, der seine Bilder aufmerksam betrachtet.

Strände und Gärten

Die »neue Malerei« Liebermanns, der rasche, lockere Pinselstrich mit der leichteren, fließenden Farbe, den er bei Slevogt, aber auch bei Isaac Israels, dem Sohn, bewunderte, und den er in seinem ›Papageienmann‹ T27 bereits souverän erprobt, lange vorher aber in etlichen Bildskizzen für sich selbst entwickelt hatte – dieser Pinselstrich in Verbindung mit gespachtelten Zonen, denen jedoch das »Gemauerte« von ehedem fehlt, wurde nun für ihn zum typischen Ausdrucksmittel, um seine Bildvision zu packen. Auch und gerade das vollendete Werk bewahrt sich auf diese Weise eine atmosphärische Offenheit in Oberfläche und Ausdruck, zugleich aber auch, als Gerüst des Gesamten, eine zeichnerische Präzision mit der vollen Farbmaterie. Einen impressionistischen Maltakt, das »Komma« Monets oder auch die »Farbschraffur« Cézannes, wird man vergebens bei ihm suchen. Seine Pinsel- oder Spachtelschrift folgt immer dem jeweiligen Darstellungsobjekt, verrät immer den originären Zeichner, der seine Herkunft aus dem Berliner Realismus seit Schadows Zeiten nie verleugnet. Absichtlich wurde versucht, an dem einen Beispiel der ›Papageienallee‹ ausführlicher zu umschreiben, auf welche Weise sich die veränderte Weltsicht des Künstlers fortan manifestierte. Dabei blieb Holland wie bisher der Hauptgegenstand seiner Kunst. Doch fühlte sich Liebermann, der bis zum Ersten Weltkrieg weiterhin Jahr für Jahr dorthin reiste, mehr und mehr von der Sommerfrischen- und Ferien-Seite des Lan-

67 *Selbstbildnis am Strand, um 1910, Kreide, Bremen*

des angezogen. Er wurde selbst zum Badegast, der statt der charakteristischen grauen Himmel den Sonnenschein am Strande suchte. Mit dem großen Bilde der ›Badenden Knaben‹ hatte er das Meer für seine Kunst entdeckt – nicht das Element als übermächtige Gewalt, der sich ein Courbet in seinen Wogenbildern frontal gegenübergestellt hatte. Mit wenigen Ausnahmen blickte Liebermann in seinen entsprechenden Darstellungen nicht gerade hinaus auf die See und ihren Horizont, sondern gern schräg, in verbindlicher Perspektive, den Strand entlang. Und der Strand ist nun nicht, wie bei den holländischen Spezialisten des siebzehnten Jahrhunderts, die Küste des Landes mit Dünenrücken, Deichen und Bollwerken, die von Fischern und Seefahrern bevölkert und geprägt sind – er ist der heitere Lebensraum des sommerlichen Badepublikums. In einem nicht nur wegen seiner frühen Entstehungszeit bemerkenswerten, bildmäßig durchgeführten und großformatigen Pastell aus Scheveningen von 1898 nahm der Künstler vorweg, was er in den kommenden Jahren in ganzen Serien von Ölbildern mit spielenden und badenden Kindern, unter der Aufsicht von Müttern oder Kindermädchen, mit Reitern oder Spaziergängern am Strande ausbreiten sollte – liebenswürdige Impressionen von einem Badeleben vor allem Massentourismus. Hier, in jenem Pastell wie in den späteren Ölbildern, scheint das Wort »Impressionismus« am ehesten angebracht: das Flüchtige des schönen Augenblicks, lauer Wind und Sonnenlicht, dazu Bewegung in allem – das kann den originären französischen Vorbildern sehr nahe kommen. Doch verzichtete der gewiß von Degas angeregte Pastellmaler[85] wie ebenso der Ölmaler Liebermann auch hier niemals auf die eindeutige Lokalfarbigkeit der Dinge. Leuchtende, ungebrochene Farben bringen, wie dort die Papageien, hier nur die buntflatternden Fahnen und Gewänder in das helle Ensemble von blondem Sand, blauem Meer, zartblauem Himmel und weißem Wellenschaum. Offensichtlich spielte die Pastellmalerei für die Entwicklung seiner Farbskala wie für die malerische und zeichnerische Handschrift gerade auch des Ölmalers damals eine besondere Rolle – daran wird zu erinnern sein[86].

Der unmittelbare Anhauch der Natur, ihre reinliche Frische und atmende Weite – das ist das eigentliche Thema der Strand- und Reiterbilder am Meeressaum.

68 *Strandbild, 1908, Gemälde*

Sie sind nun wirkliche Freilichtmalereien, die ganz vor dem Motiv vollendet wurden. Ihr Anblick scheint dem Beschauer die Brust zu dehnen, so wie dies ganz offensichtlich dem Maler angesichts ihrer Schönheit nicht anders geschah. Solches gänzlich unromantische Naturerlebnis, an dem alle Sinne beteiligt sind, meint keineswegs eine übermächtige, gar eine überwältigende Natur. Diese ist vielmehr in ihrer moderaten Erscheinung und ihrer einfachen Gestalt durchaus vom Menschen geprägt und erfüllt – keine domestizierte, wohl aber eine humanisierte Natur, in der sich der Mensch geborgen weiß. Zwar gewann auch in der übrigen Bildwelt des Künstlers das landschaftliche Element fortschreitend größeren Raum und stärkeres Gewicht gegenüber dem Figürlichen, das doch unlängst noch eindeutig dominiert hatte. Zwar verzichtete der Maler mit seiner raschen, skizzierenden Pinselschrift mehr und mehr darauf, seinem Bildpersonal individuelle und gar anekdotische Züge in Gesicht und Gehabe zu verleihen, wie dies bei den ›Waisenmädchen‹, beim ›Münchener Biergarten‹ und sogar bei dem alten Herrn mit der Enkelin auf der Bank der ›Papageienallee‹ noch zu beobachten war. Adolph Menzel war nun wirklich fern – das lebendige physiognomische Interesse des Künstlers sollte sich künftig in seinem umfänglichen Bildniswerk befriedigt finden. Gesichter, Köpfe, Gestalten und Gebärden verlieren in den übrigen Themenbereichen seines Schaffens als bloße opti-

69 *Waldlandschaft, Kohle, Seite aus einem Skizzenbuch, um 1896, Privatbesitz*

sche Erscheinungen im Licht alle personale Charakterisierung. Und dennoch muß mit allem Nachdruck betont werden, wie unübersehbar die Präsenz des Menschen und des Menschlichen in allen den nun entstehenden Bildern ist: in den holländischen Flachlandschaften, die von ferne an Jan van Goyen[87] erinnern können, in den herrlichen Baumalleen, die offenbar auf das erste holländische Landschaftserlebnis von 1872 zurückgehen, in den verschiedenen Kaffee- und Wirtshausgärten, den Parks und Gärten ohnehin – in allen diesen Landschaftsräumen »wohnt« der Mensch, ist darin »zu Hause«. Auch dann, wenn seine Gestalt nicht oder nur am Rande des Bildausschnitts und im Hintergrund als zuckender Fleck von Farbmaterie erscheint.

Liebermanns Bäume – Einzelexemplare, Baumgruppen, Baumreihen, Baumalleen, durchlichtete, durchleuchtete Schattenräume und Raumgassen unter Baumkronen oder Laubdach – es ist sinnvoll, diesem Motivkomplex mit einigen Überlegungen nachzugehen. Denn offensichtlich haben Bäume für den Maler und den Zeichner so außergewöhnliche Bedeutung besessen, daß er sein Leben lang nicht müde wurde, sein intensives künstlerisches Bemühen an ihre Darstellung zu wenden. In zahlreichen Gemälden, Handzeichnungen und graphischen Blättern des Meisters erscheinen sie als »handelnde Personen«, wenn auch nicht als »Helden«, als stets gegenwärtige Begleiter des Menschen, als Szenerie und als Folie oder als eigentlicher und alleiniger Bildinhalt. Für den flüchtigen Blick könnten es Allerweltsmotive sein, zumal der Künstler weder ihre jeweiligen botanischen Besonderheiten betont, noch, im Sinne vergangener Generationen, ihr ideal-klassisches, ihr monumentales

Bild gesucht hätte, so wie Claude Lorrain oder Ruisdael und deren Nachahmer, wie Caspar David Friedrich und noch die Maler von Barbizon nebst ihren Nachfolgern dies in ihrem Werk geübt haben. Mit jenen durchgestalteten Schlüsselexemplaren verglichen, sind Liebermanns Bäume summarische, simple *und* statische Darstellungen grundsätzlichen Sachverhalts; das Dynamische, Bewegte, Körperhafte ist nicht ihre Natur. Sie stehen aufrecht, in sich ruhend, sind Stamm, Ast- und Zweigwerk und vor allem Laub, grünes Laub in vielfältiger Stufung von Helligkeit und Farbigkeit; Herbstlaub oder kahles Gezweig kommen kaum jemals vor. – Das geliebte Holland bot dem Künstler, hinter der eigentlichen Küstenzone mit den Stränden und den Dünengürteln, weithin das Bild einer großen Garten- und Parklandschaft, die dem Berliner, trotz des dortigen Tiergartens und der märkischen Kiefern, unauslöschlichen Eindruck gemacht haben muß. Als er sich im Jahre 1910 in Berlin-Wannsee seinen Sommersitz

schuf, hat er Haus und Garten dort bewußt nach holländischen Vorbildern gestaltet – und seine Wannsee-garten-Bilder, die bald in großer Zahl entstehen sollten, sind insgeheim noch Reflex ursprünglicher, holländischer Eindrücke, so getreu sie die Atmosphäre des Berliner Villenvororts wiedergeben.

Wie das Gedichte-Machen war bis vor einigem auch das »Gespräch über Bäume« vor dem grausamen Hintergrund unserer jüngsten Geschichte zu Recht verpönt. Inzwischen aber ist in unseren Tagen des »Waldsterbens« ein neues, allgemeines Bewußtsein von der sozialen Bedeutung und biologischen Notwendigkeit, ein neues, allgemeines Gefühl für die Würde, auch für die Schönheit von Bäumen im menschlichen Lebensraum entstanden. Das mag dem heutigen Betrachter helfen, Liebermanns Baumlandschaften in all ihrer »Harmlosigkeit« mit neuen Augen zu betrachten, darin tieferen Sinn zu begreifen. Bäume waren für diesen erklärten Stadtmenschen selbstverständlicher und unabdingbarer Be-

70 *Kaffeegarten in Karlsbad, 1909, Bleistift, Bremen*

standteil seines menschlichen und künstlerischen Alltags – nicht allein deshalb, weil er aus seinen Fenstern auf die Wipfel des Tiergartens blickte, in dem er übrigens regelmäßig spazierenging. Er hat die Bäume geliebt, sie müssen für ihn so etwas wie brüderliche Gewächse gewesen sein. In den zahlreichen Darstellungen von Restaurant- oder Biergärten, so trivial sie im ersten Augenblick erscheinen mögen, erweist sich immer wieder neu deren menschlich sammelnde, gemeinschaftsstiftende Kraft, die offenbar hervorgeht aus dem rhythmischen Beieinander der Bäume mit ihren ragenden Stämmen, die auf je verschiedene Weise den Raum akzentuieren, und ihren Kronen, die die Szene liebenswürdig überwölben. Bei dem ›Waisenmädchenbild‹ war es noch kalkulierte Zutat gewesen, daß Schattenspiel und Sonnenflecken ihre verbindende Funktion für den Zusammenhalt der Komposition ausüben konnten; beim ›Münchener Biergarten‹ war der große Baum im Vordergrund noch

T 12

T 17

genau charakterisiertes Einzelelement in einer Fülle von anderen, zumeist figürlichen Bildelementen – bei der ›Rasenbleiche‹ aber und dann bei der ›Kuhhirtin‹ waren Stämme, Kronen und Laubschatten Wesensbestandteil des Bildgedankens und des Bildausdrucks geworden. Seit dem ›Biergarten in Brannenburg‹ von 1893, den die Franzosen damals in seiner zweiten Fassung für ihr Luxembourg-Museum erwarben, ergab sich immer selbstverständlicher ein Gleichgewicht, ein Gleichklang zwischen der Landschaftsnatur und der menschlichen Atmosphäre, mag sich der Anteil des eigentlich Figürlichen nicht selten bis zum Angedeuteten, Abgekürzten oder Marginalen zu verflüchtigen scheinen – so etwa bei dem wundervollen Oude-Vink-Bild in Zürich. Die eigentlichen Baumalleen, so die aus Rosenheim und die aus Overveen, schließen sich hier zwanglos an. Dabei ist zu beobachten, wie sorgfältig Liebermann seine Malweise dem jeweiligen Motiv und in-

T 15

T 22

71

T 35

180

T 23

71 *Biergarten in Brannenburg, 1893, Gemälde, Paris*

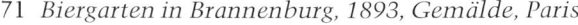

nerhalb desselben dem jeweiligen Gegenstand an-
paßt. Bei aller Vehemenz seiner breiter und offenbar
rascher werdenden Handschrift – diese Bilder sind
großenteils bis auf wenige Details vor dem Motiv als
unmittelbare Freilichtaufnahmen zu Ende geführt –,
ob die Farbe mit dem Borstpinsel oder dem Spachtel
aufgetragen ist – immer bewahrt sie Form und Struktur, die sie vom jeweils darzustellenden Objekt emp-
fängt. Der scheinbar mit leichtester Hand hinge-
schriebene oder getupfte Farbstrich, -punkt oder
-drucker, die scheinbar höchst summarisch aufge-
spachtelte Farbbahn, zumal im Laubwerk, jede Partie
der Bildfläche verrät die ordnende, die bändigende
Hand des Zeichners. Hierin sehe ich einen wesentlichen Unterschied zur Malerei Manets und der französischen Impressionisten, deren Bilder aus primär
malerischen Vorstellungen entstanden. Das ›Land-
24 haus in Hilversum‹ in Berlin bietet ein klassisches
Beispiel für diesen grundsätzlichen Unterschied, sosehr es auch und gerade als vollkommene malerische
Bewältigung seines Themas zu gelten hat. An keiner
Stelle des Bildes lösen sich Pinselschrift oder Duktus
des Spachtels zu freiem, malerischem Spiel von ihrem Gegenstand, den sie als Erscheinung und als
sachliche Substanz überall genau bezeichnen.

Die Judengassen

Die »Baum-Bilder« mit ihrem Schattengrün mögen
zeitweilig in absichtlichem Kontrast zur Meereshelle
seiner Strandszenen entstanden sein. Zwar liebte es
Liebermann nun, gelegentlich in ganzen Bildserien
ein Motiv oder eine Gruppe verwandter Motive
»durchzuspielen« – nebenbei gänzlich ohne jene in-
tellektuelle Systematik, die Monets Heuhaufen-
204, 205 oder Kathedralenbilder kennzeichnet. Die Stranddar-
stellungen des Jahres 1908 aus Noordwijk geben ein
bezeichnendes Beispiel dafür, für die Intensität seines »malerischen Appetits« wie für die Sorgfalt seines beobachtenden Auges, das jede meteorologische
Nuance der Stimmung am Wasser genau registrierte.
Doch ließ er sich auch immer wieder vom akuten
Augenerlebnis zum ganz Anderen, Unerwarteten inspirieren. So entstanden Darstellungen höchst verschiedenen Bildgegenstandes und unterschiedlich-

sen Farbcharakters mehr oder minder gleichzeitig
nebeneinander. Wie er etwa im Jahre 1890 neben der
›Frau mit den Ziegen‹ in ihrer kahlen Düneneinsamkeit das stimmungsvoll verträumte Binnenhofbild
des ›Stevensstifts‹, dazu in zwei durchgeführten Fas- T20
sungen, malte, so schuf er 1907, parallel zu etlichen
spontanen Strand- und Reiterszenen, mehrere Stadt- T33
ansichten, darunter bedeutende Fassungen der sogleich zu behandelnden Amsterdamer ›Judengassen‹
oder das ›Proveniershuis in Haarlem‹. Die Skala sei- T38
ner künstlerischen Ausdrucksmöglichkeiten war
weit. Das liebevoll durchgestaltete Bild aus Haarlem
könnte mit dem durchleuchteten Gebreit zumal seiner vorderen Baumkrone ein wenig noch zu jenen
»Baum-Bildern« zählen. Doch ist der Anteil der so
typisch holländischen Bürgerarchitektur mit ihren
altersdunklen Backsteinwänden und den hellglän-
zenden Sandsteinumrahmungen ihrer Fenster an der
Gesamtwirkung dieses exemplarischen Städtebildes
– Vedute und mehr als Vedute – gewiß ebenso gewichtig. So ist es wahrhaft zum Inbegriff des behäbi-
gen holländischen Stadtlebens in der Provinz geworden, wie dieses sich noch bis nach dem letzten Krieg
in großen Teilen des Landes unverändert darbot: hier
herrschten Stille und Selbstgenügsamkeit, Reinlich-
keit und Behaglichkeit – ehe noch der Menschenzu-
strom aus den früheren Kolonien der Insulinde und
auch der organisierte, internationale Touristen-Ver-
kehr zu Tulpenblüte und ähnlichen Anlässen das Erscheinungsbild und die urbane Atmosphäre der niederländischen Städte von Grund auf veränderte.
Endgültig der Vergangenheit gehört nun aber auch die
Welt der Judengassen an, die Liebermann zu einer T36
Gruppe von absoluten Meisterwerken innerhalb seines Schaffens inspiriert hat. Schon vor dem Ersten
Weltkrieg büßte der Stadtteil hinter dem Waterloo-
Plein infolge der »Stadtsanierung« seinen ursprünglichen Charakter ein, wie Liebermann selbst in einem Brief aus dem Jahre 1912 an Paul Cassirer feststellen mußte: »Judenstraßen überhaupt nicht mehr
aufzutreiben und neue malen unmöglich, da das Judenviertel eigentlich aufgehört hat zu existieren.«[88]
Die Judenvernichtung durch die deutsche Besat-
zungsmacht während des zweiten Krieges löschte die
Erinnerung an dieses Relikt der mittelalterlichen
Stadtstruktur Amsterdams, wo die ärmeren Juden im
ehemaligen Ghetto auf engem Raum beieinander ge-

72 *Judengasse, Figurenstudie, 1905, Kreide, ehem. Bremen*

wohnt hatten, vollends aus. Schon während seiner Hochzeitsreise im Jahre 1884 hatte Liebermann ein erstes Bild des Themas dort gemalt, das sich indessen in Bildausschnitt, nach Grau gedämpftem Farbklang und begrenzter figürlicher Staffage ganz offensichtlich noch an den holländischen Stadtveduten des siebzehnten Jahrhunderts orientierte: Jan Vermeers ›Straatje‹ und mehr noch entsprechende Straßenausschnitte bei Jodocus Vrel sind nicht fern. Die Bilder aber, die Liebermann dann von 1905 an, an Ort und Stelle gemalt hat, waren nun ureigenen Gewächses. Es bedarf keiner besonderen Erklärung dafür, daß ihn das Volksleben seiner Glaubensgenossen weit über das bloße optische Erlebnis hinaus besonders berühren mußte. Die Jodenbreestraat, die er mehrmals an der Ecke zum Uilenburgersteeg gemalt hat, bedeute-

te für ihn, wie die Synagoge dort, mehr als historische Erinnerung – das wurde bereits angemerkt: hier hatten Rembrandt und Spinoza gelebt, geatmet; zu beiden hatte Liebermann eine innerliche, eine personale Beziehung, die sehr viel mehr war als eine übliche Bildungserinnerung. Rembrandt war und blieb für ihn auch in späteren Jahren die unerreichbare Verkörperung künstlerischen Schöpfertums überhaupt – und Spinoza, den er zu zitieren liebte, hatte sein pantheistisches Weltbild wesentlich mitbestimmt[89]. Nicht zufällig kam er um eben die Zeit in einem Brief auf Rembrandt zu sprechen. Im August 1905 setzte er sich in einem Schreiben an Wilhelm Bode aus Amsterdam, zwar aus gegebenem Anlaß, doch in Wahrheit grundsätzlich, mit dem »frömmelnden Mystizismus Henry Thodes«, des Kunsthistorikers, auseinander, der »in seinem Kolleg ganz offen vor Velasquez und Rembrandt« warne[90]. »Neuerstandenes Nazarenertum, nur ist Cornelius doch ein ganz anderer Kerl...« Und dann heißt es von Rembrandt: »[...] dieser stolzeste, freieste, größte Maler aller Zeiten muß diesen Mystikern ein Dorn im Auge sein, weil er, was er zu sagen hat, einfach ausdrückt, weil er sein Gefühl – das Kriterium des wahren Künstlers – mit den Ausdrucksmitteln *seiner* Kunst wiedergibt. Und er ist der größte Maler aller Zeiten, weil er die Ausdrucksmittel bis zu einer Höhe und Weite treibt, wie keiner vor ihm und keiner nach ihm: er sieht nicht das sogenannte Malerische, sondern er faßt das Leben und die Natur einfach malerisch auf. [...] Ich arbeite seit den vier Wochen, die ich in Holland bin, mit größtem Eifer und nach dem Vergnügen, das mir die Malerei macht, auch mit Erfolg. Jetzt male ich im Judenviertel, wo ich vor länger als 30 Jahren meine ersten Studien gemacht habe. Parcequ'on revient toujours à ses premiers amours. Anfang September gehe ich nach Hamburg, wo ich einen Porträt-Massen-Mord malen werde: ein Gruppen- – fast hätte ich Doelenstück geschrieben – bild von 9 Hamburger Professoren.« Gewiß meinte er Rembrandt, doch sprach er hier, wie in fast allen seinen privaten oder öffentlichen Darlegungen zum Thema, zugleich pro domo. Das »Doelenstück« der Hamburger Professoren, von dem sogleich zu sprechen ist, bezeichnet denselben Doppelsinn. Er male »mit größtem Eifer und nach dem Vergnügen, das mir die Malerei macht, auch mit Erfolg«, so stellte er fest. Daß er beides, Vergnügen und Erfolg, gegen erhebliche äußere Widerstände erkämpfen mußte, geht aus einem wenige Tage später an den Radierer Hermann Struck geschriebenen Brief hervor: »[...] Ihre Karte erreichte mich hier in Amsterdam, wo ich seit vorigem Sonnabend bin – arbeite, wenn man es arbeiten nennen kann. Ich habe es nämlich wiederum versucht, im Judenviertel zu arbeiten und ich habe schon manche Widerwärtigkeiten beim Studium ausgehalten: aber unsre lieben Glaubensgenossen erreichen darin den Rekord. Sie sind nicht einmal mit Geld zu bändigen.«[91] Damit spielte er auf die traditionelle, ursprünglich aus religiösen Vorstellungen kommende Abneigung der Juden gegen die Bildnisdarstellung, das Abgemaltwerden an. Hinzu kamen die äußerst beschränkten, räumlichen Verhältnisse des ersten Stockwerks in

dem engen und steilen Hause gegenüber der Straßenecke, die er sich zum ersten Motiv erkoren hatte. Um so großartiger aber das künstlerische Ergebnis: das hier wiedergegebene Bild des Kölner Museums ist das erste und vielleicht das schönste der Reihe, die 1905 und in den folgenden Jahren entstehen sollte. Die spontane Handschrift mit der vollen, saftigen und leuchtenden Farbe, der knappe Bildausschnitt ohne einen Himmel – es gibt dort ja auch keine Bäume, deren Blattwerk und Schatten Liebermann sonst gern zur »Harmonisierung« seines Bildgedankens benutzt –, die nur summarisch gegebenen und zugleich sprechend charakterisierten Figuren (der Türsteher im linken Hauseingang, dessen Physiognomie man zu lesen meint, obwohl das Gesicht nur *ein* Farbfleck ist), das helle, scharfe Licht, das einige markante Schatten wirft, die geheime Bewegung in jedem Ding, vor allem in dem bunten Zeug, das oben aus den Fenstern weht, die südlich-nördlichen Kontraste – das alles ist mit einer zupackenden Heftigkeit erblickt und in farbige Hieroglyphe verwandelt, wie sie kaum jemals in seinem Schaffen so kühn und rückhaltlos sich ausspricht. Man hat damals und auch später noch den Namen Vincent van Goghs als Vergleichsgröße vor diesem Bilde und den anderen der Reihe genannt. Doch hat schon Erich Hancke das Unzutreffende solchen Urteils erkannt[92]. Denn das Symbolisch-Ornamentale des Holländers, der expressive Bedeutungsgehalt seiner Farbaussage ist der nüchternen Weltsicht Liebermanns fremd – bei aller

73 *Judengasse, 1905, Kohle, Privatbesitz*

Verve seiner malerischen Diktion, bei allem »Gefühl« auch, das er gerade hier für seinen Gegenstand zeigt. Um es mit seinen eigenen Worten zu sagen: »er faßt das Leben und die Natur malerisch auf«, ohne sie deshalb mit subjektivem Seelenausdruck zu befrachten, »weil er, was er zu sagen hat, einfach ausdrückt...« Diese Einfachheit ist die Stärke und mag die Grenze seiner Kunst sein. Doch bedarf eine solche Kennzeichnung seines künstlerischen Vorgehens einer Ergänzung – wieder muß es betont werden: seine »malerische Auffassung von Leben und Natur« wird immer und gerade in diesem Falle äußerster malerischer Freiheit durch die Zeichnung kontrolliert, gleichsam zur Ordnung gerufen. Dies drückt sich nicht allein in den vielen gezeichneten Naturaufnahmen aus, die im Umkreis seiner gemalten Judengassen entstanden sind – Notizen, Skizzen, bildmäßig durchgearbeitete, auch wiederholte Blätter –, es zeigt sich nicht anders in gewissen vor dem Motiv niedergeschriebenen Ölskizzen, die bei aller handschriftlichen Offenheit von einer klaren, einer einfachen Struktur im Räumlich-Flächigen gehalten sind. Alles Vage war gegen seine Natur. Max J. Friedländer schließt seine kurze Betrachtung dieses Motivkreises mit knappen Worten: »Detailarm, undeutlich, aber mit Form und Farbe erregend, weisen diese Darstellungen über das Besondere nach Zeit und Ort hinweg auf das Urtümliche hin und wirken gleichnishaft wegen ihrer und trotz ihrer Realität.«[93]

Die Bilder aus Hamburg

In seinem warmherzigen Nachruf auf den Hamburger Kunsthallen-Direktor Alfred Lichtwark hat Liebermann im Jahre 1914 über dessen Wirken für seine Vaterstadt geschrieben: »Seine Überzeugungen fußten nicht etwa auf Theorien, sondern einzig und allein auf der Natur. In der Liebe zur Natur sah er den einzig wirksamen Weg zur Förderung der Kunst: daher seine Sammlung der hamburgischen Landschaften, daher vor allem seine Porträtsammlung. Indem er das Nächstliegende seinen Mitbürgern im Bilde vorführte, wollte er sie auf die Schönheiten der sie umgebenden Natur aufmerksam machen, während er andererseits die Landschaftsmalerei förderte, in-

dem er ihr günstige Aufgaben stellte. Er ließ von den Künstlern, die ihm die berufensten schienen, die Bildnisse berühmter Hamburger malen, die durch die dargestellten Persönlichkeiten das Interesse an der Porträtkunst, in der er einen mächtigen Kulturfaktor sah, neu beleben sollten.«[94] Die kunstpädagogischen Ideen Lichtwarks, der nicht von ungefähr als Lehrer begonnen hatte, zielten über das Museale weit hinaus auf eine breite, musische Erziehung des Volkes und folgten darin englischen Vorbildern. Doch fanden seine Vorstellungen ihren vollkommensten Ausdruck in der Art und Weise, wie er die ihm anvertrauten Kunstsammlungen ausbaute – durch Ankäufe und vor allem durch Aufträge. In seiner Person wurde der Museumsmann zum Mäzen im ursprünglichen Sinne, der, wie ehedem die kirchlichen oder fürstlichen Auftraggeber, mitgestaltend in die Entwicklung der Kunst einzugreifen suchte. Durch gezielte Aufträge, die er an ausgewählte Künstler vergab, wollte er diese in ihrem persönlichen Schaffen, mehr aber noch den Fortschritt der Kunst im Gesamten und den Geschmack des Publikums im Allgemeinen fördern. Er appellierte dabei bewußt und naiv an die Heimatliebe und den Lokalstolz seiner Mitbürger. Freilich war der Widerhall auf diese hochgemute Bemühung anfangs mehr als zwiespältig, was sich besonders bei den Werken äußerte, die er bei Liebermann bestellte. Doch ließ sich Lichtwark nicht durch gewisse böswillige Kritiker entmutigen, die nicht nur in seiner Vaterstadt auftraten. Mit hartnäckiger Treue stand er zu seiner Idee und zu »seinen« Künstlern. Lange Zeit galt der Saal der Kunsthalle, in der er die solchermaßen gesammelten Werke, die »Bilder aus Hamburg«, wie er sie nannte, vereinigte und planmäßig vermehrte, im Volksmund als die »Schreckenskammer« des Instituts. Lichtwark vergab seine Aufträge zwar auch an heimische Künstler wie Thomas Herbst und an den ihm eng verbundenen Grafen Kalckreuth, vor allem aber an auswärtige, später auch an ausländische, namhafte Vertreter der »neuen Richtung«, so wie er sie als 1852 Geborener verstand: Trübner, Kuehl, Slevogt und Corinth, Uhde, Skarbina und Ludwig von Hofmann, dazu Bonnard und Vuillard. Seit ihn Bode zum Ankauf der ›Netzeflickerinnen‹ angeregt hatte, stand er mit Liebermann als der führenden Künstlergestalt in diesem Kreise in immer persönlicher werdendem Gedanken-

74 *Kirchenallee, 1890, Pastell, Hamburg*

austausch, der sich auf Grund der verwandten Temperamente zu selten glücklichem Verhältnis von wechselseitigem Geben und Nehmen entwickelte, wie die Korrespondenz zwischen den beiden Männern belegt[95]. Wenn Liebermann in jenem Nachruf auf den Freund dessen Wort »Talent ist Charakter« zur Einleitung zitierte, meinte er wieder im Grunde auch sich selbst.

Es fing vergleichsweise harmlos an. Auf Lichtwarks Anregung schuf Liebermann im Jahre 1890 das bildmäßig durchgeführte Pastell der ›Kirchenallee‹, das in topographischer Treue und in Hamburgischem Grau – trotz der Sonnenflecken – ein typisch Liebermannsches »Baum-Bild« darstellt. Das Hamburger Dienstmädchen in seiner überlieferten Tracht mit Haube und Schürze, dazu dem Einkaufskorb am Arm, daneben der Zylinderherr – auf dem Weg zur Börse? – betonen den Lokalcharakter. Lichtwark war begeistert, auch einige Mitglieder der Museumskom

mission; indessen zog sich der Ankauf als »Geschenk Hamburgischer Kunstfreunde« bis zum Jahre 1893 hin. Ein stilles Werk dieser Art galt also dort und damals noch als avantgardistisch und nicht ohne weiteres eingängig. Schlimmer sollte es mit dem nächsten Schritt werden, als Lichtwark das Bildnis des allseits verehrten und weit über Hamburg hinaus geschätzten Bürgermeisters Carl Friedrich Petersen bei Liebermann bestellte. Der Darzustellende war 1891 ein Zweiundachtzigjähriger, der schon im Jahr darauf starb. Es war das erste offizielle Bildnis, das der Künstler zu schaffen hatte, nachdem alle vorher entstandenen Porträts seiner Hand aus verwandtschaftlichen oder doch sehr persönlichen Beziehungen hervorgegangen waren: die Familienbildnisse, der Sachs und einige Bildnispastelle und -zeichnungen (darunter ein meisterlicher erster Bode), Werke, die sich nur zum Teil genau datieren lassen wie auch der Hauptmann. Doch war er durch seine großen Figurenbilder

95

95

75 *Bildnis Bürgermeister Petersen, 1891, Gemälde, Hamburg*

– die ›Netzeflickerinnen‹ hingen schließlich seit mehreren Jahren in Hamburg – längst als Menschenmaler ausgewiesen. Er hatte den alten Herrn im »Habit«, im Ornat der Hamburgischen Senatoren mit Pelz, Halskrause, Kniehose, Schnallenschuhen und großem Hut in der Hand darzustellen – und er malte ein offenbar äußerst ähnliches, ein realistisches Menschenbild eines Mannes, der gewiß nicht mehr zu den Jüngsten zählte und einige Merkmale seiner Jahre in Haltung und Gesichtsausdruck, wie in natura so im Abbild, nicht verbarg[96]. Es ist ein Bild der Würde und auch der menschlichen Zuwendung geworden. Daß darin überdies ein Ton von Mummenschanz, von unangemessener Verkleidung, zu spüren ist, lag zumal am Auftrag selbst, natürlich aber auch an der nüchternen Darstellungsweise der Figur vor dem kahlen, grauen Vorhang, auf dem das ins Schummrige verfremdete Hamburger Stadtwappen in der rechten oberen Bildecke als ein seltsam irreales Obendrein erscheint. In diesem winzigen Detail spricht sich im Grunde das Widersinnige des ganzen Unterfangens aus, eine Gegenwartsgestalt in den historischen Formeln des barocken Standesporträts wirklichkeitsgetreu wiederzugeben, ohne sich dabei der altmeisterlich historisierenden Bildklischees etwa eines Lenbach zu bedienen. Die Hamburger, die Familie des Bürgermeisters und also auch dieser selbst, waren entsetzt. So entsetzt, daß das Bild nicht in der Galerie des Museums aufgehängt werden durfte. Auf dem Sterbebette noch nahm Petersen seinem Nachfolger Heinrich Burchard das feierliche Versprechen ab, daß dies nie geschehen dürfe. So wurde es ins Kupferstichkabinett des Museums verbannt und hinter einem Vorhang versteckt, bis Liebermann es – wahrscheinlich nur pro forma – 1905 leicht übermalte; daraufhin fühlte sich Burchard als Präses der Kommission der Kunsthalle an jenes Versprechen nicht mehr gebunden: das Bild konnte nun in der Galerie gezeigt werden, und man gewöhnte sich daran, in diesem noblen Stück realistischer Bildniskunst den Dargestellten wiederzuerkennen. Doch ist hervorzuheben, daß das Werk schon bei seiner ersten Ausstellung in Berlin bei der ›Vereinigung der XI‹, dann zumal in Paris[97] und endlich in München, außer einigen damals noch üblichen Verdammungsurteilen, ausgesprochen Zustimmung fand: »Das ist ein ernstes Stück, die Arbeit eines Mannes, der allem Kleinlichen und Nebensächlichen aus dem Wege geht, der nicht beschönigt und schmeichelt, sondern unerbittlich studiert und der Natur in all ihrem Reichtum nachspürt, darum wird er herb mitunter, fast nie anmutig, doch bleibt er immer Künstler.«[98] Lichtwark sah in Liebermann schon damals den kommenden »Bildnismaler der Nation«.

Indessen war man gezwungen, die nächsten Schritte bei der Verwirklichung der Porträts für die »Bilder aus Hamburg«, jedenfalls was Liebermann anging, hinauszuzögern. Erst im Jahre 1905 kam es zum Auftrag für das ›Bildnis des Freiherrn Alfred von Berger‹, des Direktors am Hamburger Deutschen Schauspielhaus: ein meisterliches Beispiel der spontanen Erfassung eines Temperaments und der ebenso spontanen, malerischen Niederschrift ist daraus geworden, das Vorbild des bewunderten Frans Hals nicht zu übersehen. Liebermann nahm hier auf, was er in seiner Jugend studiert und was er 1902 im ›Bildnis Georg Brandes‹ zum ersten Mal wahrhaft kongenial verwirklicht hatte. – Die anderen Einzelbildnisse für den Hamburger Saal seien weiter unten im Zusammenhang mit der übrigen Bildniskunst des Malers kurz betrachtet. – Besonderes Gewicht aber sollte, für Lichtwark wie für den Künstler gleichermaßen, das große Gruppenbildnis des ›Hamburgischen Professorenkonvents‹ von 1906 gewinnen – das »Doelenstück«, der »Porträt-Massen-Mord«, den er in seinem Brief an Wilhelm Bode im Vorjahr von Amsterdam aus apostrophiert hatte. Kurze Zeit vorher hatte der Graf Kalckreuth in Lichtwarkschem Auftrag ein Gruppenbildnis der Hamburger Gerichtspräsidenten vollendet. Der Kunsthallendirektor und Pädagoge ging planmäßig vor und suchte seine Aufgaben schrittweise zu steigern. Beide, der Auftraggeber und sein Maler, bezogen sich bei diesem so großen wie schwierigen Unternehmen erklärtermaßen auf die holländischen Urbilder des Kompositionstypus, dem der Wiener Kunsthistoriker Alois Riegl nicht lange zuvor eine erste systematische und wegweisende Untersuchung gewidmet hatte[99]. Außerdem verfolgte Lichtwark gerade mit diesem Bilde hamburgischer Wissenschaftler ausgesprochen lokale, bildungspolitische Ziele, die mit der intendierten Gründung einer Universität in der Hansestadt im Zusammenhang standen. Die verschiedenen Direktoren wissenschaftlicher Institute, die seit 1883 gehalten waren,

76 *Professorenkonvent, 1906, Gemälde, Hamburg*

regelmäßig öffentliche, volksbildende Vorlesungen im Auftrage der Oberschulbehörde zu halten, sind bei einer ihrer Zusammenkünfte abgebildet – Liebermann konnte einmal an einer solchen teilnehmen. Eindeutig ist der am rechten Bildrande postierte Justus Brinckmann, Gründungsdirektor des Museums für Kunst und Gewerbe, dazu Lehrer und vielfältiger Anreger Lichtwarks, die führende Gestalt im Kreise der würdigen Herren. Seine massige Gestalt, der redende Gestus seiner Rechten auf dem Tisch, vor allem sein sprechender Blick verleihen ihm sein beherrschendes Gewicht innerhalb der Gesprächsrunde wie innerhalb der Komposition der vielfigurigen Szene. Diese nimmt beinahe wörtlich die Bildordnung der Rembrandtschen ›Anatomie des Dr. Tulp‹ im Mauritshuis in Den Haag auf, darin ebenso der rechts Dozierende dem Kreis der von links her dem Thema Zugewandten – dort sind es sieben, hier acht mehr oder weniger aufmerksam Lauschende – das Gegengewicht hält. Bücherregale und Sammlungsschränke bilden den Hintergrund für das figürliche

V 11b

Arrangement – im allgemeinen verzichtete Liebermann bei seinen Einzelbildnissen, mit wenigen Ausnahmen, auf nähere Kennzeichnung der jeweiligen Räumlichkeit und setzte oder stellte seine Figuren vor neutralen, meist lichtgrauen Grund. Nicht zufällig entsteht in diesem Falle eine gewisse Helldunkelwirkung, die dazu dient, die vielen, genau charakterisierten Personen in eine Ordnung zu zwingen, ohne sie jeweils in ihrer Gewichtung zu beeinträchtigen, womit bekanntlich das grundsätzliche Problem eines jeden Gruppenbildnisses, nicht erst seit Rembrandts ›Nachtwache‹, berufen ist. Demselben Problem sah sich der Nachfahre gegenüber, und er tat sich schwer damit, wie das Ergebnis zeigt. Die für ihn nicht neue Aufgabe, aus ausführlichen Einzelaufnahmen in lebensgroßen Ölstudien und Zeichnungen nach dem Modell später dann im Atelier unter Mühen ein Ganzes zusammenzufügen – es sei an das Waisenmädchenbild erinnert –, erwies sich auch hier als schwierige Klippe, die er nur gewaltsam überwand: auf Kosten des Ausdrucks und der Frische, welche jene Einzelstudien besaßen, die Lichtwark zur visuellen Bildung seines Publikums hinzuerwarb und neben das große Bild hängte. Wie ernst es Liebermann bei seiner Aufgabe war, geht aus der von ihm selbst bestätigten Tatsache hervor, daß er eigens nach Amsterdam fuhr, um seine Bemühung in naivem Vergleich an Rembrandts ›Staalmeesters‹, dem späten Gruppenbildnis des Meisters, zu messen. Von dessen Komposition ist indessen in Liebermanns Bild nur wenig zu entdecken. Zwar verzichtete er hier, seinem Auftrag gemäß, auf eine historische Kostümierung mit Talaren oder ähnlichem wie beim Petersen, doch haftet dem Ganzen auch ohne eine Verkleidung in wörtlichem Sinne etwas Hybrides von »lebendem Bild« an. Die Frage ist nicht abzuweisen, ob nicht doch Lichtwarks festgelegte und den Künstler festlegende Ideen einer reinen künstlerischen Lösung im Wege standen. Andererseits ist zu beobachten, daß dessen Einfluß auf ein begrenzteres Talent wie Kalck-

78 *Professor Adolph Wohlwill, 1906, Kreide, Hamburg*

77 *Bildnis Justus Brinckmann, 1906, Radierung*

reuth gelegentlich günstigere Wirkung getan hat als auf den zwar wohlmeinenden, im Grunde aber schwierigeren, eigenwilligeren Liebermann.

Die schönste, die glücklichste Frucht, die die »Hamburgische Dramaturgie« des Kunsterziehers bei unserem Meister hervorgerufen hat, ist ohne Zweifel ein Landschaftsbild, die ›Terrasse im Restaurant Jacob in Nienstedten an der Elbe‹, die Liebermann im Jahre 1902 schuf, als ihn die Kommission für die Verwaltung der Kunsthalle auf einige Wochen in dieses Gasthaus an der Elbchaussee eingeladen hatte, damit er dort nach seinem Gusto arbeite. Eine Reihe zauberhafter Pastellbilder vom Fluß – Studien und mehr –, vom Godefroyschen Landhaus, dazu die ›Polospieler in Jenischs Park‹[100] und, eben als wahres Hauptwerk, die Ansicht der Terrasse am Strom waren das reiche Ergebnis. Gewiß riet Lichtwark auch hier, empfahl gewisse Motive, die sich in der Tradition lokaler Topographie oder auch typischer Sportbilder des Jahrhunderts hielten. Doch fühlte sich Liebermann offensichtlich frei von allen Zwängen über-

T30

66, 79, 80

99

79 *Das Godeffroysche Landhaus in Nienstedten, 1902, Kreide*

mächtiger Vorbilder. Auch verzichtete Lichtwark darauf, ihm Bilder aus der Hamburger Arbeitswelt anzudienen, wie er dies bei Kalckreuth oder Skarbina getan hatte, Darstellungen, die doch Liebermanns früheren Neigungen entsprochen hätten, nun aber nicht mehr sein Interesse fanden. So entstanden in den Hamburger Landschaften Huldigungen an ein »Hamburg als Lebensform«, weniger als »geistige« denn als gesellschaftlich-sinnliche des prosperierenden Bürgertums, eine Lebensform, die dem nun erfolgreichen und wohlhabenden Maler als wesensverwandt begegnen mußte. Über seine Mutter, eine geborene Haller, hatte er außerdem hamburgische Verwandtschaft und fühlte sich also bei dieser gewissermaßen zu Hause. Das Weltläufig-Lässige des hanseatischen Umgangsstils, der von England her mitgeprägt war, eine nüchterne Eleganz im Auftreten und im Wohnen, ohne jene berlinisch-neureiche Beimengung des Wilhelminischen, mußten dem Liebermann biedermeierlicher Herleitung sympathisch sein. So ist das Jacob-Bild, wie nicht anders die ›Papa-

geienallee‹, deren Lebensschilderung und deren Farbcharakter es beinahe wörtlich übernimmt, ein reines Kunstwerk *und* ein klassisches Dokument der Epoche geworden – einer Zeit und einer Welt, die über das Lokale hinaus ihren sagenhaften Glanz als »das alte Europa« bis heute bewahrt haben, weil ein Liebermann, neben wenigen anderen Künstlern, dessen Bild für immer geprägt hat, ein Bild, in dem nicht zuletzt auch ein Ton von Bescheidenheit mitschwingt.

Der 1910 entstandene ›Abend am Uhlenhorster Fähr- T 42, 20 haus‹, die Sommer-Sonnen-Ferienszene an der Hamburger Außenalster, stellte sich eine ähnliche Aufgabe. Wenn dort aber ein typisches Liebermannsches »Baum-Bild« mit der bekannten Raumgasse zwischen den Stämmen und dem durchleuchteten Laubdach darüber, dazu mit *wenigen* Figuren gegeben war, wenn dort bei aller malerischen Skizzenhaftigkeit im Physiognomischen sehr deutlich Individualitäten geschildert wurden, die stellvertretend für eine Gesellschaftsschicht zu nehmen sind, stellte sich für den Künstler hier wiederum, doch anders als beim ›Professorenkonvent‹, das formale Problem der *Vielen*, das sich indessen zugleich zum inhaltlichen Problem der bewegten anonymen Menge, wenn auch noch nicht der Masse, erweiterte. Individuelle, gar bildnishafte Züge sind jedenfalls nirgends gemeint – fast gesichtslos erscheinen auch die beiden Gestalten im vordersten Ruderboot. Was in seiner hellen, beinahe farblosen Farbigkeit wie eine rasche Impression des schönen Augenblicks erscheint und erscheinen sollte, war, im Gegensatz zur Jacob-Terrasse, erst das elaborierte Ergebnis vielfältiger Versuche und Vollzüge. Aus zahlreichen Vorarbeiten am Ort – in Pastellen oder in Kreidezeichnungen, dazu auch Bootsstudien am Berliner Wannsee – wuchs nach und nach im Berliner Atelier in Skizzen und verschiedenen Fassungen die eigentliche Version – eine letzte Formulierung wurde erst ein ganzes Jahr später vollendet. Nicht zufällig erinnert das Bild in seiner kreidigen Oberflächenstruktur an die ›Badenden Knaben‹, die das Freilichtthema nicht anders fern vom Naturvorbild entwickelt hatten. – Hamburg als Lebensform? Trotz der Stadtsilhouette am Bildhorizont und der topographischen Authentizität des Ganzen ist dem Künstler sein Bild ein wenig ins Allgemeine, ins Beliebige geraten. Der Blick zurück auf die Jacob-Terrasse, aber auch der Blick auf die meisterlichen, einschlägigen Pastelle offenbaren die deutliche Diskrepanz zwischen dem impressionistischen Programm

80 *Polospieler, 1902, Feder, Privatbesitz*

und einer zu langwierigen Realisation, der hier überdies die tragende Kraft der zeichnerischen Struktur nicht so wie sonst zugrunde liegt[101].

Bildnisse

Lichtwarks Wort vom »Bildnismaler der Nation« war ursprünglich eher Ausdruck eines Wunsches als Feststellung eines Faktums gewesen. Zu verbreitet waren anfangs die Widerstände gegenüber diesem »Apostel des Häßlichen« – wer wagte es schon, sich seinem indiskreten, kritischen Blick zu stellen? So waren die wenigen frühen Bildnisse, von den familiären Dingen einmal abgesehen, fast ohne Ausnahme bedeutende Dokumente besonderer, persönlicher Beziehung zwischen den Dargestellten und dem Darstellenden, mag es sich dabei von Fall zu Fall auch bereits um veritable Aufträge gehandelt haben. Doch wußten die Auftraggeber oder »Opfer« zumeist, auf welches Abenteuer sie sich dabei möglicherweise einließen. Der menschlich-private Aspekt stand jedenfalls bei den Porträts der neunziger Jahre häufig im Vordergrunde – maßvolle Repräsentation war allenfalls bei der Bode-Zeichnung von 1890 oder bei der Fontane-Lithographie von 1896 gefordert und gemeint. In den 3 übrigen, nicht so sehr zahlreichen Fällen scheint es jeweils zu wirklichem Gespräch zwischen dem Modell und dem Maler bzw. dem Zeichner gekommen zu sein – so bei dem Hauptmann-Pastell oder bei den 54 Künstlerbildnissen im engeren Sinne, beim Uhde, den beiden Grisebachs, dem Italiener Veruda, sogar beim Corinth. Aber auch hier – im bedeutendsten 63 Falle bei der Fontane-Zeichnung – wahrte der Künstler, wie wir gesehen haben, jene Distanz, die für seine Menschendarstellung sogar von nahen Freunden und von Familienangehörigen auch künftig charakteristisch bleiben sollte. Indiskret war sein Blick allenfalls gegenüber den äußeren Merkmalen einer Physiognomie, die er genau und unvoreingenommen studierte, nicht aber gegenüber den Eigenschaften oder gar den Abgründen der Psyche.

Trotz des anfänglichen Mißerfolgs, der dem Petersen- 75 Bildnis in Hamburg beschieden war, sollte dieser Auftrag und sein schon bald positiver Widerhall außerhalb der Heimatstadt des Dargestellten den Beginn seiner ursprünglich ganz unerwarteten Karriere als Porträtist markieren. Insofern hatte Lichtwark mit seinen Ideen im allgemeinen und auch mit seiner Einschätzung Liebermanns recht gehabt. Ohne Frage ist ihm und seiner damals kühnen Initiative, weit über alle hamburgischen Kunsthallen-Aufträge hinaus, jene stolze Reihe von Bildnissen aus der Berliner, der deutschen Geisteswelt zu danken, eine Ikonographie, in der eine Generation um den Ersten Weltkrieg sich selber erkannte. Andererseits kam es durch die Anregungen des Hamburgers in der weiteren Folge zu einer gewissen Inflation an Porträt-Aufträgen für den Künstler und damit in etlichen Fällen zu einer Verdünnung seiner Menschendarstellung ins Formelhafte und Oberflächliche. In diesem Zusammenhang muß noch einmal der kritische Georg Schmidt zitiert werden: »Vor allem aber wird Liebermann von 1904 an zunehmend der Porträtist der Berliner Gesellschaft. Beide Seiten sind sich einen Schritt entgegengekommen: Liebermanns Pinsel ist geschmeidiger geworden, ohne dabei seine Schmissigkeit einzubüßen. Und die Dargestellten haben gelernt, gerade in Liebermanns nüchterner, angriffiger Malweise den aufrichtigen Ausdruck ihres eigenen nüchternen, angriffigen Wesens zu sehen. Wir sind im kaiserlichen Berlin in der Zeit vor dem Ersten Weltkrieg! Alle diese Oberbürgermeister, Direktoren, Professoren, Kommerzienräte, Geheimräte, Justizräte, Barone, zuletzt noch die feldgrauen Generäle des Ersten Weltkriegs – man erschrickt förmlich ob so vieler Gewöhnlichkeit und Grobschlächtigkeit hinter so glänzenden Titeln. Der kultivierteste, geistigste Kopf ist der jetzt auch häufig gemalte eigene Kopf Liebermanns. Aber als geschichtliches Dokument sind die Bildnisse des späten Liebermann von unschätzbarem Wert.«[102] Ohne im einzelnen auf die verschiedenen Berufe und Titel eingehen zu wollen, muß dagegen gefragt werden: »Gewöhnlichkeit und Grobschlächtigkeit« – beim Adickes oder beim Burchard, beim Linde oder beim Rathenau (Vater und Sohn), beim Tamm oder beim Wolde, beim Lichnowsky oder beim Bodenhausen? Und wie sieht es damit dann aus beim Bode oder beim Friedländer, beim Brandes oder beim Elias, beim Scheffler oder bei S. Fischer, bei Gerhart Hauptmann oder Richard Dehmel, bei August Gaul und Thomas Mann, bei Hermann Cohen und Richard Strauss, bei Gustav von Bergmann und Ferdinand

85, 89, 91
191, 82, 123
84, 83

60, 61, T 31
59, T 45, 55
87, 134, 81
86

T 49

Sauerbruch? Billigerweise sollten übrigens die zeichnerischen und nicht zuletzt die druckgraphischen Versionen dabei mit zu Rate gezogen werden. Bildnisse und gerade auch die Liebermanns haben es mit den je einzelnen zu tun. Daß unter diesen, auch unter denen nach etlichen seiner Glaubens- und späteren Schicksalsgenossen, mehrere mit banalen, vielleicht sogar »gewöhnlichen« oder »grobschlächtigen« Gesichtszügen sind – wer wollte dies leugnen? Es ist aber wohl nötig, genauer hinzusehen. Über den »eigenen Kopf Liebermanns« soll weiter unten gesprochen werden.

T 31

Als Liebermann im Jahre 1902 das ›Bildnis des dänischen Kritikers und Literarhistorikers Georg Brandes‹ malte, schuf er das erste Männerbildnis seines ureigenen Typs, in dem auch jene Eigenschaften seiner Porträtkunst exemplarisch vorgebildet sind, die er späterhin gelegentlich zur bloßen Darstellungsformel entwerten sollte: Hüftstück oder Brustbild, im ersteren Falle mit mehr oder weniger genau charakterisierten, häufig weisenden, argumentierenden Händen, kaum nähere Differenzierung des meist dunklen Bürgerrocks mit Ecken- oder Umlegekragen und dunklem Schlips – die feldgraue Uniform ist nun wirklich die bloße Ausnahme! – das eindeutige Hauptgewicht erhält jeweils der meist in Vorderansicht gegebene Kopf in modellierendem Seitenlicht vor gewöhnlich neutralem Grund, der hellen Atelierwand. Eine Andeutung irgendeines Interieurs kommt kaum jemals vor. Die bloße Aufzählung dieses äußerst bescheidenen Requisitoriums macht im Angesicht des Urbildes dieses Typs, eben des Brandes-Porträts, deutlich, mit welcher malerischen Intensität und welchem künstlerischen Elan Liebermann hier sein Modell angegangen ist. Die Halsische Diktion in Handwerk und Menschenerfassung ist ganz zum persönlichsten Ausdrucksmittel geworden – gegenüber einem sprühenden Temperament, von dem der Maler sich im Dialog offensichtlich auf seinem ureigenen Felde des Bonmots und der Sottise herausgefordert fühlte. Dieser Mann ist in direkter Rede begriffen, und die nur skizzenhaft gegebenen, dazu – à la Degas – vom Bildrahmen angeschnittenen Hände scheinen ihrerseits im Reden zu zucken. Am 14. Oktober 1900 schrieb Liebermann an den Kritiker Franz Servaes: »... eben war Georg Brandes ein paar Stunden bei mir, und wenn Sie, wie ich annehme,

81 *Bildnis Hermann Cohen, 1912, Kaltnadelradierung*

82 *Bildnis Emil Rathenau, 1908, Gemälde*

84 *Bildnis Georg Wolde, 1907, Gemälde, Privatbesitz*

83 *Bildnis Eberhard von Bodenhausen, 1916, Gemälde*

85 *Bildnis Oberbürgermeister Dr. Adickes, 1911, Gemälde,*
Frankfurt a. M.

86 *Bildnis Richard Strauss, 1919, Lithographie*

87 *Bildnis August Gaul, 1920, Radierung*

88 *Bildnis Wilhelm v. Bode, 1909, Lithographie*

39 *Bildnis Bürgermeister Dr. Burchard, 1911, Radierung*

90 *Bildnis Georg Brandes, 1902, Gemälde (Detail), Bremen*

91 *Bürgermeister Dr. Burchard, 1911, Gemälde, Hamburg*

den kennen, wissen Sie, was wir da Kunst geschwatzt haben. Übrigens der amüsanteste Kerl, nur möchte ich ihn nicht als Feind haben.«[103] Ob es damals schon zum Bildnisplan oder gar zu der genialisch spontanen Kohlezeichnung gekommen ist, läßt sich nicht feststellen, tatsächlich aber bewahrt das spätere Ölbild die ganze Frische einer ersten Begegnung mit dem von Geist und Energie Sprühenden. Der Vergleich mit der gezeichneten Vorstudie macht den Betrachter überdies nachdrücklich auf eine grundsätzliche Qualität der Liebermannschen Bildnisse aufmerksam: auch und gerade in den *gemalten* Porträts, mag ihnen auch nicht in jedem Falle eine derartige Präparation voraufgegangen sein, hat die *Zeichnung*, die gezeichnete Farbe, der Pinselstrich, den Georg Schmidt nicht ganz zu Recht als »Schmissigkeit« apostrophierte, wesentliche Funktion als Träger von Form und physiognomischem Ausdruck, von »Karikatur«, wenn man dieses Wort einstweilen im Sinne des Bildnisspezialisten Ingres begreift. Dies aber macht ver-

ständlich, weshalb Liebermann kein Frauenmaler, kein Porträtist junger Frauen geworden ist: er charakterisierte, er chargierte, er zeichnete zu scharf und wollte sich auch als Maler mit den farbigen Schwebungen der zarten Haut, des Fleisches nicht begnügen. Nur seiner eigenen Frau oder seiner Tochter gegenüber gelang es ihm, in Malerei und Zeichnung gleichermaßen, den sinnlichen Zauber der Erscheinung auf Kosten jener forschenden Beschreibung von physiognomischen Einzelzügen vorwalten zu lassen.

Es kann nicht die Aufgabe dieser Untersuchung sein, in eingehender Beschreibung dem Bildniswerk Liebermanns in allen seinen Ausprägungen und Möglichkeiten nachzugehen, den Hamburger Bildern mit dem Berger, der das Darstellungsprinzip des Brandes beinahe ins Monumentale steigert, dem Dehmel mit seiner eindringlichen, anredenden Zuwendung an den Betrachter, dem dozierenden, predigenden Naumann, bis zum ganzfigurigen, reservierten Bür-

106

92 *Bildnis Frau Biermann, 1907, Gemälde, Privatbesitz*

93 *Bildnis Frau Leder, 1922, Gemälde*

wache Haltung und Resignation, Wärme und leise Müdigkeit scheinen zu selbstverständlichem, zeitlosem Ausdruck gelebten Lebens vereinigt. Demgegenüber betont die Frau Leder, auch durch das Ambiente von Polsterbank und schwellenden Kissen, das wahr- 93 scheinlich ebenso ähnliche wie penetrante Bild einer Mondänen aus den zwanziger Jahren – das Zeitgebundene nun, die »Karikatur«, doch weniger im übertragenen Sinne Lichtwarks oder auch Ingres' überwiegt.

Aus den späten Jahren des erfolggewohnten Routiniers im Bildnisfach heben sich zwei außerordentliche Porträts nach bedeutenden Männern heraus, der Physiker Warburg von 1923 und der Chirurg Sau- 94, T 49 erbruch von 1932. Das erstere hält sich in Bildausschnitt, breitem Malwerk, Art und Behandlung der Gewandpartien und des Hintergrunds durchaus im Rahmen dessen, was durch den Brandes ein für allemal vorgegeben schien als ein stets praktikables Darstellungsschema, mit dem ein Modellsitzender in jedem Falle angemessen, rasch und günstig zu erfassen war. Doch wächst dieses Menschenbild über alles Schematische und oft Geübte hinaus durch einen schonungslosen Wirklichkeitswillen, mit dem der völlig unverbindlich sich Gebende, blinzelnd an seinem Gegenüber – dem Maler oder dem Betrachter – Vorbeiblickende, gepackt ist: wie auch die schweren gichtigen Hände künden, ein Greis, dem die hiesigen Dinge eitel geworden sind. Davon hat Liebermann sonst nur in dem einen oder dem anderen Selbstbildnis etwas *ahnen* lassen – hier wird es rückhaltlos ausgesprochen. Diesen Abweisenden steht der Sauerbruch als ein wieder und neu dialogisches Bildnis gegenüber: in unmittelbarstem und ernstestem Blickkontakt mit dem Maler sitzt der Dargestellte im weißen Arztkittel auf dem nur eben angedeuteten Mahagonistuhl. Alles scheint rasch und spontan niedergeschrieben, skizziert in weithin dünner, fast aquarellhaft wirkender Farbe, und strahlt doch, wie kaum eines der Bildnisse sonst, Sammlung und Ruhe aus. Liebermann war fünfundachtzig Jahre alt, Sauerbruch ein Menschenalter jünger. Alle Wachheit des Modells (und des Malers) ist darin und die leise Trauer dessen, der in das Leben der Menschen mehr und tiefer hineingesehen hat als andere – und auch diese Dimension war beiden Dialogpartnern in eben dem Maße nun eigen[105].

91 germeister Burchard, der ein wenig die Mühe des Posierens zu erkennen gibt – und endlich mit dem
55 nonchalanten Hauptmann, mit den Händen in den Hosentaschen, in dem Lichtwark »eine neue Art von Monumentalität« zu erkennen meinte, »die nicht eine verstorbene Monumentalität galvanisiert, sondern wie die Caricatur großen Stils (die ich *jeder* Monumentalmalerei gleichsetze) – aus der Natur herausgerissen« scheine. Als noble Beispiele für die lebendigste Erfassung menschlicher Präsenz seien aus der großen Zahl der erwähnenswerten übrigen Männerbildnisse nur noch der Bode von 1904, der Fürst Lichnowsky von 1905, der Gutmann von 1907 oder der Tamm aus demselben Jahre, nicht zuletzt aber der Strauss vom April 1918, hervorgehoben, sämtlich Werke, in denen sich zugleich Liebermanns Fähigkeit zum Distanzhalten auf je verschiedene Weise manifestiert[104]. Unter den Frauenbildnissen ragt das der alten Frau Biermann von 1907/08 hervor:

94 *Bildnis Professor Otto Warburg, 1923, Gemälde*

Die Liebermann-Anekdoten um das Porträtmalen sind zahlreich: »Een Wort und ick mal Se ähnlich!« oder: »Ick hab Se viel ähnlicher jemalt, als Se überhaupt sind.« Solche witzigen Zuspitzungen hatten auch Abwehrfunktion; sie offenbaren die Scheu eines Menschen, dem bei aller intellektuellen Schärfe eine dünne Haut gegeben war.

Die Selbstbildnisse

Als Neunzehnjähriger, 1866, in eben dem Jahr, da er sein Abiturientenexamen machte, hat sich Max Liebermann, soweit wir wissen, zum ersten Mal selbst porträtiert. Ein liebenswürdig-eindringliches, ohne Frage sehr ähnliches Bildnis des glutäugigen, mit üppiger, gescheitelter Lockenmähne gezierten Jünglings ist daraus geworden, im zeitüblichen Oval, das ein entsprechendes Bildnis seines Bruders Felix zum Gegenstück hatte – wahrscheinlich ist der kritische

Vater mit diesen beiden Talentproben des jungen Mannes noch einverstanden gewesen[106]. Fünf Jahre darauf demonstrierte der Schüler der Weimarer Kunstschule sein gewachsenes Können in einem aufwendigen, beinahe monumentalen »Küchenstück« nach vlämischem Vorbild, darin er selbst zwischen überdimensionierten Gemüsen, Korb und Kessel als lachender, aus dem Bilde herausgrüßender Koch mit einer Papiermütze auf dem Kopf posierte – ein Atelierscherz, ein kurioses Kunststück mehr als ein Kunstwerk[107]. – Dann sollte es ein ganzes Menschenalter bis 1902 dauern, ehe er sich wieder vor den Spiegel setzte, um sein rassiges Gesicht und seine knappe Gestalt in einem Hüftstück abzubilden: ein sorgfältig gemaltes, scharf und gelassen charakterisierendes Bildnis entstand – ursprünglich noch nicht einmal aus eigenem Antrieb. Denn die Porträtgalerie der Florentiner Uffizien hatte wissen lassen, daß sie das Konterfei des berühmt gewordenen Deutschen besitzen wolle – ein ehrenvolles Begehren. So gab sich Liebermann würdig und selbstbewußt, nach rechts sitzend, den leicht geneigten, kahl gewordenen Kopf dem Beschauer fast bis zum Enface zugewandt – ruhig, prüfend der Blick. Schon mit diesem Bilde hatte er die für seinen Kopf typische, klare Darstellungsformel gefunden. Er selbst schätzte das Resultat so hoch ein und fand es offenbar so treffend, daß er es im Jahr 1906 in nicht weniger als drei einander sehr ähnlichen Radierungen nach Komposition und Ausdruck beinahe wörtlich wiederholte[108]. Bemerkenswert ist die deutliche Reserve des Malenden oder Zeichnenden sich selbst gegenüber, wodurch sich die Darstellung in Handschrift und Ausdruck sehr erheblich von der provozierenden Spontaneität des aus demselben Jahre stammenden Prototyps des »Fremdporträts«, des Brandes nämlich, unterscheidet. Das Ölbild kam damals übrigens nicht nach Florenz, sondern in die bedeutende Dresdener Liebermann-Sammlung Rotermundt[109]; die Italiener erwarben 1908 eine spiegelbildliche Fassung des hier wiedergegebenen Kölner Bildes, in dem er sich unmittelbar beim Malen, an der Staffelei stehend, abbildete. Von jener 1902/03 zu datierenden, ersten ernsthaften Selbstdarstellung an hat Liebermann, nicht selten in dichter Folge, bis zum Jahre 1934 zahlreiche Selbstbildnisse geschaffen, darunter etliche auch auf Bestellung, mehr doch aus eigenem Antrieb: meist

95

96

95 *Selbstbildnis, 1906, Radierung*

lebensgroße Hüft- oder Kniestücke anspruchsvollen Formats, dazu etliche kleinere Brustbilder – Gemälde, Pastelle, Zeichnungen und nicht wenige Radierungen oder Lithographien, die ihrerseits häufig beinahe wörtlich auf vorausgehende Gemäldefassungen zurückgriffen. Trotz dieser großen Zahl von Werken des Themas, die sich über dreißig lange Jahre seines Lebens ziemlich gleichmäßig verteilen, hat der Betrachter vor diesen zu gutem Teil schönen und bedeutenden Menschendarstellungen nicht den Eindruck, er begleite den Künstler auf einem Lebensweg mit Höhen oder denkbaren Tiefen – so ähnlich bleiben sie sich über Jahre hinweg untereinander, so zurückgenommen im Ausdruck bleiben sie bis ins Alter. »Ich bin in meinen Lebensgewohnheiten der vollkommenste Bourgeois; ich esse, trinke, schlafe, gehe spazieren und arbeite mit der Regelmäßigkeit einer Turmuhr. [...] Mein Leben war und ist Mühe und Arbeit. [...] Ich glaube, daß es kaum einen Künstler gibt, über den zu schreiben undankbarer wäre, und mir scheint darin ein Vorzug meiner Kunst. Natürlich ist es leichter, über einen zu schreiben, der alle paar Jahre mit einer anderen durchgeht oder jeden Abend in der Gosse liegt oder sonst sich genialisch gebärdet. Ohne Stürme ist mein Leben dahingegangen, wenigstens ohne äußerlich sichtbare.« Die Reihe der Selbstbildnisse scheint diese Selbstcharakteristik vollauf zu bestätigen. Nicht wie Rembrandt, wie Goya, wie aber auch seine zeitgenössischen Kollegen Corinth, Kokoschka oder Beckmann hat Liebermann eine »Selbstbiographie in sichtbarer Form« hinterlassen. Er hat sich häufig, sorgfältig prüfend und fragend, betrachtet: ernst, skeptisch, gelegentlich resignierend oder auch melancholisch, nicht »sprechend« oder geistreich, obwohl er so gern sprach und seinen Geist funkeln ließ; doch hat er auch niemals bohrend, grabend, zweifelnd die eigene Existenz oder gar den Menschen schlechthin in Frage gestellt, wie andere dies taten. Er wußte, wer er war, und war dabei, jedenfalls im Selbstbildnis, herzlich uneitel.

»Als ich den Meister kennenzulernen Gelegenheit hatte, um 1895, war er des Beifalls der Urteilsfähigen gewiß und genoß seinen Ruhm mit gesundem Appetit, war aber nichts weniger als gesättigt, stets bereit, in Angriff und Abwehr mit seiner Person für eine Sache einzutreten. – Von mittelgroßer Statur, mit scharf geschnittenen Zügen, die den Ausdruck rasch

96 *Selbstbildnis malend, 1908, Gemälde, Köln*

wandelten, zart, aber zäh, temperamentvoll, aber nicht nervös, abwechselnd gespannt zu Ruhe und wieder in zuckender Bewegung: so trat er mir entgegen, nicht ein träumender Künstler, am wenigsten ein lauschender Musiker, mehr ein Jäger als ein Angler. Mit sorgloser, unmodischer Eleganz, ganz in Schwarz gekleidet, markierte er sein Künstlertum im Äußeren nicht. Der vergeistigte Kopf schien Gedankenarbeit zu verraten, die auf Wirksamkeit gerichtete Gedankenarbeit eines Literaten oder Politikers. Mit wachem Interesse trat er dem Besucher entgegen, geneigt zu geben, minder geneigt zu empfangen, ein besserer Sprecher als Hörer. Er sprach entschieden, aber nicht fließend, mit Lust an Einfällen und paradoxen Pointen. Seine Gedanken schweiften in kühnem Bogen auf viele Gebiete, kehrten aber stets zurück zu seiner Kunst, zur Kunst, zu seinem Tun: Geist und Verstandesschärfe wurden zur Erklärung und Verteidigung einer Tätigkeit eingesetzt, die so gar nicht geistreich zu sein scheint und an der Verstandeskräfte den geringsten Anteil haben. Das etwas saloppe Herrenwesen war erfüllt von elastischer Lebenskraft,

111

97 *Selbstbildnis, 1921, Lithographie*

biegsamem Stolz, empfindlicher Laune und verfügte über gewinnende Liebenswürdigkeit wie über erkältende Zurückhaltung. So erschien mir Liebermann.« Kein Zeitgenosse hätte ihn getreuer schildern können als der Schreiber dieser Zeilen: Max J. Friedländer, der dem Geschilderten in mancherlei, nicht in jeder Hinsicht, wesensverwandt war[110]. – Die hier wiedergegebenen Photographien aus verschiedenen Lebensepochen bestätigen die Fakten seiner Physiognomie mehr, als daß sie ihnen Neues, Unerwartetes hinzufügten – offenbar hat er sich selbst ungemein getreu mit einer Objektivität gesehen, wie sie in diesem Metier als große Seltenheit gelten darf. Aufschlußreicher aber sind die Photos für das Ambiente seiner von ihm selbst geprägten, bürgerlichen Lebenswelt, die er ja auch im »Bildnis« seines Berliner Ateliers, zwar sorgsam und liebevoll im Detail, doch mit betonter Sachlichkeit wiedergegeben hat – von »musischer Atmosphäre«, vom Einblick in die

»schöpferische Werkstatt« eines »Begnadeten« oder »Erleuchteten« kann nicht gesprochen werden. So verzichten denn auch die eigentlichen Selbstbildnisse, abgesehen von Leinwand, Staffelei, Palette und Pinsel, allenfalls einigen im Hintergrund andeutungsweise erscheinenden Bildern, in der Mehrzahl auf jegliche Beschwörung von Atelierrequisiten allegorischer oder symbolischer Art, an der sich künstlerische Inspiration sonst zu entzünden hätte.

Die nicht eben zahlreichen Bildnisse, die Kollegen nach ihm geschaffen haben, ergänzen unsere Vorstellung von der Person nur wenig. Die sprechend ähnliche Büste Georg Kolbes ist im Ausdruck eher etwas weichlich – dieser gegenüber scheint mir der hier wiedergegebene Kopf von Fritz Huf fester, gesammelter, auch als plastische Form. Rudolf Großmanns psychologisierende Lithographie betont das Dämonische seines Temperaments, das ihm gewiß auch angehörte, für mein Urteil etwas zu sehr, so wie andererseits das schon 1896 gemalte Bildnis des Liebermann befreundeten Schweden Anders Zorn den brillanten Causeur auf Kosten der menschlichen Substanz überbewertete[111]. Allein Kokoschkas große Lithographie von 1923 fügt dem Bilde des Mannes einen Ton hinzu, der authentisch sein muß, obwohl oder weil er sich so nirgends in den Selbstbildnissen Liebermanns wiederfindet. Etwas Bedrücktes, Bedrängtes spricht sich aus in Blick und Haltung, als ob eine Last auf ihm läge, die der genialische Seelenleser Kokoschka vor anderen erkannt hätte[112]. Liebermann sah sich in den zwanziger Jahren von der jüngeren Generation mehr und mehr in die Rolle des antiquierten Kunstpapstes und Akademie-Präsidenten gedrängt, der allem Fortschritt feindlich gesonnen schien. Was sich in den Secessionskämpfen aus Vorkriegstagen angekündigt und in jenem Brief Emil Noldes seinen fragwürdigen Ausdruck gefunden hatte, sollte sich nun in der Republik in gewandelter Konstellation und unter etwas geänderten Vorzeichen fortsetzen. Wohl war nun die wilhelminische Reaktion auf dem Felde der Kunst mit ihrer törichten Bürokratie und den speziell gegen seine Person gerichteten kaiserlichen Launen fortgefallen, fortgefallen auch als willkommene Reibungsfläche für seine souveräne Polemik und als Quelle für einen verbreiteten Widerstand gegen den Ungeist schlechthin. Doch fand sich Liebermann zusammen mit seinen

98 *Selbstbildnis an der Staffelei, 1916, Gemälde, Bremen*

99 *Selbstbildnis mit Mütze, um 1925, Kohle, Privatbesitz*

Freunden, Paul Cassirer und Karl Scheffler zumal, einer neuen, amtlichen Kunst- und Museumspolitik gegenüber, die den Expressionismus und die diesem folgenden Kunstrichtungen oft ohne Ansehung der jeweiligen künstlerischen Qualität als einzigen, offiziellen Ausdruck der politischen Erneuerung begriff[113]. Er konnte und wollte nicht mehr über den eigenen Schatten springen, fühlte sich zeitweilig in die Enge getrieben, was in der überhitzten Auseinandersetzung mit Ludwig Justi, dem Nachfolger Tschudis in der Direktion der Nationalgalerie, auf ungute, wenig souveräne Weise in der Presse zutage trat[114]. Zwar ironisierte er sich selbst in einem weithin kolportierten Bonmot: Auf die Frage, ob er auch die anstehende Chagall-Ausstellung besichtigen wolle, gab er zur Antwort: »Nee, jeh ick nich hin; sonst jefällt mir det Zeuch noch!« Offenbar aber war er, geehrt und verehrt in der gebildeten Öffentlichkeit, zu einem anachronistischen Monument geworden, an dem die kunstgeschichtliche Entwicklung mit ihren neuen Formen und Zielen vorbeigegangen war. Sein Spätwerk, zumal das des Landschafters, enthüllt in seinen nicht ganz seltenen Schwächen die Tragik eines zu langen Abschieds. Davon wird noch zu sprechen sein. Seine Selbstbildnisse aber, diese vor allem, sind nicht Ausdruck von Altersstarrsinn, sondern in ihren besten Beispielen bewunderungswürdige Zeugnisse einer im Innersten unangefochtenen Haltung sich selbst und seiner Aufgabe gegenüber. Anachronistisch, wider die Zeitströmung gewiß, demonstrieren sie in nobelster Form die unerschütterten, künstlerischen und menschlichen Grundüberzeugungen eines Mannes, in dessen Leben »Leidenschaft und Verpflichtung« eine seltene Verbindung eingegangen sind.

Schon jene Beispiele, die noch aus dem ersten Jahrzehnt des neuen Jahrhunderts stammen, so das bedeutende Kölner Stück mit dem beim Malen erhobenen linken Arm – dem linken, weil es, wie bei ihm üblich, ein Spiegel-Selbstbildnis ist; allein in der Fassung der Uffizien arbeitete er mit zwei Spiegeln, daß seine Rechte als Rechte seitenrichtig im Bilde erscheine (beide 1908), –, dann das in Ausdruck und Malwerk direktere Bild in Saarbrücken mit dem seltenen, vollen Enface: sie sind in Hinsicht auf gleichzeitige Erscheinungen in der deutschen und der übrigen europäischen Malerei ohne Zweifel späte

100 *Selbstbildnis, 1908, Gemälde, Saarbrücken*

Dokumente eines Festhaltens am Überlieferten, am Überlebten. Der malerische Realismus oder auch der Naturalismus, sie galten endgültig als obsolet. Man denke an die späten Bildnisse und Selbstbildnisse der Paula Modersohn-Becker, an die Bildnisse Munchs, Klimts, Hodlers oder gar an die ›Gertrude Stein‹ Picassos. Und dennoch haben diese Werke Liebermanns und noch die ihnen folgenden ihr Gewicht bewahrt: das ›Bild aus Hamburg‹, das Lichtwark im Rahmen seines Programms bestellt hatte, und von dem er zu Recht begeistert war: »fascinirend, überwältigend«, schrieb er an den Maler. »Ich halte es für eines Ihrer größten Werke. Merkwürdig, daß ich eine Begleitung in Moll höre, wenn dies Auge auf mir ruht. Es ist etwas darin von dem, was in Goethes Kopf nur Schadow gepackt hat, Resignation.«[115] Und an anderer Stelle berief er »den fast schmerzlichen Ausdruck, den die Erfahrung gerade des reichsten Lebens gibt: Es ist alles eitel, es ist alles sehr eitel.«[116] Mag der heutige Betrachter einer solchen Interpretation auch nicht mehr ganz folgen wollen – der bannende

115

101 *Selbstbildnis, um 1917, Gemälde, Leipzig*

Ernst im Ausdruck des Gesichts und dies gerade im Kontrast zu der gewissen Nonchalance der Haltung mit der Hand in der Hosentasche und der Zigarette in der anderen, hat seine Präsenz bis auf den heutigen Tag bewahrt. Nicht weniger gilt dies für das Bremer Bild von 1916: wieder zeigte er sich, wie etwa in dem Kölner Bild, unmittelbar bei der Arbeit, doch fehlt die angespannte, die demonstrative Aktivität wie dort. Auch steht er im dunklen Straßenanzug, nicht im Malkittel, an der Staffelei. Abgesehen von der Palette mit den Pinseln und dem Maltuch, die er vor sich hält, ist das Nebenwerk, mit dem er sonst gelegentlich die Werkstatt markiert, auf ein Minimum beschränkt, die Schräge unterdrückt und die Senkrechte betont. »Der vergeistigte Kopf« scheint »Gedankenarbeit zu verraten, die auf Wirksamkeit gerichtete Gedankenarbeit eines Literaten oder Politikers«. 1916, mitten im Krieg – doch auch jetzt ist er ein »Unpolitischer«, »kein träumender Künstler« und gewiß keiner, der »auf der Kippe gestanden« hät-

98

te wie jener Max Beckmann[118], der sich im Jahr darauf in dem Bilde des Stuttgarter Museums als ein an der Zeit Leidender, als ein von den Schrecken des Kriegs Gezeichneter abbilden sollte. Liebermann, der Bürger, »litt« offenbar nicht an der Zeit, er stellte sich ihr auf seine Art, aufrecht und unangefochten.

Der Siebzigjährige gibt sich in dem würdigen Bilde in Leipzig, wenn denkbar, noch reservierter, vielleicht sogar konventioneller in hellgrauer, hochgeschlossener Weste zum elegant wirkenden, schwarzgrauen Anzug. Jeder Hinweis auf das Metier fehlt. Im Gesicht scheint ein spürbarer Zug jener »erkältenden Zurückhaltung« gegenüber möglicher Zudringlichkeit, von der Friedländer sprach. – Wieder ein Jahr darauf, in dem 1918 entstandenen, so lebensvollen wie gesammelten Bildnis der Mannheimer Kunsthalle, ist, bei aller Strenge der Haltung mit den über dem Knie zusammengelegten, straffen Händen, ein Ton des Leidens, der Eindruck von Fragilität nun doch kaum zu übersehen. Das Antlitz, die sehr wachen Augen, sind zu gutem Teil in Halbschatten getaucht,

101

102, T 46

102 *Selbstbildnis, 1918, Gemälde (Detail), Mannheim*

der hohe Schädel darüber ist im hellsten Lichte vor dunklerem Hintergrund modelliert – als ein kostbares, beinernes Gefäß. – Weitere, meist kleinere Brustbilder folgen diesem Typus in den anschließenden T 48, 103 Jahren. Dann aber, 1925 – er nähert sich dem achtzigsten Jahr –, faßt er die eigene Kenntnis von seiner Erscheinung und von seiner Existenz, mehr noch, sein Wissen vom Menschen über das Persönliche hinaus, in ein absolutes Meisterwerk zusammen, das jede Frage nach einer wie immer gearteten kunstgeschichtlichen Aktualität zum Unwesentlichen verblassen läßt. Dabei unterscheidet sich dieses Bild der Berliner Nationalgalerie kaum nach Aufbau und Bildausschnitt von den bisherigen Fassungen des Themas. Wieder ist es ein Hüftstück, wieder ist er unmittelbar bei der Arbeit. Das werdende Werk erscheint, ganz ähnlich wie bei dem Bremer Stück, von der Rückseite gesehen als schmale Leinwandkante mit einer Andeutung des Querholzes vom Keilrahmen – marginal und in der wichtigen Funktion des Distanz gebenden, des Distanz gebietenden Raumelements. Überhaupt der Raum – der Maler sitzt auf der vorderen Kante eines schräg gestellten, knapp angedeuteten Mahagonistuhls mit hellblauem Sitzbezug, ein Stück des hellrötlichen Teppichs wird sichtbar – der Betrachter kennt ihn vom Atelierbild in St. Gallen. Die Palette vorn links, mit den Pinseln, dem Maltuch und der Hand darunter, ist sehr summarisch in bräunlich-rötlichen Tönen gegeben, wichtig ist ihre spannungsvolle Schräge, die der Malhand, hier im Spiegelbild als Linke erscheinend, die Balance hält – etwas Wägendes, Schwebendes bewirken diese beiden Formelemente. Diese Malhand scheint in der Bewegung angehalten, im Begriff, im nächsten Augenblick zum Bilde zurückzukehren; doch geschieht alles bedachtsam, nicht rasch. Wie dies denn der Kopf, der beherrschende Blick bestätigt. Das so vertraute Gesicht unter der wenig Schatten gebenden Mütze ist weder reserviert, noch zeigt es einen Leidenszug. Dieser Mann blickt wach und gegenwärtig, die beweglichen Augen ruhen auf ihrem Gegenüber, aufmerksam, prüfend, forschend, sind gerichtet und dringen zugleich gelassen durch den Beschauer hindurch. Ein Atemanhalten, ein Lauschen, ist in dem Bilde, doch kein Erschrecken, und eine Wärme geht von ihm aus, wie dies für keines seiner Selbstbildnisse sonst gilt. Diese Wärme des

103 *Selbstbildnis, 1925, Gemälde (Detail), Berlin*

Ausdrucks hängt unmittelbar mit dem besonderen Farbcharakter des Bildes zusammen, der den braunen und den dämmrig-grauen Tönen mehr Gewicht läßt als üblich: ein atmender Raum ist daraus entstanden, der diese Gestalt mit geheimnisvoller Macht leise umschließt. Ohne daß er auch nur an einer Stelle innerhalb der Malerei in äußerlichem Sinne mit ihm in epigonalen Wettstreit träte – wie etwa ein Lenbach –, hier ist er dem Geist Rembrandts nahe. Eine Aktualität höherer Ordnung rückt dieses Werk gleichrangig neben die bedeutendsten Menschenbilder des Expressionismus.

Die Erschütterung und Umwälzungen des Ersten Weltkriegs trafen Liebermann allenfalls mittelbar in seiner bürgerlichen und seiner künstlerischen Existenz. Die gewandelte Zeit sollte ihn erst in den allerletzten Jahren seines Lebens auf grausame Weise einholen. Wie seine Selbstbildnisse treulich dokumentieren, sah er sich einstweilen in seiner grundsätzlichen Haltung zur Welt nicht in Frage gestellt noch gar bedroht. Das Jahr 1914 mit seinen nationalen Aufregungen ließ auch ihn, der sich als Preuße und Deutscher fühlte, nicht unbeeindruckt und unbehelligt: er beteiligte sich als durchaus fragwürdiger Illustrator mit recht banalen Beiträgen an der von Paul Cassirer herausgegebenen Zeitschrift ›Kriegs-

zeit‹[119]. Andere ernsthafte Vertreter der deutschen Geistigkeit haben sich damals mit patriotischen Bekundungen auf peinlichere Weise exponiert. – Für seinen Lebens- und Arbeitsrhythmus bedeutete freilich der erzwungene Verzicht auf die alljährliche Hollandreise anfangs keine geringe Störung. Doch erwies sich der regelmäßige und ausgedehnte Sommeraufenthalt am Berliner Wannsee schon bald als vollkommener Ausgleich für die entgangenen Augenerlebnisse an der niederländischen Nordsee. Bereits im Jahre 1909 hatte er an der Großen Seestraße Nr. 24 ein herrliches, baumbestandenes Grundstück erworben, auf dem er sich nach seinen genauen Angaben von dem Architekten Paul Baumgarten d. Ä. ein Haus, ein herrschaftliches Haus mit einem geräumigen Atelier, errichten ließ. Holländische Landhäuser und

104 *Das Ehepaar Liebermann vor dem Wannseehaus, 1932, Photo*

105 *Blumengarten am Wannseehaus, um 1930, Gemälde*

auch Hamburger Villen in ihren parkartigen Gärten hatten seine Wünsche beflügelt und den Plänen zum Vorbild gedient. Sein Hamburger Freund und Auftraggeber Alfred Lichtwark aber beriet ihn bis ins einzelne bei der Anlage des großen Gartens, der sich bis zum Seeufer dehnte[120]. Zum Sommer 1910 zog Liebermann mit Frau und Tochter in den neuen, stolzen Besitz. Am 19. Oktober des Jahres berichtete Lichtwark seiner Hamburgischen Kommission für die Verwaltung der Kunsthalle von seinem ersten Besuch an Ort und Stelle: »Bei dem milden Sonnenwetter standen die Thüren und Fenster offen. Ehe wir an die Geschäfte gingen, besahen wir Haus und Garten. Das Haus ist nach dem Vorbild der Wriedtschen Villa gebaut, die Liebermann als er bei Jacob wohnte, für uns in Pastell gemalt hat. Den Grundplan zum Garten habe ich entworfen. Er macht sich in der Ausführung sehr gut. Liebermann hat schon zwei Bilder daraus gemalt und verkauft, ehe sie noch einmal ausgestellt waren, an Rotermundt in Dresden, der schon zwanzig Bilder von ihm besitzt. Als wir nachher beim Frühstück saßen und über den Eindruck sprachen, sagte Liebermann ganz stolz und hob seine beiden Hände auf: Sehen Sie, diese zehn Finger haben das alles ermalt. Grundstück, Haus, Gartenanlage und Einrichtung. Wenn mir jemand vor zehn Jahren gesagt hätte, daß es noch einmal so kommen würde, hätte ich gelacht [...] Es war eine große Freude zu fühlen, wie glücklich die drei Menschen dort sind. Ich hatte den Eindruck, daß sie noch eine Schwingung liebenswürdiger und gütiger geworden sind in diesem neuen Glück, soviel Blumen zu haben und den selbstgebauten Kohl zu essen. – Als wir die Rundtour gemacht hatten, setzten wir uns ins Atelier. Unser Alsterbild ist nun bald fertig.«[121]

T 42

Liebermann war arriviert. Im Jahr 1912, dem Jahr seines fünfundsechzigsten Geburtstags, ging ein wahrer Segen an Ehrungen auf ihn nieder: er wurde zum Mitglied der französischen Académie des Beaux-Arts ernannt und in den Senat der Königlichen Akademie zu Berlin gewählt. Die Berliner Universität verlieh ihm den Ehrendoktor – er hat davon kaum je Gebrauch gemacht, doch als er am 7. Mai 1933 mit dürren Worten seinen Austritt aus der Preußischen Akademie der Künste und die Niederlegung seines Ehrenpräsidiums erklärte, unterzeichnete er mit dem »Dr. h.c.« – Er wurde korrespondierendes Mitglied der Akademien von Brüssel, Mailand, Stockholm und Wien, Ehrenmitglied der Dresdener, der Münchener und der Weimarer Akademie, und die Königin von Holland verlieh ihm in Amsterdam den Orden von Oranje-Nassau. Von den alten, neuen Querelen, die in Berlin dennoch fortdauerten oder wieder auflebten, war bereits die Rede. 1917, zum siebzigsten Geburtstag verlieh ihm der Kaiser, der inzwischen »nur noch Deutsche kannte«, den ›Roten Adlerorden‹, zehn Jahre später dessen Nach-Nachfolger Hindenburg den ›Pour le Mérite‹, und die Berliner Stadtverordnetenversammlung machte ihn, freilich erst nach heftiger Debatte, zum Ehrenbürger der Stadt. Gewiß hat er diese Bestätigungen seines Werks und seiner Überzeugungen auch genossen. Doch sah er mit fortschreitenden Jahren zugleich die Fragwürdigkeit äußerlichen Ruhms.

»Eitel war ich nur in meiner Jugend. Heute freue ich mich bloß, wenn die Leute vernünftig geworden sind und meine Bilder gut finden«, bemerkte er 1925 zu Paul Eipper[122]. Zwar nahm er mit ungeminderter Leidenschaft an den Ereignissen und Diskussionen im Bereich der Kunst teil. Doch mußten ihm die Aktualitäten nach und nach fern und fremd werden. Sorgsam erfüllte er die Pflichten, die ihm aus dem Präsidium der Preußischen Akademie der Künste erwuchsen, leitete Sitzungen, eröffnete Ausstellungen. Dabei mühte er sich redlich, wie schon in Secessionszeiten, seine Vorurteile und Vorlieben, seine Skrupel und baren Abneigungen von Fall zu Fall hintanzustellen und »den Jungen« die Tore der altehrwürdigen In-

119

106 *Selbstbildnis, 1923, Kreide, Privatbesitz*

stitution zu öffnen[123]. In der ersten Eröffnungsrede, die der neugewählte Präsident zur Herbstausstellung der Akademie im Jahre 1920 zu halten hatte, sagte er: »[…] der Künstler versteht nur das Kunstwerk, das er liebt, und er liebt nur das, das er versteht. […] Wer selbst in seiner Jugend die Ablehnung des Impressionismus erlebt hat, wird sich ängstlich hüten, gegen eine Bewegung, die er nicht oder noch nicht versteht, das Verdammungsurteil zu sprechen, besonders als Leiter der Akademie, die, wiewohl ihrem Wesen nach konservativ, erstarren würde, wenn sie sich der Jugend gegenüber negativ verhalten wollte. – Nicht nur Pflicht, sondern Selbsterhaltungstrieb zwingt die Akademie, eine Bewegung, der sich die Jugend rückhaltlos angeschlossen hat, mit der größten Sorgfalt und ohne Voreingenommnenheit zu prüfen, statt sie mit überlegenem Lächeln von sich abzuweisen. […] Die Zeitgenossen werden nie mit vollkommener Gewißheit unterscheiden zwischen Willkür und Notwendigkeit. Aber diese Unsicherheit entbindet uns keineswegs von der Verpflichtung, jede Gelegenheit

zur Prüfung unserer Eindrücke und Aufnahme neuer Werke wahrzunehmen. Eine solche Gelegenheit möchte diese Ausstellung bieten, indem sie Schöpfungen von verschiedenster Art – da sie Werke verschiedener Generationen sind – in dichtem Nebeneinander vorführt und dadurch Vergleichung und Klärung ermöglicht. Denn der Wert einer Kunstschau, besonders einer staatlichen Veranstaltung, besteht nicht nur im Kunstgenuß, sondern auch in der Kunstbildung« – man hört den Freund und »Schüler« Lichtwark sprechen –. »Die Akademie soll der Regulator an der Kunst sein: die Tradition in der Kunst erhaltend, aber nicht in der Tradition erstarrend, sie darf keine Festung werden, in der die Angekommen en und die Anerkannten sich gegen die Jungen verschanzen, deren Äußerungen, jenseits von schön und häßlich, etwas bieten, was keine andere Kunst zu geben vermag, nämlich etwas vom Wesen der Tage, die wir durchleben und die uns deshalb mehr angehen als alle anderen Tage[124].« Der »Angekommene und Anerkannte«, er sah das Problem, das er in sehr ernstem Sinne als sein Problem, als das eines Schaffenden in einer gewandelten Welt begriff. Er tat sich schwer damit und versuchte, als nur Betrachtender neutral über dem Tag zu stehen, ohne es in Wahrheit zu können.

Bei aller Verbindung zur künstlerischen und gesellschaftlichen Öffentlichkeit, der er nicht auswich, zog er sich dennoch als Mensch und als Künstler mehr und mehr auf das Eigene, auf sein »zu Hause« in wörtlichem und in übertragenem Verstande zurück. Auf beispielhafte Weise dokumentiert die hier wiedergegebene, so schöne wie liebenswürdige Photographie beide Aspekte seiner siebziger und achtziger Jahre: das Private, Bürgerliche, Menschliche und auch das Künstlerische seiner späten Existenz. Da sind sie also versammelt, gefällig gruppiert, die Liebermanns in drei Generationen: der Familienvater und Hausherr seines »Schlosses am See«, das er in seinen Briefen gern apostrophierte, die getreue Gattin und Großmutter mit der Enkelin, die die Freude ihres Alters war, dahinter die bezaubernde und heißgeliebte Tochter Käthe mit dem jüngsten Exemplar einer wahren Dackel-Dynastie auf dem Arm – ein Bild des Friedens und des Behagens: alle machen sie ihr freundlichstes Photographiergesicht – bis auf Liebermann selbst, der ernst und offiziell, nachdenklich

120

und selbstbewußt zur Seite, nicht in die Kamera blickt wie die anderen. Die helle Eleganz der Einrichtung mit Empiremöbeln, Teppich, Vorhängen, Blumen- und Bildschmuck ist nicht zu übersehen. Näheres Betrachten aber hebt das Gewählte und Gepflegte des Ensembles in eine höhere Kategorie: an der Wand hinter den Posierenden hängen die schönsten und kostbarsten Menzelzeichnungen, die sich der Kenner nur wünschen mag, u. a. der ›Schwager Krigar am Klavier‹, heute in der Reinhart-Stiftung in Winterthur, oder die ›Kasseler Landschaft‹, heute in der Kunsthalle Bremen. Karl Scheffler berichtet in seinem Erinnerungsbuch: »Im Innern herrschte in diesem Hause dieselbe Kultur wie in dem Berliner Familienhaus, doch war die Grundstimmung kühler[124].« Mochte das Haus am Pariser Platz mehr noch vom Biedermeierlichen seines Ursprungs, vielleicht auch von der

Strenge der väterlichen Lebensauffassung bewahrt haben, so hatte es der Sohn doch mit der Zeit sich ganz anverwandelt, durch die Kunstwerke von Schadow, Blechen, Krüger, Steffeck, Menzel und Leibl bis zu den herrlichen Bildern von Manet und seinen Nachfolgern[126], nicht zuletzt aber durch die Möblierung: »Jedes Möbel – Liebermann sprach von seiner ›Stuhlakademie‹ – ›und jeder Teppich‹ war ein Museumstück. Doch wirkten die Interieurs in keiner Weise museumhaft. Kultur war zu einem Lebenselement geworden, die Vornehmheit erschien selbstverständlich, der Wohlstand war bis zum Letzten in eine Lebensform verwandelt, die dem Besitzer wie angegossen saß. In keinem anderen Berliner Haus war eine Gesamtstimmung dieses Niveaus anzutreffen.« Entsprechendes gilt offensichtlich für das Wannseehaus, das vielleicht »kühler«, doch nicht weniger ge-

107 *Liebermann mit Frau, Tochter und Enkelin, im Wannseehaus, 1924, Photo*

108 *Die Tochter des Künstlers zu Pferde, 1913,*
Gemälde, Düsseldorf

treu die Haltung des Hausherrn spiegelte, seine Diskretion und seinen schöpferischen Willen als Kunstsammler *und* als Künstler. Scheffler fährt fort – und
auch das läßt sich aus der Photographie herauslesen:
»Nicht einmal in allen Jahren habe ich Liebermann
gähnen sehen, nie ließ er sich gehen. Beim Sprechen
zog sich die Stirnhaut, die in einen kahlen Schädel
überging, in viele Falten zusammen, der scharfe Grat
der Nase schien jeden Satz zu akzentuieren, das feste
Kinn machte die Worte zu Willenskundgebungen, der
Schnurrbart über dem ausdrucksvollen, ja schönen
Mund sträubte sich, die dunklen Augen durchbohr-
ten die Probleme, der heftig modellierte Kopf, der nur
aus Knochen, Haut und Nerv bestand, war in Bewegung, jede Form zitterte von Geist und Temperament.«[127]

Etwas weiter unten heißt es dann bei Scheffler, der
ihn über drei Jahrzehnte als Vertrauter und unermüd-
licher Propagator seiner Kunst begleitet hatte, aus der
Distanz später Erinnerung: »Daß Liebermann ein
großes Talent war und auch – fast ungewollt« (sehr
wesentlich hatte ihn Scheffler dazu gedrängt) »– zum
Fahnenträger einer besseren Kunstgesinnung und
zum Kunstpolitiker wurde, machte ihn in seinen
Jahrzehnten doppelt wichtig. Darum sind über ihn
viele Bücher geschrieben worden. Wer sich mit der
deutschen Kunst auseinandersetzen wollte, mußte
sich notwendig mit ihm beschäftigen – seine Kunst

wurde programmatisch. Eben dies jedoch wirkte leise störend auf das unbefangene Gestalten ein. Die
Früchte glücklicher, von Reflexion und Ateliergedanken nicht beschwerter Stunden, die Studien, die
spontan vor der Natur gemalten Bilder, sind darum
im Lebenswerk die besten.« Diese Beobachtung trifft
nur teilweise zu. Wie wir gesehen haben, sind auch
unter seinen Hauptwerken solche, die erst aus »Reflexion und Ateliergedanken« ihre letzte, dennoch
glückliche Gestalt gewonnen haben – es sei nur an T15, T19 T22
die ›Rasenbleiche‹, die ›Netzflickerinnen‹ oder an die
›Kuhhirtin‹ erinnert.

Liebermanns ›Wannseegärten‹ aber waren ursprüng- 105, 109, 110, 111, T47, 214 215
lich ohne Zweifel »Früchte glücklicher Stunden«,
naiven Besitzerstolzes dazu und reiner Augenlust.
Wie schon bei den Strandbildern verwischte sich nun
die Grenze zwischen dem »fertigen« Bilde und der
Studie oder Skizze: die malerische Eingebung des Augenblicks wurde zum endgültigen künstlerischen Ergebnis. Von Beginn an fanden die ›Wannseegärten‹ be-
geisterten Widerhall bei den Sammlern und beim
breiteren Publikum. So fühlte sich der Künstler, zuerst allein durch die festliche Sommerschönheit seines Gartens, mehr und mehr dann aber durch die
wachsende Nachfrage von seiten Cassirers und priva-
ter Käufer dazu angeregt, gewisse Gartenmotive zu
wiederholen und diese Wiederholungen selbst zu
»kopieren«. Daß darunter die Spontaneität und die
Spannkraft der Naturaneignung wie der malerischen
Niederschrift leiden mußte, daß die freie, hand-
schriftliche Form gelegentlich zur bloßen Formel de-
generierte, ist verständlich. Ähnliches ließ sich bei

109 *Rosengarten in Wannsee, 1916, Gemälde*

110 *Wannseegarten, 1925, Gemälde*

gewissen Auftragsbildnissen der späteren Jahre beobachten. Es ist aber ungerecht und objektiv falsch, daraus zu folgern, daß Liebermanns Spätwerk generell »schwächer« sei als seine früheren Bilder. So sind unter den ›Wannseebildern‹ einige von hohem und höchstem Rang, vor allem das hier farbig wiedergegebene Bremer Exemplar. Die breite, weithin mit dem Spachtel aufgebrachte Malerei ist so lebendig strömend wie solide, so frei wie präzise in der Erfassung der Form – einer Form freilich, die auf Fernsicht angelegt ist, aber auch der Nahsicht in ihrer beinahe abstrakten Struktur nichts Vages, nichts von Ungefähr bietet. Auch hinter einem solchen, ganz aus dem malerischen Impetus geborenen farbigen Gefüge verbirgt sich ein geheimes zeichnerisches Gerüst, das dem Ganzen Halt und Ordnung verleiht. Das bedeutet nicht, daß unmittelbar zeichnerische Vorarbeiten zu diesem Bilde oder gar eine »Vorzeichnung« der räumlichen Disposition unter der Farbschicht vorauszusetzen wären – es heißt nur, daß der Maler, ob mit dem Pinsel oder dem Spachtel, immer zugleich »zeichnerischen« Bewegungszügen folgt, die ihm sein Temperament und sein Gleichgewichtsgefühl eingeben.

Wieder war von der steten Präsenz des Zeichners Liebermann die Rede. Zeichner in sehr anderem und doch verwandtem Sinne ist auch der Liebermann, dessen Stift und Feder sein »zu Hause« im persönlichsten und menschlichsten Sinne beschwören. Schon 1918 hatte Julius Elias unter dem hier wieder

benutzten Titel ›Max Liebermann zu Hause‹ achtundsechzig ›Familienzeichnungen‹ des Meisters (nachträglich zu seinem fünfundsiebzigsten Geburtstag) in kostbarem Faksimiledruck herausgegeben, »eine Art zufälliger Selbstbiographie«, »zeichnerische Anekdoten aus dem bürgerlichen Dasein des Künstlers«, »Aphorismen des Griffels«, wie er schrieb[128]. Mit dieser Auswahl aus einem riesigen Schatz an Zeichnungen in allen Größen und Techniken, meist jedoch kleineren, kleinen und kleinsten Formats, auf Notizzetteln, Skizzenbuchseiten und Einzelblättern, hat Liebermann ob bewußt oder unbewußt, das getan, was mehrere Künstler vor ihm getan haben, was aber keiner so wie Rembrandt sein Leben lang geübt hat. In tagebuchartigen Augenblicksbeobachtungen hat er das Leben und das Wesen derer belauscht, die ihm am nächsten waren. Wie der große und verehrte Holländer seine Saskia, seinen Titus und seine Hendrikje immer wieder gezeichnet und damit den Typus der Familienzeichnung recht eigentlich geprägt hat, so hat der Nachfahre erst seinen Vater und seine Mutter, dann zumal seine Frau, endlich seine Tochter und seine Enkelin bei harmlosem, alltäglichem Tun mit der Feder oder dem Stift wiedergegeben. Dabei hat er, wie schon Rembrandt, kaum jemals an eine Weiterführung oder spätere Benutzung des zufällig Aufgenommenen, des zeichnerischen »Schnappschusses« gedacht. Es waren »intime« Aufzeichnungen, die so entstanden, Notizen und auch ausführlichere Niederschriften, die ohne Seitenblicke in sich Genüge fanden, allenfalls den Dargestellten unter die Augen kamen und ursprüng-

7, 9, 33, 34, 35, 112, 113, 114, 115, 116, 124

111 *Kohlfeld in Wannsee, 1916, Gemälde*

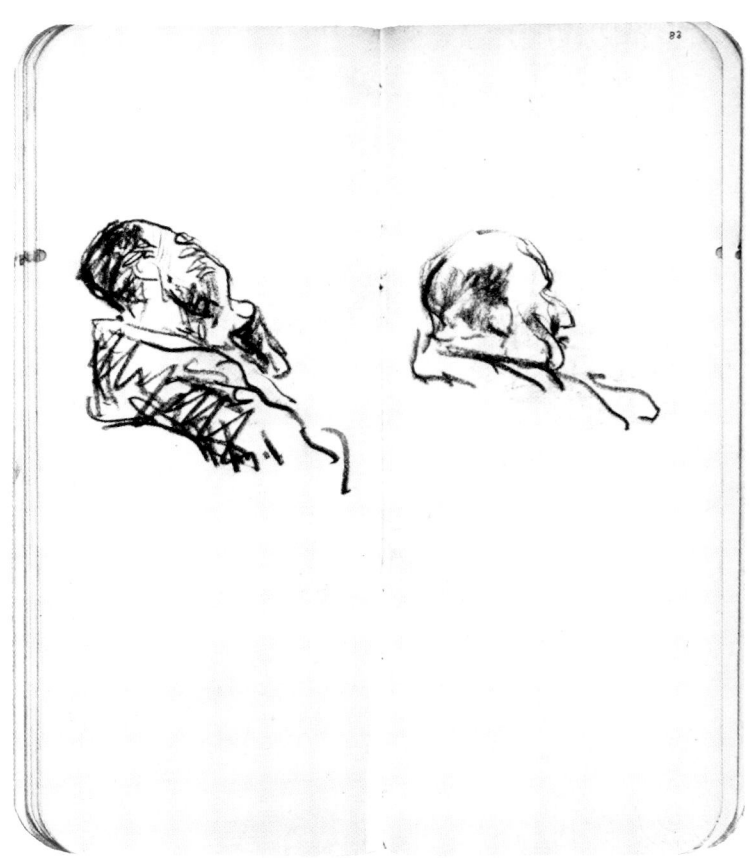

112 *Der Vater, um 1890,*
Kreidezeichnung, aus dem Bremer Skizzenbuch

113 *Käthe wird frisiert, um 1890, Feder laviert, Privatbesitz*

lich nicht für Fremde gemeint und gar für jene Publikation durch Elias eigens formuliert gewesen wären. Es waren auch keine »Studien«, die einen figürlichen oder physiognomischen Sachverhalt zu erforschen oder zu klären gehabt hätten. Und ebensowenig waren es im Sinne Menzels »Gelegenheitssachen für eventuell«, wie dieser sich in einem Briefe ausdrückte, mit dem er einen präsumptiven Sammler seiner Zeichnungen abwies, nicht botanisierter Sach- und Formenschatz zu späterer Weiterverwendung wie bei Menzel ein großer Teil seines riesigen Zeichnungswerks[129]. Liebermann war ein ungemein fruchtbarer, er war kein manischer Zeichner. So handelte es sich hier um zweckfreie, autonome Äußerungen der Liebe des Gatten, des Vaters, des Großvaters. Das Wort Liebe nun und gar das andere von der »Intimität« bedürfen in der heutigen Zeit und Welt einer modischen, dazu weithin vermarkteten Entblößung von allem und jedem einer kleinen Erläuterung: Liebermann, der zu Zeiten ein »homme à femmes« gewesen ist, der Schönheit und Grazie des weiblichen Geschlechts sehr wohl verehrte, hat in solcher Neigung,

im Gegensatz zu vielen anderen Künstlern, kein eigentliches Thema seiner Kunst gesehen – weshalb die wenigen Versuche erotischer Darstellungen, vor allem des Samson-und-Dalila-Themas, im Grunde mißlungen sind. Psychologen oder -analytiker mögen eine solche Haltung mit Hilfe ihres einschlägigen, erhellenden Vokabulars rubrizieren und viel-

114 *Die Gattin des Künstlers lesend, 1886, Feder, Privatbesitz*

leicht gar entlarven. Auch der »witzige«, der »ironische« oder der »geistreiche« Liebermann, wie er in seinen zahlreichen entsprechenden Äußerungen und Anekdoten hinreichend dokumentiert ist, kommt übrigens in seiner Kunst selbst an kaum einer Stelle zu Worte. Form im künstlerischen Verstande hieß für ihn auch Contenance im menschlichen. Wenn er nun aber den harmlosen Alltag seiner Nächsten, eben seiner Lieben, als Zeichner in intimer Beobachtung registrierte, sie schlafend, lesend, träumend, spielend im Haus oder im Garten »fand«, so wurde er doch nie indiskret. Diesen liebenswürdigen, rührenden, bewegenden Dokumenten menschlicher Verehrung

115 *Käthe Liebermann zeichnend, um 1890, Feder, Bremen*

und Zuneigung fehlt deshalb, wie dies nicht anders von den entsprechenden Blättern Rembrandts gilt, alles neugierig »Spähende«, das Werken von nicht wenigen Künstlern hohen Ranges eigen sein kann: Klimt, Schiele, Pascin und bis zu gewissem Grade auch Corinth. Diese Tatsache aber verleiht den Familienzeichnungen Liebermanns in ihrer Zeit und über diese hinaus ihre besondere, ihre einzigartige Dimension des Humanen, herzlicher Gemütswärme, die sich so in seinem übrigen, offiziellen Werk nur in Andeutung findet.

Der Zeichner

Die Betrachtung der Familienzeichnungen hat uns schon in das nächste Kapitel unserer Erörterung geführt. Liebermann war als Zeichner von ungewöhnlicher Fruchtbarkeit: er hat nicht nur ein sehr umfangreiches, sondern auch ein sehr vielfältiges Werk auf diesem Gebiet hinterlassen. Mit Selbstverständlichkeit bediente er sich der verschiedensten zeichnerischen Techniken und Materialien – übrigens auch bei jenen Familienzeichnungen. Er benutzte den Bleistift, die Feder, die schwarze und die weiße Kreide, die Kohle; selten griff er zum Aquarellpinsel oder zur Gouachefarbe, häufiger zum Pastellstift. Der weitaus größte Teil seiner erhaltenen Zeichnungen – ein nicht unbeträchtlicher Teil des zeichnerischen Frühwerks ist 1893 bei einem Atelierbrand zerstört wor-

125

116 *Die Enkelin Maria mit der Kinderfrau, 1919, Kreide, Bremen*

den – diente unmittelbar seiner Malerei, entstand im häufig nachweisbaren Zusammenhang mit einem Bildvorhaben. Zwei Kategorien sind dabei zu unterscheiden: die *Gesamtskizzen*, darin der Künstler die kompositionelle Disposition, manchmal in ganzen Reihen von Annäherungen, zu klären, die künftige Bildordnung auszubalancieren suchte. (Solche Gesamtklärungen nahm Liebermann im Laufe seiner Entwicklung mehr und mehr auch mit Hilfe der gemalten, der *Ölskizze* vor, die freilich ihre genetische Herkunft von der Zeichnung kaum je verleugnet. Entsprechendes gilt für eine gewisse Form der *Pastellskizze*. Wie zu beobachten war, wandelten sich die gemalten Gesamtentwürfe im weiteren Verlauf seiner Entwicklung um die Jahrhundertwende nach und nach zum endgültigen Resultat der schöpferischen Auseinandersetzung mit einem Motiv.) Den Gesamtskizzen, den gezeichneten wie den gemalten, steht ursprünglich die gezeichnete *Studie*, die sorgfältige, wirklichkeitsbeflissene, zeichnerische Untersuchung des Bilddetails gegenüber, sei es eine ganze Figur, ein Kopf, eine Hand oder ein Gegenstand. Während die Skizze den großen Zusammenhang gleichsam aus weiterer optischer Distanz und unter bewußtem Verzicht auf sachliche Einzelheiten findet, untersucht die Studie ihr Modell intensiv aus realistischer, »betastender« Nahsicht, was sich jeweils im zeichnerischen Duktus unmittelbar ausdrückt. Liebermann hielt sich hier lange Zeit durchaus im Rahmen der traditionellen, ja der akademischen Kunstübung, die diesen Arbeitsapparat zur Vorbereitung eines endgültigen Werks seit der Re-

118 *Samson und Dalila, 1910, Ölskizze, Privatbesitz (Tafel 32)*

naissance, seit Carpaccio oder Dürer, systematisch entwickelt hatte. So zeichnete er anfangs, etwa für das Christusbild von 1879, im Sinne solcher Überlieferung noch richtige Aktstudien für die Gewandfiguren der Komposition. Bis ins erste Jahrzehnt unseres Jahrhunderts läßt sich diese Systematik verfolgen. 160

Mit der ersten großen Ausstellung von Handzeichnungen, 1915 zusammengebracht von Paul Cassirer und Emil Waldmann, setzte auch eine erste kunstgeschichtliche Würdigung dieses seines Schaffensgebiets ein. Waldmann, der Direktor der Kunsthalle Bremen, und Max J. Friedländer als Direktor des Berliner Kupferstichkabinetts, haben sich damals vor anderen näher mit dem Thema befaßt. In seinem 1917 erschienenen, grundlegenden Aufsatz hat Waldmann schon darauf aufmerksam gemacht, daß eine ursächliche Zuordnung von anscheinend vorbereitenden Entwurfs- und Studienzeichnungen zu einem ausgeführten Werk nicht immer eindeutig vorzunehmen ist: »Blätter, die ihrem ganzen Habitus nach primitiv aussehen, sind dann zufällig wohl als Arbeiten eines späteren Jahres gesichert, und Entwürfe, die man zunächst für vorbereitende Skizzen zu einem späteren Gemälde halten würde, entpuppen sich schließlich als ganz späte Paraphrasen über ein altes Thema.«[130] So sind viele Zeichnungen schwer zu datieren; Liebermann selbst hat fast immer auf eine Datierung seiner Blätter verzichtet – aber auch die eigenhändigen Jahreszahlen auf seinen Gemälden sind häufig aus ungenauer Erinnerung post festum aufge-

117 *Polospieler, 1907, Kreide*

119 *Holländische Dorfstraße, um 1885, Bleistift, Bremen*

bracht und also als chronologisches Richtmaß für damit zusammenhängende Zeichnungen nicht unbese-
hen zu benützen. In diesen Zusammenhang gehören
auch gewisse, beinahe kalligraphische Federzeichnungen, die der Künstler zu Reproduktionszwecken
nach Studienzeichnungen und Ähnlichem ausge-

führt hat, so zum Beispiel die hier wiedergegebene
Nachzeichnung nach einer Studie für den Schuster-
jungen aus der ›Schusterwerkstatt‹ von 1881[131].
Max J. Friedländer unterschied damals drei Stufen
des zeichnerischen Vorgehens von Liebermann und
gab damit ein gewisses Gerüst für eine Chronologie:

27

128

120 *Buchenhalle in Kösen, 1888, Kreide, Bremen*

»Zuerst umgrenzt er die Form vergleichsweise rein und scharf, macht sie sich klar, stellt sie fest.« Dies gilt zumal für die Studienzeichnungen zu den großen Figurenbildern der achtziger Jahre. »Auf der zweiten Stufe nähert Liebermann die Zeichnung seiner Malerei, verzichtet auf die Linie und entwickelt eine reiche Tonstufung in Flächen und Flecken. Es gibt Zeichnungen auf halbdunklem Papier mit Weißhöhung und vielen Nuancen in Hell und Dunkel«[132]. Dies gilt zumal für landschaftliche Motive, die anfangs nicht selten ohne bestimmte Bildabsicht festgehalten, dann aber bei aller Offenheit der Faktur zu finalen Kunstäußerungen wurden. »Er zeichnet nicht mehr nur für Bilder, sondern unabhängig und unbekümmert – weil er einer Erscheinung Herr werden will, weil er von einem Augenerlebnis erregt ist [...] da er nun, an das landschaftliche Sehen gewöhnt,

darauf ausgeht, das Ganze einer Erscheinung zu erfassen und den Einzelheiten nicht mehr die erste Rolle zu überweisen, bekommen seine Studien, landschaftliche wie figürliche, Luft und Atmosphäre [...]«[133]. So schrieb Waldmann im Vorwort zu jener ersten Ausstellung. Friedländer aber fuhr fort: »Auf der dritten Stufe trennt sich die Zeichnung wieder von der Malkunst. Mit sicher gewordenem Stilinstinkt gibt der Zeichner dem Kreidestift die Zügel frei. Die Linie schämt sich nicht mehr, Linie zu sein. Die Linie hat nun eine wesentlich andere Funktion als auf der ersten Stufe, sie verbindet mehr, als daß sie trennte oder teilte, und ist mehr Richtung als Grenze. Die Form wird nicht direkt dargestellt, ersteht vielmehr aus dem scheinbar wirren Komplexe der Striche, von denen jeder für sich betrachtet, unverständlich ist.«[134] Diese Charakterisierung trifft wörtlich für die abgebildete ›Landschaft bei Noordwijk‹ zu – in übertragenem Sinne interpretiert sie auch die insgeheim »zeichnende« Malerei seiner Spätzeit, etwa der Wannseegärten.

Friedländers Einteilung bewahrte ihre grundsätzliche Richtigkeit auch im Rückblick auf das zeichnerische Gesamtwerk des Künstlers. Trotzdem bleibt es in etlichen einzelnen Fällen fast unmöglich, zu exakten Datierungen zu gelangen. Offensichtlich gab es immer wieder zeitliche Überschneidungen der verschiedenen Zeichenstile, des »feststellenden« Linearstils aus der Tradition des Berliner Biedermeiers und Frührealismus mit dem mittleren malerisch-tonigen Stil, und endlich dieses landschaftlich-atmosphärischen Darstellungsverfahrens mit dem späteren dynamischen, scheinbar »wirren«

121 *Florenz, Partie am Arno, um 1902, Kreide, Bremen*

129

122 *Bildnis Georg Brandes, gegen 1902, Kohle*

gab, zu spontaner Notiz oder auch sorgfältigerer Beobachtung benutzt – über längere Zeit und mit gewissen Pausen zwischen den einzelnen Eintragungen. Doch erklärt sich im anstehenden Falle des Bremer Buches die erstaunliche Vielfalt des Zeichenstils eher aus den jeweils sehr unterschiedlichen Intentionen des Zeichnenden, Studierenden, Notierenden, Beobachtenden, als daß zu große zeitliche Intervalle zwischen den einzelnen Darstellungen anzunehmen wären.[135]

Autonome *Bildzeichnungen,* die von vornherein als 128 endgültige Formulierungen und nicht als skizzierende oder studierende Annäherungen an ein Motiv gemeint waren, gab es in der Frühzeit am ehesten im Bereich des Bildnisses, später wurden auch ursprünglich »absichtslos« niedergeschriebene Naturaufnahmen anderer Thematik, zuerst vom Künstler selbst,

123 *Bildnis Walther Rathenau, 1912, Kreide,*
Sammlung Kohl-Weigand

124-127 Lineament. Dafür bietet etwa ein *Skizzenbuch,* wie das in Bremen verwahrte, den besten Beweis: da sind figürliche Bleistiftstudien der »ersten Stufe« oder Federskizzen für die große Komposition der ›Netzeflickerinnen‹, Bewegungsstudien in Kreide nach Figuren und Tieren, die sich dem »landschaftlichen« Stil der »zweiten Stufe« annähern; da sind tonige Flachlandschaften unter riesigen Himmeln, Stadtansichten (aus Edam?) mit detaillierter Architektur und ebenso solche, in denen die »dritte Stufe« der zeichnerischen Wirklichkeitsbeschwörung vorweggenommen scheint. Alles dieses im Format von 16,5 mal 7 Zentimetern, wobei der Künstler häufig zwei Seiten des Büchleins zusammen für eine Darstellung benutzte. Da sind nicht zuletzt etliche Familienzeichnungen nach dem Vater, nach der Frau oder der Tochter. Gewiß hat Liebermann seine zahlreichen Skizzenbücher, von denen sich heute nur noch sehr wenige nachweisen lassen, nicht systematisch gefüllt, sondern sie zufällig, wie es die Gelegenheit er-

130

124 *Schlafendes Kind,*
Bleistiftzeichnung aus dem Bremer Skizzenbuch

125 *Netzflickerinnen,*
Federzeichnung aus dem Bremer Skizzenbuch

126 *Flachlandschaft,*
Kreidezeichnung aus dem Bremer Skizzenbuch

127 *Stadtansicht mit Brücke (Edam?),*
Kreidezeichnung aus dem Bremer Skizzenbuch

bald aber auch vom Publikum in ihrem Eigenwert erkannt. So entstanden dann durchaus bildmäßig gemeinte Blätter kleineren aber auch größeren Formats, Werke von sehr verschiedener zeichnerischer Ausführlichkeit, die trotzdem und deshalb den frischen Zauber des ersten, spontanen Augeneindrucks in ihrer Handschrift immer bewahrt haben. Gewisse Blätter dieser Art hat Liebermann auch späterhin

noch variiert oder wiederholt. – Die Entwurfszeich- 144, 145 nungen für die eigentlichen *Buchillustrationen* Liebermanns stellen einen weiteren Typus dar, der im Zusammenhang mit diesen und mit seiner Druckgraphik weiter unten erörtert werden soll.
Ein besonderes Wort ist hier aber zu den *Pastellen* zu sagen. Seit den späten achtziger Jahren bis in seine Wannseegartenzeit hat Liebermann immer wieder zu

128 *Stehendes Bauernmädchen, um 1886, bildmäßige Kreidezeichnung, Privatbesitz*

den weichen, bröckelnden Farbstiften gegriffen. Bei seinen frühen *Bildnissen* in dieser Technik ergänzte er eigentlich nur die tonigen, weißgehöhten Kreide- oder Kohlezeichnungen zum Farbigen – der ›Haupt-

54 mann‹ gibt hierfür ein bezeichnendes Beispiel: die Farbigkeit bedeutet eine eigentlich unwesentliche Zutat zur Modellierung des Gesichts im Helldunkel. – Die *figürlichen Szenen* holländischer Motive aber, die er in erheblicher Zahl gegen das Ende der achtzi- ger und zu Anfang der neunziger Jahre geschaffen hat, bemühen sich zumeist, die spröderen Formulierun- gen gewisser kleinerer Ölbilder mehr oder weniger wörtlich ins Pastell zu übertragen – das Publikum gab diesen gefälligeren, leichteren Versionen damals den Vorzug vor seiner zähflüssigen Ölmalerei[136]. So kam es zu weiteren Wiederholungen dieser Pastell- fassungen, deren künstlerische Qualität uns heute teilweise fragwürdig scheint. Im Jahre 1896 veröf- fentlichte Liebermann seinen ersten kunstkritischen Essay im ›Pan‹, und sein Thema war der große Edgar Degas, dessen riesiges Werk zu gutem Teil aus Pastel- len besteht. Zwar erwähnte der Autor dieses Faktum nicht eigens in seinem Text, doch muß als sicher vor- ausgesetzt werden, daß ihn damals die Beschäftigung mit Degas veranlaßt habe, auch dessen Pastelle ge- nau zu betrachten. Jedenfalls ist seit der Mitte der neunziger Jahre zu beobachten, daß Liebermann, der geniale Eklektiker – »das kann ich auch!« – zu ganz neuem Umgang mit dieser verführerischen Technik gelangt ist. Nicht mehr nur illustrierende Zutat wie bei jenen Bildnissen geben die Farbstifte nun, ande- rerseits treten sie auch nicht mehr in einen unange- messenen Wettstreit mit den kompakteren Wir- kungsmitteln der Ölfarbe wie bei jenen figürlichen Darstellungen. Nach dem offensichtlichen Vorbilde des Franzosen gelingt es dem Deutschen von nun an, in seinen Pastellen meist figürlich-landschaftlicher Art gleichsam auf dem schmalen ästhetischen Grat

29, T 34 zwischen Zeichnung und Malerei zu balancieren. Für
43, 193
195, 196 jedes Motiv findet er das richtige Verhältnis zwi- schen dem zeichnerischen Gerüst oder den zeichne- rischen Akzenten und den weichtonigen Flächen – und dies in einer milden, lichten Farbigkeit, die nicht mehr versucht, gewisse naturalistische Effekte der Ölmalerei zu reproduzieren. So ist diesen Blättern ei- ne schwebende Grazie eigen – von der bloßen Farb- studie oder -skizze bis hin zu jenem ausgesprochenen

129 *Reiterin am Strand, 1903, Pastell, Bremen (Tafel 34)*

Pastell-*Bild* der Scheveninger Strandlandschaft von   130, T 26 1898, das gewisse Licht- und Luftwirkungen in der Malerei des späteren Liebermann vorwegnimmt. Dennoch lösen sich seine Pastelle nicht ins Unver- bindliche bloßer atmosphärischer Stimmungsschil- derung auf – auch die malerischste Formulierung verrät den Nerv und die Kraft seiner zupackenden Handschrift. Im Vorwort zur ersten großen Pastell- Ausstellung aus Anlaß seines achtzigsten Geburts- tags im Jahre 1927 schrieb Karl Scheffler: »Es lebt kein Maler, der die im Laufe der Zeit vielfach effemi- nierte Technik männlicher und persönlicher hand- habt.«[137]

130 *Strandbild, 1898, Pastell, Privatbesitz (Tafel 26)*

Mehrmals hat er in seinen Secessions- und Akademiereden Bedeutung und Wesen der Handzeichnung für die Kunst, nicht nur für seine eigene Kunst, beschworen. Ihm und Paul Cassirer war es überhaupt zu danken, daß man neben den üblichen Gemäldeausstellungen spezielle Zeichnungsdarbietungen als regelmäßige Institution einführte. Dadurch wurde natürlich auch sein eigenes Schaffen auf diesem Gebiet zu wachsender Fruchtbarkeit angeregt, nicht zuletzt zur Produktion von bildmäßigen Blättern. Andererseits kultivierte er mit Fleiß den Typus der suggestiven, der stenographischen Notiz zur Fixierung momentaner Bewegung, auf die das Schadow-Wort zutraf: »Zeichnen ist Weglassen«, das er zu zitieren liebte. Offenbar hat ihn Isaac Israels durch seine zeichnerischen Notizen in dieser Richtung bestärkt.[138]

Zur ersten Secessionsausstellung der »zeichnenden Künste« im Herbst 1901 sagte Liebermann: »Es ist leider eine Tatsache, daß die zeichnenden Künste von seiten des Publikums stiefmütterlich behandelt werden, obgleich sie ein besonderes Interesse beanspruchen dürfen. Denn wie der Stift williger den Intentionen des Künstlers folgt, so gibt die Zeichnung einen mehr unmittelbaren Einblick in sein Schaffen. Die Frische der Zeichnung geht leider nur zu oft unter der langen Arbeit und der Schwere der zu bewältigenden Öltechnik verloren. – Freilich stellt die Zeichnung größere Ansprüche an die mitwirkenden Phantasietätigkeit des Beschauers, weil in ihr das, was der Künstler hat ausdrücken wollen, nur angedeutet ist. Aber erst wer in die Hieroglyphenschrift der Zeichnung eingedrungen ist, wird das vollendete Kunstwerk ganz verstehen.« Julius Elias berichtet, daß ihm Liebermann einmal – schon im Jahre 1887 – auf einem Blatt Papier einen Abschnitt aus der ›Manette Salomon‹ der Brüder Goncourt abgeschrieben und mit auf den Weg gegeben habe. Er habe dazu bemerkt: »Wissen Sie, das ist die Essenz, für mich die Essenz.« Elias fügt hinzu: »Das Blatt habe ich aufbewahrt. Es enthält unter anderem jene Worte des Coriolis [...], dem ein Kamerad entgegenhält: »Die Hand Michelangelos würde dir nicht genügen?« Und Coriolis: »Die Hand Michelangelos? Erstens ist sie nicht von Michelangelo... Und dann: das meine ich nicht. Man müßte eine Linie finden, die das Leben und nur das Leben gäbe, die ganz dicht dem Individuum, der Ei-

genart auf den Leib rückte, eine lebendige, menschliche, vertrauliche Linie... Eine Zeichnung, die nicht zeichnen gelernt hätte, die vor der Natur dastände wie ein Kind... Eine Zeichnung wahrer als alle Zeichnungen, die ich gesehen habe..., ja menschlicher. Das wollte ich sagen.«[140]

In ihren reinsten Beispielen steht die Hieroglyphenschrift der Liebermannschen Zeichenkunst »vor der Natur... wie ein Kind«; sie gibt »das Leben und nur das Leben«, wie dies nicht anders von der Zeichenkunst Rembrandts gilt. Liebermann hätte es nie gewagt, sein zeichnerisches Werk mit dem des Holländers zu vergleichen – gerade deshalb berührt er sich wieder und wieder auf diesem Felde mit diesem.

Druckgraphik und Illustration

Liebermann war, darin seinen jüngeren Kollegen Max Beckmann oder Oskar Kokoschka nicht unähnlich, keiner der großen Erfinder neuer technischer Möglichkeiten im Bereich der Druckgraphik, wie sie Munch, Nolde oder Kirchner um jene Zeit in kühnen Vorstößen erkundet und entwickelt haben. Er benutzte, zuerst sehr zaghaft, die traditionellen Verfahren, die durch die »Radierbewegung« des neunzehnten Jahrhunderts, durch die »Peintres-Graveurs«, vor allem in England und Frankreich neu belebt worden waren. *Ätz- und Kaltnadelradierung*, gelegentlich auch *vernis mou*«, die Weichgrundradierung, dien-

131 *Der Weber, 1883, Radierung*

ten ihm mit mehr oder auch minder befriedigenden Ergebnissen bei seinen ersten Schritten auf diesem ungewohnten Gebiet. Obwohl er sich bei ausgesprochenen Spezialisten der Technik, bei Karl Koepping und Peter Halm, in die Praxis hatte einführen lassen, ernteten seine ersten Veröffentlichungen dieser Art bei der professionellen Kritik mehr Mitleid als Zustimmung[141]. Hier war offenbar ein Ungeschickter am Werk, als welcher er sich schließlich in seiner schwerfälligen Malerei schon bewiesen hatte. Seine ersten *Kreide-Lithographien*, die hier wiedergegebene schöne *Farblithographie* war eine seltene Ausnahme – waren vielleicht etwas gefälliger. Den *Holzstich* à la Menzel benutzte er, wie dieser, nur für illustrative Zwecke. Ein Experimentator war er gewiß nicht, er gab sich mit dem Geläufigen zufrieden. So blieb sein druckgraphisches Werk fast bis zur Jahrhundertwende nicht nur im Schatten seines übrigen Schaffens, sondern auch vor einer weiteren kunstinteressierten Öffentlichkeit verborgen. Die Auflagen waren niedrig, auch erschienen bis 1900 gerade ein halbes Hundert Motive. In scheinbarem Widerspruch hierzu meinte der Künstler, seine Kunst durch graphische Umsetzungen popularisieren zu können. So verwandte er die vervielfältigenden Techniken auch insofern in traditionellem Sinne, als sie für ihn ursprünglich nur ein Wiedergabeverfahren waren, das, wie etwa der Rubens-Stich, seine bildnerischen Gedanken an einen größeren Kreis von Aufnehmenden heranzutragen hatte. Anfangs geschah dies sogar in Form reiner, beinahe wörtlicher Reproduktion von Gemälden im Medium der Ätz-Radierung – ›Der Weber‹ von 1883 gibt ein bezeichnendes Beispiel hierfür. Mit der Zeit aber löste sich auch seine Graphik, die Radierung zumal, ähnlich wie die Zeichnung, mehr und mehr von der Malerei. Doch griff der Künstler auch späterhin zu wiederholten Malen auf die kompositionellen Vorprägungen seiner gemalten Bilder zurück, die er nun mehr oder minder frei in die lapidarere Sprache des Schwarz-Weiß übersetzte. Bezeichnende Beispiele hierfür bieten etwa die Ätz- und Kaltnadel-Radierungen der ›Netzeflickerinnen‹ oder der ›Kuhhirtin‹. – Ähnlich verhielt es sich ursprünglich mit der Lithographie, die indessen nicht Gemäldeerfindungen sondern Kreidezeichnungen in den vervielfältigenden Druck zu übertragen hatte. Dabei strebte er, etwa bei dem Fontane-Bildnis für den

›Pan‹, eine möglichst weitgehende Übereinstimmung zwischen Vorzeichnung und Wiedergabe an. Durch äußere Anstöße, wie im Falle der Fontane-Lithographie, ist Liebermann überhaupt zu seiner anfangs sehr begrenzten, erst später breiten druckgraphischen Produktion gekommen. Jene ersten wörtlichen Gemälde-Wiedergaben des Jahres 1883 entstanden auf Wunsch der ›Gazette des Beaux-Arts‹ zu einer Zeit, da die photographische Reproduktion von Kunstwerken in Zeitungen und Zeitschriften noch in den Kinderschuhen steckte. Ähnlich war es auch bei jenen akribischen Nachzeichnungen in Feder nach Bleistiftstudien für die ›Schusterwerkstatt‹ gewesen, die er schon 1882 für dieselbe Pariser Zeitschrift ausführte. Erst um 1887, angeregt und belehrt durch den Holländer Jan Veth, der ihn kurz zuvor auf das Motiv der ›Flachsscheuer‹ aufmerksam gemacht hatte, einen Graphikspezialisten von Rang, kam Liebermann recht eigentlich zu selbstständigen druckgraphischen Formulierungen. 1889 stellte er in dem von Veth und einigen holländischen Kollegen gegründeten ›Nederlandsche Etsclub‹ zum ersten Mal seine Radierungen neben Blättern von Jozef Israels, Mauve, Mesdag und Veth, aber auch von Millet und Whistler aus. Liebermann hat sich diese Arbeiten seiner damals berühmteren Kollegen sehr genau angesehen, wie sich in etlichen Fällen in seinen künftigen Werken nachweisen läßt.[142] – Reine Kaltnadel-Radierungen, zuerst als zarte, silbrige, vergleichsweise zaghafte Darstellungen landschaftlicher Motive, entstanden seit 1894. Indessen kann von einer regelmäßigen und umfangreicheren graphischen Produktion erst seit 1906/08 gesprochen werden – nicht zufällig vollzog sich diese Entfaltung parallel zur Befreiung seiner Palette und seiner malerischen Handschrift, die, wie wir gesehen haben, in den ›Judengassen‹ einen Höhepunkt erreichte. Von nun an verfügte der Künstler über eine breite Skala graphischer Ausdrucksmittel. Die Ätz-Radierung mit ihren umständlichen und langwierigen Prozeduren trat dabei immer mehr hinter der spontanen Kaltnadel-Radierung zurück, die jedoch nun alles Zaghafte abgelegt hatte zugunsten einer offenen und spontanen Linienschrift mit viel Grat, die das Papierweiß von Beginn an in die künstlerische Rechnung gleichsam als Farbwert mit einbezog. Zwar war die oben (S. 109) schon erwähnte Selbstbildnis-Radierung aus dem Jahre

132 *Lesendes Mädchen, 1896, Farblithographie*

1906 nach dem Gemälde in der Dresdener Sammlung Rotermundt noch durchaus aus dem Bestreben entstanden, getreu nur wiederzugeben und damit auch einen Darstellungstypus zu popularisieren – doch verlor dieser Gesichtspunkt, von wenigen Bildnissen 77, 133 abgesehen (dem Brinckmann, dem Naumann oder dem Burchard, die jene Hamburger Kunsthallen-Bildnisse zu »reproduzieren« hatten), in der Folgezeit immer mehr an Bedeutung. Gerade im radierten und dann auch im lithographierten Bildnis und Selbstbildnis des zweiten und dritten Jahrzehnts unseres Jahrhunderts suchte Liebermann mit Hartnäckigkeit nach der einen, der unverwechselbar graphischen Form, die der Physiognomie, noch über die Möglichkeiten der Kreide- oder Kohlezeichnung hinaus, das Schlagende, Unvergeßliche einer Medaille aufprägt. Wenn zu Beginn unserer Betrachtung behauptet wurde, daß eine aufgeklärte Öffentlichkeit zu Zeiten in

134 *Bildnis Thomas Mann, 1925, Kaltnadelradierung*

133 *Bildnis Bürgermeister Dr. Burchard, 1911, Kaltnadelradierung*

Liebermann die exemplarische Verkörperung deutschen Künstlertums gesehen habe, so ist diese Behauptung zu erweitern: in den Bildnissen Hauptmanns, Bodes, Goldschmidts, Thomas und Heinrich Manns und einiger anderer, dazu vor allem denen Liebermanns selbst meinte eine ganze Generation von deutschen Gebildeten sich selbst zu erkennen. Und es waren nicht zuletzt die druckgraphischen Formulierungen, vor allem die Kaltnadel-Radierungen mit ihrer Heftigkeit und raschen Schärfe, die diese Übereinkunft zu stützen schienen. – Den absoluten Gipfel aber an graphischer und an psychologischer Prägnanz stellt das Bildnis Hermann Cohens 81 von 1912 dar, das in zwei gegenseitigen, durchaus gleichwertigen Fassungen existiert. In diesem Falle

211, 60, 62, 134

135 *Bildnis Hermann Cohen, 1912, Feder, Bremen*

den Radierungen aus dem Amsterdamer Judenvier- 137
tel, unter dem Eindruck der raffinierten Kunst eines
Whistler, an spezifisch druckgraphischen Wirkungs-
mitteln im Atmosphärischen und Dynamischen zur
unmittelbaren Darstellung des quirligen Volkslebens
entwickelt hatte, noch über das hinaus, was ihm dieses Thema in Malerei und Zeichnung eröffnet hatte,
führte er weiter fort. Verbunden mit eindringlichen
Hell-Dunkel-Effekten erscheint dieselbe nervöse
Diktion 1911 wieder in der meisterlichen Ätz- und
Kaltnadel-Radierung des ›Korso auf dem Pincio‹. Daß 136
rechts zwischen den Bäumen die Peterskuppel im
Dunst erscheint, ist allenfalls topographische Marginalie – nicht das »Ewige Rom« war gemeint und getroffen, sondern das mondäne Vorkriegsleben der
südlichen Weltstadt. – Die schon 1909 entstandene
Hamburger Ansicht der ›Binnenalster‹ mit der knap- 138
pen Silhouette der Türme rafft die herbere, nicht weniger weltstädtische Allüre der Hansestadt, Architektur, Wasser, Schiffsverkehr und das Gewimmel
winziger Menschenfiguren, zu grandioser Vereinfa-
chung mit der Lithographenkreide zusammen. Auch
ein solches Blatt erweist sich als gleichwertig neben
entsprechenden, expressionistischen Stadt-Darstel-
lungen von Nolde, Beckmann oder Kirchner und bestätigt, daß Liebermann, allen Generationsabstän-
den und Aversionen zum Trotz, die Kunstentwick-
lung seiner Tage mit offenen Augen verfolgte. Ebenso
hat er natürlich das breite graphische Schaffen seiner

ist zudem belegt, wie sich der Künstler auch bei einer
Graphik zeichnend, skizzierend und studierend an
135 sein Modell herantastete, erst die Sitzfigur probierte,
bis er im Kopf mit dem knappen Schulteransatz alles
Nötige zur gemeinten Aussage erkannte. Max J.
Friedländer bemerkt hierzu. »Im Porträt hat Liebermann nichts besseres geschaffen wie den Professor
Cohen, dessen salbungsvolles und sich an der eigenen Geisteskraft naiv erfreuendes Wesen unvergeßlich verewigt ist.«[143] Ohne jede expressionistische
Übersteigerung in Form und Ausdruck hat der Graphiker Liebermann hier eine Intensität in der Vergegenwärtigung des Menschengesichts erreicht, wie sie
Beckmann oder Kokoschka in ihren gleichzeitigen
und etwas späteren graphischen Bildnissen nicht ein-
dringlicher gelungen ist.
Die figürlichen und landschaftlichen Darstellungen
in Radierung und zumal in Lithographie folgen demgegenüber in den zehner und zwanziger Jahren mehr
der Entwicklung seiner Zeichnung. Was er vorher in

136 *Korso auf dem Monte Pincio, 1911,*
Ätz- und Kaltnadelradierung

137 *Die Judenstraße, groß, 1908, Radierung*

138 *Hamburg, Binnenalster, 1909, Lithographie*

engeren Kollegen Max Slevogt und Lovis Corinth mit derselben Aufmerksamkeit studiert und sich deren Errungenschaften an rascher und rücksichtsloser Handschrift von Fall zu Fall sehr wohl zunutze gemacht. Daran wird bei den Illustrationen zu erinnern sein.

In den späteren Jahren stand in seiner graphischen Produktion das Bildnis im Vordergrund der künstlerischen Bemühung, sah er sich nach eigener Aussage doch immer mehr vor allem als Porträtist. Daneben haben dann aber auch die Harmlosigkeiten seines häuslichen Lebens, das Familiäre und die Gartenfreude, Eingang in seine Radierungen und Lithographien gefunden. So liebenswürdig und lebensvoll die kleinen Szenen von der Enkelin mit der Kinderfrau oder die Gartenansichten mit und ohne figürliche Staffage sein mögen – sie erreichen kaum jemals die menschliche und die künstlerische Wärme jener privatesten Äußerungen in den ›Familienzeichnungen‹:

Angeregt durch seinen Verleger, doch nicht weniger provoziert durch das Beispiel seiner erfolgreichen Kollegen Slevogt und Corinth, zu denen sich dann Orlik und Meid gesellten, hat Liebermann sich seit jenen fragwürdigen Beiträgen zur Cassirerschen ›Kriegszeit‹ mehrmals zu *Buchillustrationen* verleiten lassen, die freilich die Grenzen seiner Kunst deutlich machen. Da er davon durchdrungen war, daß die künstlerische Phantasie nicht darin bestünde, »das Imaginäre«, »ein nicht Existierendes hervorzuzaubern«, da ihm »die sinnliche Anschauung« der

139, 140, 141

140

139 *Kind und Wärterin auf der Gartenbank, (Das Bilderbuch),
1918, Ätz- und Kaltnadelradierung*

Wirklichkeit das eigentliche Movens seiner Kunst
bedeutete, mußte ihm die bildliche Vergegenwärtigung literarischer Texte grundsätzliche Schwierigkeiten bereiten, wie nicht allein seine wiederholte
Bemühung um das Historienbild im althergebrach-
ten Sinne, vom ›Jesus im Tempel‹ bis zu ›Samson und
Dalila‹, belegt. »Für den Maler liegt die Phantasie allein innerhalb der sinnlichen Anschauung der Natur:
jedenfalls haben alle großen Maler von den Ägyptern,
Griechen und Römern bis zu Rembrandt und Velázquez, Manet und Menzel sich innerhalb dieser Grenzen gehalten.« So schrieb er in seinem selbstbeken-

140 *Wannseegarten mit Bedienerin, 1925, Lithographie*

nerischen großen Essay über ›Die Phantasie in der
Malerei‹. Oder: ›Die Phantasie des Künstlers gestaltet nicht nur in dem Material sondern für das Material seiner speziellen Kunst, sonst kommt gemalte
Poesie oder poetische Malerei, d.h. Unsinn heraus.‹
Endlich: »Die Malerei besteht nicht in der Erfindung
von Gedanken, sondern in der Erfindung der sichtbaren Form für Gedanken.«[144] Die Entwicklungsten-
denz seiner Druckgraphik im allgemeinen war auf
das Schlagende, Unvergeßliche der Medaille oder der
Hieroglyphe gerichtet, das er aus der Wirklichkeit de-
stillierte. Deshalb gelangen ihm in der Illustration
denn auch die Aufgaben am ehesten, da es um die
Darstellung von »Urkonstellationen« des Menschlichen ging, wofür ›Der Fischer‹ aus den wenigen Li- 146
thographien zu Goethe-Gedichten das glücklichste
Beispiel bietet: hier ist wirklich eine Hieroglyphe der
erotischen Anziehung entstanden, die bei aller Simplizität des bloßen Zeichens nun doch »Poesie« enthält. Ähnlich, wenn auch nun ein wenig ins Psychologische weisend, das ihm eigentlich fremd war, die
Szene aus Fontanes ›Effi Briest‹, da das Kind die Mut- 142

141 *Dackel im Lehnstuhl, 1914, Lithographie*

ter besucht: »Oh, gewiß, wenn ich darf.« Es hat etwas Bewegendes, daß Liebermann, im achtzigsten Jahr stehend, zu Fontane zurückkehrte – wenn auch ursprünglich auf die Anregung der Maximilian-Gesellschaft hin[145]. Und es ist so rührend wie symptomatisch für seine Kunstauffassung im allgemeinen und für seine Lebenssituation damals, daß er als Realist die Begebenheiten des Buches von Hohen-Cremmen in sein Wannseehaus und in seinen Wannseegarten verlegte. Der *Ausritt* an der Ostsee aber wurde ihm, in alter, lieber Erinnerung, zu einer Strandszene aus Noordwijk. In diesem letzten Illustrationswerk hat die Lithographie eine Altersmürbigkeit angenommen, die etwa die ›Schlittenfahrt‹ beinahe ins Geisterhafte entrückt.

Neben den *lithographierten* Illustrationen zu Kleist, Goethe, Heine und Fontane – die Autoren sind bezeichnend für den Illustrierenden – hat Liebermann noch zweimal Zeichnungen zu Goethetexten geschaffen, die nun auf Anregung von Bruno Cassirer nach Weise der *Menzel-Holzstiche* von Oskar Bangemann bzw. Martin Hoenemann in Hirnholz ge-

142 *»Oh, gewiß, wenn ich darf«,*
Illustration zu ›Effi Briest‹, 1926, Lithographie

143 *Der Ausritt, Illustration zu ›Effi Briest‹, 1926, Lithographie*

schnitten wurden. Der Verleger meinte diesen Versuch, eine überholte Technik wiederzubeleben, als gezielten Widerspruch zum expressionistischen Flächenholzschnitt der Moderne. ›Der Mann von fünfzig Jahren‹ spielt übrigens wieder »zu Hause«, etwa in der Szene zwischen dem Major und seinem »theatralischen Freunde« unter einer der Liebermannschen Frans-Hals-Kopien über dem Kamin im Wohnzimmer des Wannseehauses. Unsere Abbildung zeigt nicht den Holzstich, sondern die originale Vorlagezeichnung. Auch bei solchen Winzigkeiten ging Liebermann mit der größten Sorgfalt zu Werk und überließ nichts der bloßen Improvisation, dem momentanen Einfall oder dem Zufall, womit der grundsätzliche Unterschied zu Slevogts Illustrationswerk umschrieben ist.

Als ein letztes Beispiel sei eine der liebenswürdigen Vignetten zur ›Novelle‹ Goethes betrachtet, die er 1921 mit Hilfe Bangemanns schuf: »Die Fürstin ihrem Gemahl in den Schloßhof hinab nachwinkend«. In nicht weniger als vier Entwurfsskizzen hat der Künstler bei unterschiedlicher Vollständigkeit Bewegung und Ponderierung der Figur nebeneinander erprobt. Offenbar hielt er das Blättchen selbst für so gelungen als einen Einblick in den Vorgang der Bildfindung, daß er es »Herrn Hancke«, seinem Biographen, widmete.

144 *Federzeichnung zu Goethe, ›Der Mann von fünfzig Jahren‹, 1922, Bremen*

146 *Der Fischer, 1924, Lithographie zu Goethes Gedicht*

145 *Entwurfszeichnung zu Goethes ›Novelle‹, Federzeichnung, 1921, Bremen*

147 *Die Schlittenfahrt, Illustration zu ›Effi Briest‹, 1926, Lithographie*

Das Ende

Der Ausklang dieses gesegneten Lebens hätte still und gnädig sein können. Doch las man am 8. Mai 1933 diese Erklärung Max Liebermanns in der Zeitung: »Ich habe während meines langen Lebens mit allen Kräften der deutschen Kunst zu dienen gesucht. Nach meiner Überzeugung hat Kunst weder mit Politik noch mit Abstammung etwas zu tun, ich kann daher der Preußischen Akademie der Künste, deren ordentliches Mitglied ich seit mehr als dreißig Jahren und deren Präsident ich durch zwölf Jahre gewesen bin, nicht länger angehören, da dieser mein Standpunkt keine Geltung mehr hat. Zugleich habe ich das mir verliehene Ehrenpräsidium niedergelegt.« Hier sprach ein Preuße im besten Sinne. Die ›Vossische Zeitung‹ wagte es, am 9. Mai hinzuzufügen: »Der Rücktritt Max Liebermanns, der zu seinem 85. Geburtstag im vergangenen Sommer zum Ehrenpräsidenten der Akademie gewählt wurde, bedeutet den Abschluß einer bedeutsamen und erfolgreichen Tätigkeit im öffentlichen Dienst. Die Ausstellungen der Akademie sind unter seiner Präsidentschaft zu neuem Ansehen aufgestiegen. Obwohl seiner Entwicklung nach durchaus konservativ eingestellt, hat Liebermann dennoch den Vertretern der jüngeren Generation die Tür geöffnet. – Der Künstler Liebermann erfreut sich nach wie vor, trotz seines hohen Lebensalters, rüstigster Schaffenskraft, wofür noch im vergangenen Jahr das berühmt gewordene Porträt des Chirurgen Sauerbruch Zeugnis ablegte.«

Sauerbruch hatte in Wannsee das Nachbargrundstück neben Liebermanns inne – eine kleine Pforte, zu der beide Nachbarn den Schlüssel besaßen, verband die Gärten zum Zwecke ungezwungener, wechselseitiger Besuche. Als sich Paul Eipper zum 20. Juli 1934 zur Geburtstagsvisite bei Liebermann ansagen wollte, bat ihn dieser, doch besser nicht zu kommen: »Sauerbruch hat mir auch den Gartenschlüssel zurückgegeben. Es lohnt sich für Sie jungen Menschen nicht, sich wegen eines alten Jidden in Gefahr zu bringen.« Eipper besuchte ihn dennoch.[146]

148 *Rudolf Großmann, Bildnis Liebermann, 1921, Lithographie*

149 *Selbstbildnis, 1921, Lithographie*

150 *Oskar Kokoschka, Bildnis Liebermann, 1923, Lithographie*

Oskar Kokoschka, der ein Jahrzehnt zuvor die bedeutende und hellsichtige Bildnislithographie von ihm geschaffen hatte, war der einzige Kollege, der sich zu Wort meldete. Noch im Mai 1933 schrieb er von Paris aus an die ›Frankfurter Zeitung‹, und diese war kühn und nobel genug, den Brief ganz und mit einer redaktionellen Vorbemerkung abzudrucken, die lautete: »Wir geben dem offenen Briefe des Malers Kokoschka gerne Raum. Wir tun es um so lieber, als es heute selten geworden ist, daß ein ›Deutschstämmiger‹ für einen ›Fremdstämmigen‹ mit so warmen Worten eintritt.« Unter der Überschrift: ›Die fehlende Stimme – für Max Liebermann‹ schrieb Kokoschka: »Es ist, besonders heute, begreiflich, da der Staat und die führende Gesellschaft in Deutschland mitsamt dem ganzen Volke wichtigere Sorgen haben, daß der einzelne Künstler nicht das öffentliche Interesse erregt, doch ist es kameradschaftliche Pflicht, für Liebermann Zeugnis abzulegen. Max Liebermann erklärte kürzlich seinen Austritt aus der preußischen Akademie der Künste, nachdem dort der Arier-Paragraph zur Geltung gebracht worden war. Viele Jahre war er Präsident der Akademie. Der Verein der Berliner Sezession, der den Arier-Paragraphen ebenfalls in seine Statuten aufgenommen hat, wird in Zukunft ebenfalls ohne seinen Mitgründer und ehemaligen Präsidenten sein. – Mit einem lebhaften, mit der Entfernung von Deutschland und der Zeit wachsenden Bedauern sehe ich, daß in den Reihen seiner Kameraden, die ihm ein Leben lang gefolgt sind, keiner so empfindet oder, besser gesagt, keiner es zum Ausdruck bringt, daß der 86jährige Greis, wenn er auch jenseits aller Grenzen der Künstlerverbände und deren Interessen stehen mag, mit einem bitteren Gedanken an menschliche Unzulänglichkeit scheiden könnte. – Mein Leben ist zur Hälfte gelebt, mein Werk noch nicht beendet und das von mir Geleistete vielleicht sogar problematisch. Mißverstanden, verfolgt und ausgehungert – so verlief seit meinem achtzehnten Lebensjahr mein Lebensweg. Ein dornenvoller Weg wie der fast aller Künstler. Deshalb sei es mir gestattet, daß ich für Max Liebermann, dessen Werk getan ist, im Namen der deutschen Künstlerkameraden spreche. Ich weiß, es gehört kein Mut dazu, für Max Liebermann aufzutreten und zu sagen: Wenn sein Entschluß schon unwiderruflich ist, dann sollte diese Trennung in Freundschaft vor sich gehen, damit

kein tragisches Mißverständnis entsteht, welches Lehrer und Schüler entzweit, und das nur schaden kann beim Aufbau der neuen Kunst im neuen Deutschland.« Der Brief dieses einzigen Protestierenden ist ein menschliches Dokument und zugleich, in seiner Mischung aus gespielter und wirklicher Arglosigkeit und Ironie, ein solches für die historische Situation in Deutschland.

Das damals weithin kolportierte Bonmot Liebermanns: »Man kann jarnich so viel fressen, wie man kotzen möchte«, traf gewiß die Stimmung bei einem Teil seiner deutschen Mitbürger, doch verschiebt es im Rückblick den grausamen Ernst der Geschehnisse ins Zynische. In Wahrheit war auch die persönliche Lage des Meisters viel schlimmer. Wenige wagten es, ihn noch zu besuchen. Käthe Kollwitz konnte im Herbst des Jahres nicht mehr zu ihm vordringen. Frau Liebermann berichtete ihr von seiner verzweifelten Stimmung, die er nur durch Arbeit zu überwinden vermochte[147]. Walter von Molo, dessen politische

151 *Fritz Huf, Bildnis Max Liebermann, 1923, Bronze, Bremen*

und moralische Rolle sonst eher zweifelhaft gewesen ist, schildert seinen Abschiedsbesuch bei dem alten Herrn: »Jeder war bemüht, sich möglichst unbeschwert zu geben. Gemeinsam sahen wir durch Liebermanns Fenster über die lange Straße der Linden, in der Masten aufgestellt wurden mit den großen Fahnen des neuen Reiches. Es zog wieder irgendein politischer Gast ein. Mit hagerem, verfärbtem und abgezehrtem Gesicht beobachtete Liebermann, wie alles hergerichtet wurde. Auf einmal nahm er mich beim Arm, zerrte mich, wie es seine Art war, nahe an sich heran, denn er war stets der Meinung, der andere höre auch schlecht und sagte: ›Molo, det jeht schlecht aus! Alles, wat mit einer Lüge anjefangen hat, jeht schlecht aus – det weeß ick von mir.‹«[148] Genauer aber und erschütternder ist der Bericht der rumänischen Schriftstellerin Anita Daniel, die ihn auf der Durchreise durch Berlin im November 1934, vermutlich als ein letzter fremder Gast, in seinem Hause am Pariser Platz besuchte: »[…] Liebermann öffnete die Tür. Klein, mager, gebeugt, doch mit unverändert scharfem Blick und regem Ausdruck. Er sprach mühsam, aber ohne Unterbrechung. ›Ich mag nicht mehr leben – ich habe es so satt, so satt – ja, gewiß, ich male noch täglich, aber ich male nur, weil ich so schlechter Stimmung bin, und ich bin so schlechter Stimmung, weil ich so schlecht male. […] Aus der Akademie haben sie mich hinausgeworfen, deren Präsident ich dreizehn Jahre lang war – nur ein einziger von diesen –‹ folgt ein scharfes Wort, ›hat den Mut gehabt, dagegen zu protestieren: Kokoschka. […] Es ist eine schwere Zeit – mich jammert's, wenn ich an die Jugend von heute denke – was soll aus ihr werden? Aber es ist keine vorübergehende Strömung – nein, glauben Sie nur das nicht – das wird lange, lange dauern – das geht über unsere ganze Welt… Wissen Sie, ich lebe nur noch aus Haß. Jeden Tag, wenn ich die Treppe dieses Hauses hinaufgehe, das noch meinem Vater gehörte, steigt der Haß in mir hoch. Ich möchte mit Bismarck antworten: ›Meine Nächte verbringe ich nur noch mit Haß […]‹ Ich schaue nie mehr aus den Fenstern dieser Zimmer – ich will die neue Welt um mich herum nicht sehen. – […] ich bin mein ganzes Leben Deutscher gewesen, nur Deutscher. Seit siebzehn Jahren habe ich Berlin überhaupt nicht mehr verlassen – ich hätte anderswo leben sollen – ich konnte es nicht. Mein ganzes Leben glaubte ich

152 *Liebermann verläßt das Wahllokal, 1932, Photo*

Deutscher zu sein – und jetzt – was bleibt mir jetzt übrig! […] Ich verstehe die Menschen nicht mehr. Ein einziger von den Großen ist rein geblieben, ganz rein, der Mann, den ich am höchsten auf der Welt achte – Einstein.‹ […] Wir sprechen über die englische Ausstellung seiner Bilder […] ›Fahren Sie doch hin, Herr Professor!‹… ›Ach dazu bin ich zu alt, viel zu alt. Und das Leben macht mir gar keine Freude mehr. Glauben Sie mir, ich möchte lieber heute sterben als morgen…‹«[149]

Er starb am 8. Februar 1935. »Im achtundachtzigsten Jahr […] schied aus einem Leben von Leidenschaft und Verpflichtung mein lieber Mann, unser verehrter Vater, Schwiegervater und Großvater Max Liebermann. Auf Wunsch des Verstorbenen findet die Beerdigung in der Stille statt. – Berlin, den 10. Februar 1935. – Martha Liebermann, geb. Marckwald; Käthe Riezler, geb. Liebermann; Kurt Riezler; Maria Riezler. Statt jeder besonderen Anzeige.« Auf dem alten

Jüdischen Friedhof am Schönhauser Tor wurde er im Familiengrab der Liebermanns beigesetzt – unter den Augen der Gestapo. »Wäre er einige Jahre früher gestorben, so hätte es am Pariser Platz im Hause der Akademie eine Leichenfeier größten Stils gegeben. Jetzt waren weder die Künstler, deren Vertreter er fast fünfzig Jahre gewesen war, noch die akademischen Korporationen anwesend. Keiner von den Würdenträgern, die in seiner Wohnung als Gäste aus- und eingegangen waren, erwies ihm die letzte Ehre, kein Abgeordneter der Stadt Berlin, deren Ehrenbürger er gewesen war, kein Offizieller sprach ein Wort des Dankes und des Abschieds. Von allen Künstlern, die er mittelbar und unmittelbar gefördert hatte, waren nur vier zur Trauerfeier erschienen. Es ziemt sich, ihre Namen zu nennen: Käthe Kollwitz, Hans Purrmann, Konrad von Kardorff und Klein-Diepold. Mit seinem Vater, dem Chirurgen Sauerbruch, dem Arzt Liebermanns, war auch dessen Sohn, ein junger begabter Zeichner, erschienen. Am Sarge sprach der Rabbi.«[150] Soweit heute bekannt ist, nahmen außer der Familie und den genannten Künstlern der Maler Erich Braunthal, der spätere Schriftsteller Peter Edel und sein Vater Erich Hirschweh, der Schriftsteller Ludwig Fulda und seine Frau, von den Berliner Museumsbeamten nur Max J. Friedländer und Friedrich Sarre, dann der Kunsthistoriker Adolph Goldschmidt, der Kunstkritiker Max Osborn, der Verleger Bruno Cassirer, der Pressephotograph Abraham Pisarek, endlich als Vertreter der jüdischen Gemeinde deren Vorstandsvorsitzender Heinrich Stahl sowie Rechtsanwalt Alfred Klee und Leo Wolff teil. Der getreue Karl Scheffler sprach – aus seiner Rede seien diese Sätze zitiert: »Weil im Lebenswerk Max Liebermanns Wahrheit und Schönheit eines geworden sind, konnte er zwei Generationen von Künstlern Vertrauensmann und Autorität werden, konnte er wirken wie ein Gewissen der Kunst, konnte die Persönlichkeit das Gewicht einer Institution annnehmen. Alle fühlten, wenn auch oft widerwillig, daß hier ein Echter das Echte ganz selbstlos förderte. Sein Wille schuf Richtpunkte, seine Werke wurden Vorbilder, sein Witz traf, und seinen kategorischen Formulierungen des Kunstgesetzes konnte sich keiner entziehen, weil sein Talent so zwingend war wie sein Charakter. Beides war in ihm eines [...] Eine neue Sehform hatte er mit heraufgeführt, die sich durch das Auge an den

Sinn für das heilig-öffentliche Geheimnis der – wie er selbst einmal geschrieben hat – vom Odem Gottes erfüllten Natur wandte. Diese einst mächtige Sehform ist heute im Zerfließen. Und so kommt es, daß wir mit ihm nicht nur einen großen Künstler zu Grabe tragen, sondern eine ganze Zeit. Er war der symbolische Mensch einer Epoche.«[151]
Die Totenrede des Rabbiners Dr. Malvin Warschauer ist nur teilweise (und im Konjunktiv) in einem Bericht bewahrt, der am 14. Februar 1935 in der ›Central-Verein-Zeitung, Blätter für Deutschtum und Judentum‹ erschien: »Ihm sei durch sein Amt die Aufgabe gestellt, Persönlichkeit, Leben und Schaffen Max Liebermanns an religiösem Geiste zu deuten. Dies erfordere ein Doppeltes: aufzuweisen, was hieran Gnade Gottes und was, im edelsten Sinne des Wortes, Leistung des Verklärten selber sei, wie die Religion sie als höchsten Sinn und Wert des Menschenlebens fordere und ehre. Ein talmudisches Wort möge ausdrücken, was Liebermann an Gnade geworden sei. ›Deine Welt mögest du schauen dürfen in deinem Leben.‹ [...] Zu dem, was diese« (die Gnade) »ihm gegeben, fügte er das selbst Errungene. Es sei vergegenwärtigt durch das Psalmwort: ›Es geht aus der Mensch zu seiner Arbeit und zu seinem Dienste bis zum Abend.‹ Für Liebermann war [...] Arbeit ein Dienst, ein heiliger Dienst an der Kunst. Wie er das Gute erfühlte und suchte, wenn er las – Goethe war seine seelische Heimat –, in den Menschen, in den Werken anderer Meister, so forderte er es von sich und seinem Schaffen. In dieser Forderung war er hart und streng gegen sich. Die Fülle der Ehren, die ihm ward, machte ihn nicht zufrieden und gestillt. Er strebte, ja er stürmte immer wieder vorwärts über sich hinaus. In der Strenge seiner Forderung und der Härte seines Pflichtgefühls zeigt er sich dem deutschen Idealismus und jenem Preußentum verbunden, das durch seine Heimat und wohl auch durch seinen künstlerischen Gestalter Adolph Menzel ihm vertraut und teuer war. So wuchs er durch sein menschlich künstlerisches Ethos zur Größe empor. Es macht ihn nach Friedländers schönem Wort allen Generationen vorbildlich in lauterer Kunstgesinnung und zu einem unvergleichlichen Beispiel organischer Entfaltung.«[152]
Endlich seien aus der Gedenkrede Adolph Goldschmidts, die er im geschlossenen Kreise des Jüdi-

schen Kulturbundes in Berlin gehalten hat, wenige Sätze wiedergegeben: »Als dann [...] auch ihn der harte Schlag der neuen sozialen Politik traf, da war er ein Muster stolzen und vernünftigen Verhaltens. Er hielt sich in allem, was ihn persönlich anging, vornehm zurück, denn er war sich seiner Würde bewußt, aber er bemühte sich, anderen Geschädigten zu helfen, er empfand ihr Schicksal tief als Ungerechtigkeit, und als Patriot trauerte in seinem Herzen um das verlorene Deutschland, dem er aus Generationen heraus angehörte.«[153]

Was sich in diesen Zitaten, den beschämenden Tatsachen und gedämpften Äußerungen um das tragische Ende des eben noch Hochgefeierten wiederfindet, war noch nicht die ganze, grausame Wahrheit. Tochter, Schwiegersohn und Enkelin konnten zwar nach Nordamerika emigrieren und einige, doch nur einige der wertvollsten Kunstwerke dem Zugriff des Hitlerregimes entziehen.[154] Frau Liebermann, achtundsiebzigjährig, blieb allein zurück – sie wollte Werk und Grab ihres Mannes nicht im Stich lassen. Freunde aus Schweden bemühten sich, ihr zur Emigration dorthin zu verhelfen. Prinz Eugen von Schweden, Bruder des Königs, selbst begabter Maler und sehr gebildeter Kunstfreund, Verehrer Liebermanns aus Lichtwarks Zeiten, und auch die Witwe von Anders Zorn wollten Mittel für ihren Lebensunterhalt aufbringen. Frau Liebermann zögerte. Die Wannseevilla wurde beschlagnahmt, ebenso ein Teil der Sammlungen und des Mobiliars. Dann mußte sie auch das Haus am Pariser Platz verlassen. Freunde fanden eine Wohnung im alten Berliner Westen und sorgten für sie; wenige, darunter der Maler Leo von König, besuchten die alte Frau. Als sie dann endlich bereit war zu gehen, hatten die Nazibehörden die »Ablösungssumme« für ihre Ausreise so hoch angesetzt, daß alle Hilfe aus dem Ausland umsonst war. Im März 1943 erfuhr sie, daß sie am nächsten Tag »abgeholt« werden würde. Sie nahm Veronal und starb unter Qualen am 10. März im Jüdischen Krankenhaus.[155]

Damit endet die Lebenschronik Max Liebermanns, der ein großer deutscher Künstler – Maler, Zeichner, Graphiker – war. Dieses Buch möchte daran erinnern, daß die deutsche Geistesgeschichte arm ist an Gestalten seiner Art. Er verband naive Schöpferkraft, die seltene Fähigkeit, »Bilder« zu prägen, mit weltläufiger Geistigkeit und hoher, humaner Kultur.

Tafel 1
Atelierecke
1871, Öl auf Holz, 20 × 24 cm
Kunsthalle Bremen

Abgesehen von wenigen, eher akademischen Talentproben vor und während seiner Lehrzeit, ist diese Winzigkeit an Thema und Aufwand das erste reine Dokument für Liebermanns seltene Begabung, das in der Wirklichkeit Erblickte ohne Umschweife in Form und Farbe zu übersetzen. Trotz des kleinen Formats ist daraus keine feinpinselige Miniaturmalerei geworden, wie sie die Spezialisten der holländischen Kunst des 17. Jahrhunderts oder des deutschen Biedermeiers aus einem solchen Thema gemacht hätten. Es ist einerseits ein Stilleben mit seiner Fülle von Gegenständen und Stofflichkeiten, die sorgfältig und zugleich großzügig im modellierenden Licht wiedergegeben sind. Andererseits ist es zugleich eine Interieurdarstellung mit einer ausgesprochenen Raumstimmung. Damit nimmt das Bildchen wesentliche Züge des so viel

aufwendigeren Atelierbildes von 1902 vorweg (Tafel 25). Wie dort verzichtet der Künstler auch hier auf alle Requisiten musischer Inspiration, mit denen spätromantische Meister ihre Werkstatt zu dekorieren pflegten: Palmwedel, geraffte Draperien oder Gipsabgüsse. Wie dort steht auch hier die Arbeit selbst, das künstlerische Handwerk mit seinem sachlichen Zubehör, im Vordergrund des Interesses. Damit gewinnt die kleine Studie des Anfängers geradezu symbolische Bedeutung für sein künftiges Schaffen, das sich unter dem Motto handwerklicher Arbeit und sachlicher Weltsicht entfalten sollte. – Die »Ergänzung« der Studie durch das alte Akademiemodell, Lehnstuhl und Fenster, dazu einen größeren Reichtum an Details, vermochte dem ursprünglichen Eindruck nichts wirklich Neues hinzuzufügen.

153 *Im Atelier (Der Antiquar), 1871,*
Öl auf Leinwand, 30 × 41 cm

Tafel 2
Kartoffelernte
1875, Öl auf Leinwand, 107 × 170 cm
Düsseldorf

Die Darstellung bäuerlicher Arbeit in der Landschaft ist durch Millet zu einem Hauptthema der realistischen Malerei des neunzehnten Jahrhunderts in ganz Europa geworden. Während aber die meisten Nachfolger und Nachahmer des großen Franzosen bis zu van Gogh in ihren Bildern dessen pathetischen Gefühlsausdruck nachzuempfinden oder gar zu übertreffen suchten, wobei sie nicht selten ins Sentimentale gerieten, hat Liebermann von Beginn an seine entsprechenden Motive mit großer Nüchternheit betrachtet. Auch verzichtete er immer darauf, Sozialkritik in seine Bildrede einfließen zu lassen, was man ihm als Mangel vorgeworfen hat. Doch geschah dies nicht aus Gefühllosigkeit gegenüber seinen Mitmenschen, sondern aus Ehrfurcht vor der Wirklichkeit. Er war durchdrungen von der gottgege-

benen, alttestamentarischen Wahrheit, daß das Menschenleben Mühe und Arbeit bedeute. Und er sah, vor aller falschen »Blut und Boden«-Romantik, in der Bindung des bäuerlichen Menschen an die Erde das Sinnbild für eine Urbeschaffenheit der menschlichen Existenz. Davon gibt seine ›Kartoffelernte‹ auf schlichte und ruhige Weise, in einfacher Formensprache und gedämpfter Farbigkeit, Kunde. Indem er die Gestalten seines Bildes und ihr Tun in den großen, perspektivisch betonten Raumzusammenhang einordnet, versinnlicht er die Übermacht der Natur. Doch geschieht dies leise und nicht im Predigerton.

154 *Kartoffelernte (Detail), 1875*

152

Im Gegensatz zur ›Kartoffelernte‹ gibt Liebermann in diesem Werk ein wahrhaft monumentales Bild der bäuerlichen Wirklichkeit, so wie sie sich ihm in Barbizon darstellte. Monumental sind nicht nur die äußeren Abmessungen der Leinwand, sondern auch Auftritt und Ausdruck der Bildgestalt – und der Bildgestalten, obwohl diese etwas unter Lebensgröße messen. Die friesartige Komposition, die bewußt oder unbewußt verschiedene klassische Vorbilder aus der Kunstgeschichte von Masaccio bis Courbet übernimmt und variiert, rückt die Arbeitenden hinter einer schmalen Bildschwelle nahe an den Beschauer heran und läßt ihn das Mühevolle ihres Tuns unmittelbar spüren. Gegenüber diesem schweren »Figurenrelief« mit seiner plastischen Präsenz und realistischen Direktheit tritt die Landschaft hier stärker zurück als bei dem voraufgehenden Bild. Bewußt vermeidet der Künstler auch hier lautes Pathos und große Geste. Der Vergleich zwischen der kleinen Bildskizze und der Gesamtkomposition zeigt deutlich, wie bedachtsam Liebermann sein Bildpersonal ordnet und aus der bloßen Reihung in einen formalen Rhythmus mit Betonungen und Intervallen bringt. Erst hieraus ergibt sich der machtvolle Ausdruck des endgültigen Werks.

155 *Arbeiter im Rübenfeld, Ölskizze auf Leinwand, 17 × 34 cm, Hannover, 1875–76*

156 *Arbeiter im Rübenfeld (total), 1875–76*

Nicht Paris und die dort im Entstehen begriffene, impressionistische Freilichtmalerei haben Liebermanns Lösung von der schweren und dunklen Farbskala seiner Anfangsjahre bewirkt, sondern die Amsterdamer Waisenmädchen. Deren überlieferte Tracht mit dem blendenden Weiß ihrer Hauben und ihres Leinenzeugs zu dem Schwarz oder Schwarz-Rot ihrer Kleider hat ihm die Augen geöffnet für das Licht und seine künftige Malerei mit ihrer Helligkeit und Lebendigkeit möglich gemacht. Dabei spielten außerdem gewisse Anregungen aus der Delfter Malerschule der Rembrandtzeit (Jan Vermeer und Pieter de Hooch) ohne Frage eine auslösende Rolle. Die ›Nähschule‹, der Arbeitssaal oder das Klassenzimmer des katholischen Waisenhauses in Amsterdam, in das der Künstler erst nach großen Schwierigkeiten Zugang fand, markiert einen Wendepunkt auf seinem Wege in die malerische Zukunft. Aus einer noch skizzenhaften, ersten Fassung des Motivs (Abb. 157), die er an Ort und Stelle malte, hat er mit wenigen, doch wesentlichen Veränderungen in der Raumkonstruktion und durch wenige Zutaten (Lampe, Bild, Blumenstrauß) das endgültige Bild entwickelt, in dem sich dennoch die ganze Frische des ursprünglichen Augenerlebnisses erhalten hat. Licht, silbriges Licht durchdringt den ganzen Raum, umhüllt die still auf ihre Arbeit gesammelten Mädchen und verbindet sie bei ihrem lautlosen Tun. Der atmosphärische Zusammenhalt rangiert über dem Detail. Durch winzige Varianten in Haltung und Beleuchtung, durch eine kaum spürbare Stufung in der Genauigkeit der verschiedenen Gesichter gliedert und ordnet der Maler seine Komposition. Das Ganze wirkt wie ein zufälliger Ausschnitt und ist doch bis ins Letzte ausgewogen.

157 *Holländische Nähschule, 1876,*
erste Fassung, Privatbesitz

Das Erlebnis Hollands und nicht zuletzt Amsterdams hat Liebermanns Lebensweg und künstlerische Entwicklung fast bis in die letzte Phase seines Schaffens bestimmt. Der Dächerblick über die alte Stadt mit dem Turm der Westerkerk im Hintergrund, zu dessen Füßen Rembrandt begraben liegt, ist die erste und vielleicht schönste, weil einfachste Huldigung des Malers an den genius loci. Wahrscheinlich handelt es sich bei dem Bildausschnitt um eines jener aus dem Moment geborenen visuellen Erlebnisse, die für Liebermanns Kunst bezeichnend sind. Ähnlich sollte es beim ›Altmännerhaus‹, bei der ›Freistunde der Waisenmädchen‹, bei der ›Seilerbahn‹ oder der ›Flachsscheuer‹ sein, was er selbst mit dem Vergleich umschrieben hat, »als habe er auf eine Spiralfeder getreten«. Immer aber, und so auch hier bei diesem Blick aus einem Hotelfenster, hat der Maler (oder auch der Zeichner) aus dem im Augenblick Empfangenen ein Dauerndes an Ausdruck zu gestalten vermocht. Aus den wenigen Bruchstücken von Architektur: Giebeln, Fenster, Dächern, aus einigen fast abstrakt anmutenden Bauteilen: Rechtecken, Dreiecken, Parallelen und Schrägen, destilliert er eine Hieroglyphe der geliebten Stadt, ihren Inbegriff im silbergrauen Alltagslicht. So entsteht nicht eine Vedute mit genau bestimmbaren, markanten Bauwerken – auch der Turm hinten ist beinahe zum bloßen Zeichen verfremdet –, vor den Augen des Betrachters bildet sich aus banalen und anonymen Elementen, aus bloßen Andeutungen das »ganze« Amsterdam. – Ähnlich verfährt Liebermann auch bei der kleinen Kreidezeichnung, die aus knappsten Chiffren (Häuserwand, Baumstämmen und schattendem Laub) den Inbegriff der Örtlichkeit suggeriert.

158 *Motiv aus Amsterdam, um 1900, Kreidezeichnung, 18,6 × 11,3 cm, Bremen*

Ursprünglich wird auch die Innenansicht der Amsterdamer Synagoge der Augensinnlichkeit des Künstlers ihre Entstehung verdankt haben. Liebermann, als Besucher des Gotteshauses, sah und notierte – zuerst wahrscheinlich mit dem Stift in eines der kleinen Skizzenbücher, dann ausführlicher mit Pinsel und Farbe. Doch muß in diesem Falle schon bald ein anderes Moment die Niederschrift mitbestimmt haben: Das in der unmittelbaren Nachbarschaft an der Jodenbreestraat gelegene Rem-

brandthaus und die portugiesische Synagoge selbst, in der über Spinoza der Bann wegen Gotteslästerung verhängt worden war, bedeuteten mit ihrer Umgebung für den Künstler Heimat in mehrfachem Sinne, der er sich nicht allein aus visueller Neugier nähern konnte (s. u. Tafel 36). So blieb es nicht bei der üblichen Sachschilderung der räumlichen Verhältnisse mit ihrem Holzwerk, den Bänken und der Kanzel, dem flämischen Kronleuchter, dem Fenster im Hintergrunde mit den Schattengestalten der Beter darunter. Das einfallende helle Licht ist kein nüchternes Licht, seine Wärme ist unmittelbarer Ausdruck des Gefühls, das den ganzen Raum und das ganze Bild mit seltener Intensität erfüllt: Rembrandt ist nicht allein im Helldunkel zugegen. Als Liebermann hier saß, arbeitete und dachte, kam ihm der Gedanke, in diesem Geiste ein Figurenbild, eine religiöse Historie zu schaffen. So hat der ›Zwölfjährige Jesus im Tempel‹ hier seinen Ursprung gefunden. Für die Ausführung der komplizierten Komposition bezog sich der Maler indessen auf eine zweite derartige Lokalstudie, die er erst zwei Jahre später in der Sephardischen Synagoge in Venedig gemalt hat (Abb. 159).

159 *Synagoge in Venedig, 1878, Gemälde, Verbleib unbekannt*

Nicht wenige seiner Zeitgenossen nahmen Anstoß daran, daß Liebermann als Angehöriger einer anderen Religionsgemeinschaft ein Thema der christlichen Heilsgeschichte so darstellte, als sei er damals mit dabeigewesen, da ein Kind von raschem Geist den Schriftgelehrten die Bibel auslegte. Denn der Künstler verzichtete bei seiner Schilderung auf alle die zeitüblichen Theatereffekte, auf übersteigerte Gestik oder Erleuchtung, auf Dämmerlicht oder Heiligenschein. Am hellen Tage steht der Knabe im Kreise der ihm skeptisch Lauschenden und macht ihnen mit knappen Argumenten und ebensolchen unterstreichenden Handbewegungen klar, was er als richtig erkannt hat. Da ist nichts von Inspiration und religiösem Geheimnis, da ist auch in der Charakterisierung der Figuren und des Raumes nichts von heiliger Begebenheit. Dies ist eine wirklichkeitsnahe Genreszene, herb und direkt, und gerade darin dem geheimen Vorbild, Rembrandt, näher, als der flüchtige Betrachter zuerst erkennen mag. Doch fehlt dem sorgfältig ausgewogenen Gefüge dieser vielgliedrigen Figurenkomposition jener Ton warmen Gefühls, der die Amsterdamer Synagogenstudie auszeichnete – dieses Gefühl erwuchs dem Künstler nur aus der Begegnung mit der Realität selbst. Obwohl er es zeitweilig gern gewesen wäre – er war kein Historienmaler, kein Erfinder dramatischer, psychologisch zugespitzter Geschehnisse, die er hätte in Fabellicht entrücken können. So hat er es denn nur selten wieder unternommen, aus der Welt des unmittelbar Anschaulichen in einer Sphäre des Vorgestellten zu fliehen (vgl. Tafel 32). Er erkannte, daß seine Domäne die Wirklichkeit war.

160 *Studie zum Jesus, 1879,*
Bleistiftzeichnung, 30 × 23,5 cm, Hamburg

161 *Studie zu einem der Schriftgelehrten,*
Bleistiftzeichnung 29,5 × 23,5 cm, Hamburg

Wahrscheinlich war dieses hochformatige Bild die Vorstufe für das aufwendigere Querformat desselben Themas mit zahlreichen Figuren, das er in zwei Fassungen ausgeführt hat, wobei er sich eine grundsätzlich andere Aufgabe stellte als hier (Tafel 9). Denn dies lebt aus der bloßen Andeutung, während dort breiter »erzählt« wird, soweit sich Liebermann das in seiner Malerei überhaupt gestattete. Wie ein Gewölbe führt der begrünte Laubengang in knapper Verkürzung in die Tiefe des Bildes bis zur Haustüre in der hellen Rückfront des eigentlichen Altmännerhauses. Unter dem Laubengang und seiner Perspektive folgend, hocken zwei, drei Männer in dunklen Röcken auf einer schmalen Bank beieinander. Sie sind kaum im einzelnen charakterisiert, sondern zu gemeinsamer Silhouette zusammengefaßt. Zwei weitere, schwarzgekleidete Gestalten, die im Ausdruck ihrer Bewegung deutlicher akzentuiert scheinen, treten hinten als einzelne auf – da, wo das Licht heller auf den Hof fällt. Damit sind die Bestandteile schon vollständig aufgezählt, aus denen sich das einfache Bild zusammensetzt. Eine begrenzte, milde Farbskala um Blond und Grau und Grün unterstreicht die Simplizität des Ganzen. Nicht aber ist damit erklärt, was dieses Kunstwerk so unvergeßlich macht, unvergeßlich auch in seinem »Inhalt«, der leise und lakonisch sagt, daß diesen alten Männern inhaltlos und still die Zeit verrinnt. So wird Wirklichkeit zum Sinnbild des Lebens.

Wo Liebermann bei dem Stuttgarter Bild (Tafel 8), seinem ersten Augeneindruck folgend, mit bloßen Andeutungen und wenigen Figuren auskam, breitet er hier sein Thema aus, wie es dem breitgelagerten Bildformat entspricht. Unter durchsonntem Laubdach führt der Gartenweg in die Bildtiefe bis zu einer hölzernen Pergola, die offenbar einfach durch eine Holzplanke abgeschlossen wird. (Das Altmännerhaus selbst, das dem Bild den Titel gab, ist nicht zu sehen.) An den Seiten des Weges stehen Bäume in rhythmischem Abstand, darunter Bänke, auf denen die Alten sitzen – um die zwanzig an der Zahl, wozu noch einige Stehende und Gehende kommen. Alle sind einheitlich schwarz gekleidet mit schwarzen Mützen oder Hüten, wirken ernst und gesetzt. Weniger in ihren Gesichtern als in ihren Bewegungen und Stellungen sind sie jeweils als einzelne charakterisiert, die hier in zwangloser Gemeinsamkeit beieinander sind. Die Sonne scheint und malt die berühmten Liebermannschen Lichtflecken auf den Boden, hier und da auch auf die Gestalten. Einige gelbe Blätter weisen als Zeichen des Herbstes auf das Lebensalter der Dargestellten, auf den Sinn auch dieses Bildes. – Die zweite, in den Physiognomien und im Lichterspiel ausführlichere Fassung (Abbildung 162) bekräftigt den erzählenden Ton der Szene, wendet ihren schlichten Sinn aber nicht ins Anekdotische.

162 *Altmännerhaus, zweite Fassung, 1880,*
Öl auf Leinwand, 55 × 74 cm,
Schweinfurt, Sammlung Georg Schäfer

Tafel 10
Schusterwerkstatt
1881, Öl auf Holz, 64 × 80 cm
Berlin/DDR

Der Vergleich zwischen der wesentlich kleineren, skizzenhaften ersten Fassung (Abbildung 163) des Themas mit seiner endgültigen Gestalt in dem Berliner Bilde läßt deutlich erkennen, mit welchem handwerklichen Ernst und welcher planerischen Sorgfalt Liebermann hier wie fast immer zu Werke ging. Als erstes fällt das schräggestellte, zu einem Spalt geöffnete Fenster ins Auge, das der ganzen Szene etwas Momentanes, Unruhiges verleiht. Auch läßt dieses Fenster mehr von der dahinterliegenden Landschaft erkennen; es erweitert also die Räumlichkeit, während die senkrecht geteilten, staubigeren Scheiben im ausgeführten Werk den Raum schließen. Dieser von der Lichtquelle des Fensters gleichmäßig durchleuchtete Arbeitsraum aber mit seiner Atmosphäre von sachgemäßem Handwerk, von Fleiß und Tüchtigkeit, ist der eigentliche Bildgegenstand. Auf der Basis solider zeichnerischer Vorarbeit (Abbildung 27) gelangt der Künstler zur malerischen Verwirklichung seiner Bildidee. In kurzen Pinselzügen, tupfend und gelegentlich mit der Farbe zeichnend, doch nicht schreibend, modelliert er die Formen im Gegenlicht. Dabei verliert sich der Maler nirgends ins Kleinliche oder Überdeutliche. Er verschmilzt die farbige Oberfläche mit ihrer hellen Skala von Blau, Grau, Blond und Braun zu schwebendem Email. So gelingt es ihm vollends, die Vielheit der Dinge zu einheitlicher Raumstimmung, zur Ganzheit zu vereinigen.

*163 Schusterwerkstatt, Skizze, 1880,
Öl auf Pappe, 22 × 29 cm, Schweinfurt,
Sammlung Georg Schäfer*

Der Maler rückt so nahe an sein Modell heran, daß die untere Rahmenkante ihren Rocksaum noch überschneidet – so nahe, wie er es bisher bei keinem seiner Bilder getan hat. Vor der Backsteinwand ihres Hauses, markiert nur durch den grünen Fensterladen, im hellen, neutralen, »holländischen« Licht sitzt die Bauersfrau aus Delden beim Klöppeln der berühmten Brabanter Spitzen. Mit äußerster Aufmerksamkeit folgt ihr Blick dem Tun ihrer Hände. An ihrem gesammelten Gesichtsausdruck ist abzulesen, daß die komplizierten handwerklichen Verrichtungen alle Sorgfalt erfordern. Die Anspannung drückt sich nicht nur in ihrer Haltung, sondern zumal auch in dem auf der Kippe stehenden Stuhl aus. Doch sind das Einzelzüge, die sich bei näherer Betrachtung völlig in der großen Ruhe auflösen, die diese Gestalt und die das ganze Bild ausstrahlen. Trotz ihres begrenzten Formats – die Frau ist nur halblebensgroß – besitzt diese Menschenschilderung innere Monumentalität. Zwar ist auch hinter dieser Vergegenwärtigung bäuerlichen Lebens das Beispiel Millets noch zu erkennen, doch geht Liebermann über Millet und vor allem über dessen Nachahmer weit hinaus, weil er ohne jeden Nebenklang des Pathetischen oder des Sentimentalen auskommt. Die Nüchternheit der Wirklichkeitssicht, die begrenzte, klare Farbigkeit und der Schmelz der Malerei, vor allem die phrasenlose Ehrfurcht vor der Natur stellen ein solches Werk als ebenbürtig neben entsprechende Bilder Wilhelm Leibls.

164 *Ölstudie nach einer Brabanter Klöpplerin, 1881, Verbleib unbekannt*

Tafel 12
Freistunde im
Amsterdamer Waisenhaus
Detail, 1881–82, Öl auf Leinwand
78,5 × 107,5 cm, Frankfurt am Main

Mit diesem vielfigurigen Freilicht-
bild suchte Liebermann in einer großen Anstrengung zusammenzufas-
sen, was er sich in seinem bisherigen
Werk Schritt für Schritt an künstlerischen Entdeckungen und Eroberun-
gen erarbeitet hatte. Da ist die Ge-
samtatmosphäre und die Detailfülle,
da ist die Nähe der Betrachtung und
ihre malerische Zusammenfassung,
da ist präzise Zeichnung und emailhafte Malerei, da ist plastische Form
und auflösendes Licht mit den flir-
renden Sonnenflecken – da ist Monumentalität. Aus zahlreichen gemalten und gezeichneten Vorarbeiten,
Gesamtskizzen und Einzelstudien
hat der Künstler in langer, mühevol-
ler Arbeit, zuerst an Ort und Stelle,
dann im Münchener Atelier und im
daneben gelegenen Ateliergarten,
sein Bild entwickelt, aufgebaut und
zusammengeschmolzen: ein wahrer
Kraftakt an Hartnäckigkeit und

Fleiß, an Planung und Konzentration. Mag man auch hier und da das
Zusammengesetzte, das aus verschiedenen Ursprüngen und Bestandteilen Gefügte erkennen, mag
die Anstrengung spürbar sein, mag
die letzte Verschmelzung der vielen
Elemente durch das drastische Hilfsmittel der verstreuten und zugleich
vereinigenden Sonnenflecken etwas
gewaltsam scheinen – Liebermann
ist mit diesem Bilde eine Meisterlei-
stung gelungen, die die Voraussetzung für sein künftiges Werk der großen Figurenbilder schuf.

165 *Freistunde im Amsterdamer Waisenhaus*
(total)

Tafel 13
Amsterdamer
Waisenmädchen
1881 (?), Öl auf Leinwand
66 × 88 cm, Berlin/DDR

Über die Reihenfolge der verschiedenen in Öl gemalten Kompositionsskizzen für die große Fassung des Frankfurter Bildes wird trotz der eigenhändigen Datierung des Bremer Exemplars auf 1881 (Abbildung 167) kaum jemals Einigkeit zu erzielen sein. Ob das skizzenhafteste Stück (Abbildung 166) wirklich am Anfang steht und also schon bei der ersten

Auseinandersetzung mit der Bildidee entstanden sein müßte, ist fraglich – entspricht es doch in der Raumdisposition und der Anordnung der vorderen Mädchengruppe rechts weitgehend der endgültigen Version. Unsere Zusammenstellung, die zudem nicht vollständig ist, versucht nicht, dieses Problem zu lösen. Sie möchte dem Betrachter stattdessen nur vor Augen führen, mit wie vielen Skrupeln und welchem formalen Verantwortungsgefühl Liebermann jeweils an seine Aufgaben heranging, wie er sein Thema von immer neuem Gesichtspunkt aus prüfte und wendete. Vor allem aber zeigen die Skizzen in ihrer frischen Handschriftlichkeit den Maler Liebermann, der schon hier manches vorwegnahm, was er später, etwa in den Judengassen oder den Strandbildern, zum Prinzip seiner spontanen Weltsicht gemacht hat.

166 *Ölskizze zu den Waisenmädchen, 1876 (?),*
Verbleib unbekannt

167 *Ölskizze zu den Waisenmädchen, 1881 (?),*
Öl auf Leinwand auf Holz, Bremen

Auch in diesem Falle ist der eigenhändigen Datierung Liebermanns auf 1882 nicht unbedingt zu trauen; denn es handelt sich offensichtlich um eine Modellstudie für das stehende Mädchen vor dem zweiten Mauerpfeiler von rechts auf dem Frankfurter Bild. Dadurch aber, daß der Maler die Gestalt vor neutralen, grauen Grund gestellt hat, der möglicherweise eine spätere Zutat ist, was jene in die Farbe eingekratzte Jahreszahl erklären könnte, ist aus der bloßen Vorstudie ein in sich geschlossenes kleines Kunstwerk geworden. Haltung und Ausdruck des nicht unbedingt »hübschen« Kindes verleihen dem in unserer Wiedergabe nur wenig verkleinerten Bildchen eine spröde Liebenswürdigkeit, einen rührenden Charme, wie er sich so nicht häufig im Schaffen des Künstlers findet. – Die Bleistiftstudie mit der dreimaligen Wiederholung eines sich vorbeugenden Mädchens findet sich nicht wörtlich im ausgeführten Bilde wieder, ist ohne Zweifel aber im Rahmen der vielen Vorarbeiten zu diesem zu sehen. Sachlichkeit und Naturtreue bestimmen die so zarte wie bestimmte Linienschrift.

168 *Studien nach einem holländischen Mädchen, um 1881, Bleistiftzeichnung, 34,6 × 22,7 cm, Bremen*

Tafel 15
Rasenbleiche
1882–83, Öl auf Leinwand
108 × 173 cm, Köln

Obwohl dieses Bild seine endgültige Gestalt nicht sogleich gefunden hat – Liebermann entfernte eine kniende Vordergrundfigur und veränderte im Zusammenhang damit das Bildformat (vgl. Abbildung 170) –, scheint es wie aus einem Guß entstanden. Eines der häufig wiederkehrenden Bildmotive des Künstlers, der von Baumkronen überwölbte Landschaftsraum, hat hier zum ersten Mal vollkommenen Ausdruck gefunden. Es ist eine von Menschen geprägte und von Menschen belebte Landschaft: Gartenwelt mit weiten Rasenflächen, zu deren Grün das ausgebreite-

te Leinen einen reizvollen Kontrast bildet, den der Maler offenbar besonders geschätzt hat; denn er hat dieses Motiv, das schon Jacob van Ruisdael entdeckt hatte, mehrmals dargestellt (Tafel 16 und Abbildung 171). Die an Ort und Stelle gemalte kleine Landschaftsstudie (Abbildung 169) enthält bereits alle Eigenschaften des künftigen Bildes bis auf die Figuren und einige Sachdetails. Diese Figuren aber sind nicht allein als Bewegungsakzente zur Gliederung des Bildraums wichtig, sie sind ebenso für den Stimmungsgehalt des Bildes von Bedeutung. Hier ist ja keine übermächtige Natur geschildert, sondern so etwas wie ein Freilicht-Innenraum, der den Menschen und sein Tun wie ein grünes Zimmer freundlich umschließt. Insofern verweist dieses Bild bereits auf die späte Landschaftsmalerei Liebermanns mit seinen Wannseegärten (Tafel 47).

169 *Landschaftsstudie (Garten in Holland),*
1882, Öl auf Papier auf Pappe, 17 × 35 cm,
Privatbesitz

170 *Wiedergabe der Nachzeichnung*
Liebermanns nach der ursprünglichen
Fassung des Bildes aus dem Pariser
Salonkatalog von 1883

178

Tafel 16
Die Bleiche
(Gehöft an der Dorfstraße)
1884, Öl auf Holz, 27,5 × 45 cm
Privatbesitz

»Holland erscheint auf den ersten Blick langweilig« – dieses harmlose Bildchen scheint Liebermanns Behauptung zu illustrieren; denn einfacher und alltäglicher kann ein Landschaftsausschnitt im holländischen Flachland nicht sein: etwas Baumwuchs und Buschwerk, eine Hausecke, ein Weg zwischen hölzernen Zäunen und weit sich dehnendes, grünes Land unter silbergrauem Himmel. Bescheidener aber läßt sich auch die figürliche Belebung der simplen Szenerie kaum denken: eine Bäuerin breitet Leinenzeug zum Bleichen oder Trocknen aus, ein Mann geht vorüber – die beiden nehmen noch nicht einmal Notiz voneinander. Liebermann fährt jedoch in jenem Text fort: »Wir müssen erst seine heimlichen Schönheiten entdekken. In der Intimität liegt seine Schönheit. Und wie das Land, so die Leute…« Die »heimliche Schönheit« auch dieses Bildes liegt in sei-

ner »Intimität« nach Format und Bildausschnitt. In gleichsam lakonischer Malerei beschwört es den Charakter des Landes, seine Kargheit und seinen stillen Zauber. Über Jahrhunderte hinweg gibt es eine Wesensverwandtschaft zwischen dieser Weltsicht und jener, die die Landschafter der Rembrandtzeit in ihren Zeichnungen praktiziert haben: aus einem Nichts an Motiv ersteht eine ganze Welt. – Die beinahe gleich große Studienzeichnung schildert eine ähnliche Szene vor dem Hintergrund dörflicher Häuser und Gärten. Genauer sind diese sachlichen Elemente studiert und wiedergegeben, während die Gestalten nur in ihrer momentanen Bewegung andeutungsweise notiert werden. So blickt man dem Zeichner unmittelbar bei der Arbeit über die Schulter. Auch hier wird, wie in dem Bilde, im »Weglassen« das Wesentliche des dörflichen Lebens festgehalten.

171 *Wäschebleiche in Holland, nach 1895, Kreidezeichnung, 31 × 46 cm, Bremen*

In diesem Bilde ist es Liebermann gelungen, die beiden wichtigsten Strömungen der deutschen Wirklichkeitskunst aus der zweiten Hälfte des 19. Jahrhunderts zu glücklicher Gemeinsamkeit zusammenzuführen: Adolph Menzels scharfsichtige Detailfreude bei der Beobachtung alltäglichen Lebens und Wilhelm Leibls malerische Betastung der Dinge im Licht. Dabei haben sich beide, der Preuße und der Bayer, wie Liebermann selbst, durch französische Eindrücke aus der Kunst Manets und Courbets inspirieren lassen. Um so mehr ist zu bewundern, daß aus so vielartigen Ursprüngen ein in sich vollkommen ausbalanciertes Kunstwerk entstanden ist. Bei aller Genauigkeit in der Wiedergabe der vielfigurigen Szene unter dem durchsonnten Laubdach, bei aller Sorgfalt in der Schilderung der einzelnen Begebenheiten von den spielenden Kindern vorn bis zur Musikkapelle hinten, drängt sich das Anekdotische nir-

gends über Gebühr hervor, wie dies bei Menzel nicht selten geschieht. Andererseits bleibt in der malerischen Verschmelzung des Vielen und Farbigen zum lichterfüllten Ensemble das einzelne als lebendige Stimme im Gesamten durchaus bewahrt. Durch das voraufgegangene, liebevolle zeichnerische Studium, etwa bei dem trinkenden Kind vorn links, ist der Komposition von vornherein Halt und Ordnung gesichert.

172 *Spielende Kinder, 1890, Radierung, 26,8 × 34,4 cm*

173 *Frau und trinkendes Kind, 1884, Bleistiftzeichnung, 32,8 × 23,7 cm, Privatbesitz*

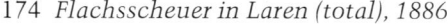

Tafel 18
Flachsscheuer in Laren
Detail, 1886, Öl auf Leinwand
135 × 232 cm, Berlin/DDR

Dies ist das erste der großen Figuren-Bilder Liebermanns, in denen er die bäuerliche Arbeitswelt in monumentaler Gestalt – nicht preist, nur schildert. Im Sinne des Psalmenworts, das er zu zitieren liebte, verstand er die Arbeit, auch die hier geschilderte dörfliche Gemeinschaftsarbeit, nicht als Fron, sondern als selbstverständliche Mühe und Aufgabe des Menschen, die ein jeder auf seine Weise zu erfüllen hat. Aus zahlreichen Skizzen und Studien (Abbildung 38) ist diese vielfigurige und also vielgliedrige Komposition am Ort des Geschehens entstanden. Etwa zwanzig Gestalten sind versammelt, um in Gemeinsamkeit dem primitiven Herstellungsvorgang zu dienen. Die Kinder, die im Halbschatten unter den Fenstern die Schwungräder in Gang halten, treten dabei nur wenig in Erscheinung. Die Frauen und Mädchen, denen das eigentliche Geschäft des Spinnens anvertraut ist, sind mehr oder minder einheitlich gekleidet wie auch die Waisenmädchen von ehedem. So scheint die künstlerische Aufgabe ähnlich wie bei der ›Nähschule‹ gestellt: es geht darum, trotz der Vielzahl der Erscheinungen

im durchleuchteten Innenraum einen atmosphärischen Zusammenhang, eine zeichnerische und malerische Gesamtordnung zu bewirken. Rigoros geht Liebermann über die damalige Lösung einer emailhaften Malerei (bei kleinem Format!) hinaus. Hier, im Großformat, wird die malerische Einheit durch einen breiten, massigen Farbauftrag erzielt, dem jeglicher Materialreiz fehlt. Zugleich stuft der Künstler die Wertigkeiten seines Bildpersonals von der größten Gestalt vorn bis zu den kleineren und kleinen im Mittel- und Hintergrund in deutlicher optischer Rangfolge. Er gruppiert und rhythmisiert bei allem Gleichklang des Tuns die Stellungen, Bewegungen, Überschneidungen. Was sich mit Worten nur umständlich und ungenau umschreiben läßt, ordnet der Künstler mit gelassener Hand zu dem Ergebnis, daß in diesem »Industriebild« die an der gemeinsamen Arbeit Beteiligten ihre Individualität, ihr volles menschliches Eigenleben bewahren.

174 *Flachsscheuer in Laren (total), 1886*

Tafel 19
Netzeflickerinnen
Detail, 1888, Öl auf Leinwand
187 × 230 cm, Hamburg

Der Bildgedanke geht auf ein ähnliches Augenerlebnis zurück wie die ›Flachsscheuer‹. Wieder sah der Künstler, wie etliche bäuerliche Gestalten – hier sind es Fischerfrauen – zu gemeinsamer Arbeit versammelt waren. Das Verhältnis der einzelnen Gestalt zur Menge der miteinander Tätigen bewegte ihn da wie hier – nicht zuletzt als künstlerisch-formales Problem: in welchem Verhältnis die Teile einer Bildkomposition zueinander und zu ihrem Ganzen stehen. Nun spielt diese Szene im Freien, wird nicht wie dort durch die Elemente des Innenraums hilfreich zusammengefaßt. Auch war dort der Arbeitsvorgang zu weitgehender Parallelität koordiniert, was wiederum der Gesamtordnung und ihrer Variation zugute kam. Aber hier: Auf riesiger Ebene unter riesigem Himmel, in einem beinahe nach allen Seiten

unabsehbaren Raume sind die Frauen fast bis an den Horizont verteilt. Jede ist in einem besonderen Stadium ihrer Tätigkeit begriffen: sitzt, hockt, bückt sich, steht – und betont damit auf je verschiedene Weise die Wirklichkeit der Dimensionen, als stünden vorgeschichtliche Steinsetzungen unter einem sehr nördlichen Himmel. Was sich bei der ›Flachsscheuer‹ in der größten Figur vorn schon ankündigte, ist hier durch eine kühne Entscheidung zum eigentlichen Thema des Bildes gesteigert: die Silhouette der jungen Frau, die sich gegen den Wind aufreckt, wird zur Hieroglyphe, zum Sinnzeichen für das Miteinander von Mensch und Natur.

175 *Netzeflickerinnen (total), 1888*

Zu eben jener Zeit, als Liebermann an seinen großen Figurenbildern plante und arbeitete, entstand dieses Bild überschaubarer Behaglichkeit, als wollte er der Monumentalität und dem herben Ernst von Mensch und Landschaft absichtlich die Intimität des Landes und seiner kleinen Städte entgegensetzen. Im Aufbau der Komposition und in der schlichten Aussage des Bildes finden sich gewisse Eigenschaften der beiden so verschiedenen Versionen des Amsterdamer Männerhauses zusammen (Tafeln 8 und 9): die Beschränkung auf wenige Gestalten auf der einen, und auf der anderen Seite eine größere, breitgelagerte Ausführlichkeit im Drumherum des Gartenhofs. Weniger ausgeprägt scheint der sinnbildliche Charakter, der beiden Fassungen des Männerhauses ihr besonderes Gewicht gab. Die rechte Bildhälfte mit ihrem reichen Pflanzenwerk erinnert außerdem ein wenig an die Gartenwelt der ›Rasenbleiche‹ (Tafel

15). Freilich fehlt hier das überwölbende Laubdach; auch ist die Farbmaterie schwerer und dichter als dort. Ein Zug des freundlich Erzählerischen ist überall zu spüren: bei den Frauen auf der Bank, den Blumenstöcken auf dem Fenstersims hinter ihnen, bei der fluchtenden Häuserwand mit den Spiegeln, den »Spionen«, vor den Fenstern, aber auch im Hintergrund mit seinen Giebeln und Schornsteinen, im sorgfältig charakterisierten Blumengarten ohnehin. So erinnert das Bild wie wenige Werke Liebermanns sonst an gewisse Genrebilder des siebzehnten Jahrhunderts, wie etwa an Pieter de Hooch oder Ochtervelt.

Tafel 21
Frau mit Ziegen
1890, Öl auf Leinwand, 127 × 172 cm
München

Das große Miteinander von Mensch und Natur, wie es Liebermann in den ›Netzeflickerinnen‹ zu unvergeßlichem Bildzeichen gesteigert hat, nimmt er hier noch einmal auf – schlichter, lapidarer noch als dort. Nur eine menschliche Gestalt, mit den Begleit- und Gegenstimmen der beiden Tiere, wird zum alleinigen Träger des Bildgedankens. Gegenüber dem »hohen Stil« dort, einer Darstellungsform von unübersehbarem Pathos, ist dies betont prosaisch, auch ohne einen unmittelbaren Appell an das Gefühl des Betrachters – nicht zufällig wendet die Frau den Rücken zum Beschauer und ihr verlorenes Profil ins Bild hinein, dahin, wo sie geht und die widerspenstige Ziege zerrt. Die sachliche Schilderung kärglichen, mühevollen Daseins in kärglicher Dünenlandschaft unter neutralem gleichmäßig grauem Himmel verzichtet auf jegliche soziale Anklage. Der Künstler zeigt den Alltag, die Wirklichkeit der menschlichen Existenz, und im bloßen Zeigen enthüllt er ihre Größe. – Zeichnung und Ölskizze machen in zwei großen Schritten deutlich, wie Liebermann sich an die endgültige, die schlagende Fassung seines Themas hinanarbeitet (Abbildung 176 und 177).

176 *Knabe mit Ziegen, 1889 (?),*
Kreidezeichnung, 23,3 × 31,2 cm, Bremen

177 *Frau mit Ziegen, 1890, Ölskizze auf*
Pappe, 45,5 × 62,2 cm, Hannover

190

Die Aufgabe entspricht offenbar weitgehend der ›Frau mit Ziegen‹ – Liebermann entwickelte seine Bildideen nach Thema und Gestalt sehr planmäßig, so daß sich nicht selten das eine Motiv aus dem anderen ergab. Auch hier geht es um eine relativ große, einzelne Figur in der Landschaft, um das Miteinander von Mensch und Tier in der Natur. Doch ist in diesem Bilde vieles anders geworden. Die Profilgestalt der Hirtin wendet sich nicht abrupt in das Bild und vom Beschauer weg; auch zeichnet sie sich nicht hart gegen einen leeren Horizont ab. Vor allem: warmes Sonnenlicht füllt den gesamten Bildraum, der nach hinten durch eine dunkle Laubzone von Buschwerk oder Gehölz ganz geschlossen ist. Dieses helle Licht strömt breit über die Weide, ruht auf den Rücken der grasenden Tiere und randet die im Halbschatten stehende Figur des spinnenden Mädchens. Wo dort die Sprache des Malers herb, streng und groß war, herrschen hier Milde und Verbindlichkeit von Form und Ausdruck. Der spröde Liebreiz, ja die Grazie dieses Bauernmädchens in seiner schmucklosen Tracht verleiht dem ganzen Bild einen neuen Ton menschlicher Zuwendung.

178 *Kuhhirtin, 1890,*
ursprünglicher Zustand des Bildes

179 *Kuhhirtin (total), 1890–94*

Tafel 23
Allee in Overveen
1895, Öl auf Leinwand, 90 × 72 cm
Privatbesitz

Die holländischen Baumalleen haben den Künstler seit seiner ersten
Begegnung mit dem Lande fasziniert,
stehen sie doch im Widerspruch zur
verbreiteten Kargheit des Landes an
der Küste und auch im weiteren Hin-
terland. Immer wieder fühlte sich der
Zeichner und der Maler von diesem
Motiv angezogen, das er dann auch
anderenorts entdeckte, so bei einem
eher zufälligen Aufenthalt im bayerischen Rosenheim (Abbildung 180).
Die alte Erlenallee von Overveen,

zwischen der Stadt Haarlem und
dem Seebad Zandvoort gelegen, wurde für Liebermanns Kunst zum wahren Prototyp einer Bildformel, die das
erblickte Naturvorbild auf das
Grundsätzliche der Erscheinung, auf
das Elementare reduziert: Erde, Sonne, Vegetation – und genauer: die mit
saugender Gewalt in die Tiefe stre-
bende Raumgasse zwischen den
hochragenden Baumstämmen und
das von einer heftigen Sonne durchleuchtete schaumige Laubwerk darüber und darum herum, dazu die
streifigen Lichtbahnen und Sonnenflecken auf dem Boden. Zu breiten,
gespachtelten Farbzonen faßt der
Maler seinen Eindruck zusammen,
ohne sich auf Einzelheiten einzulas-
sen. Erst nach längerer Betrachtung
nimmt man den Wasserlauf neben
der Baumreihe links und noch später
den Jägersmann mit seinem Hund
wahr, der, eine winzige Figur, die einzige im Bilde, rechts unter den riesigen Stämmen als Marginalie erscheint. – Demgegenüber ist die in
ihrer Gesamtstimmung mildere Ro-
senheimer Allee mit ihrer etwas aus-
geführteren figürlichen Staffage und
sogar einigen Spatzen auf dem Weg
das weniger elementare Bild.

180 *Allee in Rosenheim, 1894,*
Öl auf Leinwand, 91 × 65 cm,
Verbleib unbekannt

Mit diesem Gartenbild, einem der schönsten und schlichtesten seiner Art, nimmt Liebermann um Jahre vorweg, was er in den beiden letzten Jahrzehnten seines langen Lebens in seinen Wannseebildern immer wieder geübt hat: den Lobpreis einer domestizierten, von menschlicher Gegenwart durchdrungenen Natur. Bürgerwelt, gepflegte Wohlhabenheit, Gartenkultur – das waren in den Zeiten vor dem ersten Kriege und noch danach ausgesprochen identische, holländische Begriffe, in denen sich ein Gutteil der Lebensform eines Volkes manifestierte. Das Landhaus, die Villa, weißschimmernd in solidem Ölfarbenanstrich, etwas Sandsteingelb am Hauptgesims, dunkelstes Amsterdamer Grün an den Fensterläden und der Türe, dabei die ragenden Stämme der Buchen, der riesige, dunkelbemooste Stamm im Vordergrunde, das wuchernde Rosenbeet, Lichtbahnen und Schattenkühle auf dem Rasen, etwas vom hellen Himmel zwischen weitgebreitetem grünen Gezweig – in solcher Aufzählung der bloßen Bestandteile dieser freundlichen Ansicht eines herrschaftlichen Hauses offenbart sich eine ganze Welt, eine historische Situation, der sich der Künstler seit je von Herzen verbunden fühlte.

Tafel 25
Das Atelier des Künstlers

1902, Öl auf Leinwand, 68 × 81 cm
Kunstmuseum St. Gallen

Dieses getreue Bildnis seines Ateliers, das er sich vor wenigen Jahren auf dem Dach seines väterlichen Hauses neben dem Brandenburger Tor hatte errichten lassen, ist zugleich ein Selbstbildnis – nicht nur, weil der Künstler im Spiegel links selbst erscheint. Es umschließt alles, was ihm am Herzen lag: zuerst und vor allem seine Arbeit, repräsentiert durch Malgerät und Zeichenpapier auf dem Tisch vorn, durch Staffeleien und viele Bilder, darunter den großen Manet über dem Flachgewölbe und seine Velázquez-Kopie nach Innozenz X. neben zahlreichen eigenen Studien und Skizzen an der Wand; auf dem Sofa vorn rechts seine Frau und seine Tochter, dazu im Mittelgrunde (als heimlicher Mittelpunkt des Bildes) auf dem Armstuhl der schlafende Dackel Männe, Geschenk Hugo von Tschudis. Die so sachliche wie wohnlich-gepflegte Atmosphäre des Raumes ohne alle Atelierrequisiten des vergangenen Jahrhunderts ist symptomatisch für den Geist, der hier waltet und der auch seine Kunst nach der Jahrhundertwende charakterisiert.

181 *Selbstbildnis, 1912, Öl auf Holz,*
33 × 22 cm, Privatbesitz

Liebermann hat das Pastell, als ein Mittelding zwischen Malerei und Zeichnung, seit den neunziger Jahren mehr und mehr dazu benutzt, gewisse spontane Entdeckungen, die sein Auge machte, zu bildähnlicher oder auch bildmäßiger Vollständigkeit zu treiben. In keinem Werk aber hat er, wie in dieser Strandimpression aus Scheveningen, die beiden Möglichkeiten – das Malerische und das Zeichnerische, das Momentane und das Endgültige – so zwanglos, dazu in so großem Format, zum Ausgleich gebracht. Er beobachtet die harmlosen Vergnügungen der Badegäste, der Kinder zumal, im seichten Wasser zu waten oder zu planschen, Muscheln oder Krebse zu suchen, spazierenzugehen oder zu reiten, zu baden – und vor allem Frische und Weite zu atmen. Und er schreibt das alles auf mit seinen bunten Farbstif-ten, die sich leicht zu zarten Übergängen, zu schwebenden Unbestimmtheiten verwischen, verreiben lassen. Darin fängt er die *ganze* Atmosphäre ein, das Licht, den Geruch, den Geschmack des Meeres, die Heiterkeit der Stimmung – und ist damit wie kaum jemals wieder den künstlerischen Prinzipien des französischen Impressionismus sehr nahe. Doch ist nicht zu übersehen, daß er Gestalt und Individualität seiner Figuren nicht völlig zur anonymen, farbigen Erscheinung im Licht zerrinnen läßt. – Im großen Gemälde der ›Badenden Knaben‹ (Abbildung 64 und 182), das deutlich erkennen läßt, wie sehr er sich bemüht, die Errungenschaften des lockeren Pastells in die Öltechnik zu übernehmen, ist er noch weniger bereit, seine Neigung zum Charakterisieren zugunsten des Ensembles zu unterdrücken.

182 *Badende Knaben, 1898, ursprüngliche Fassung von Abb. 64, München*

Tafel 27
Papageienmann
1902, Öl auf Leinwand, 105 × 75 cm
Essen

Das Jahr 1902 ist für Liebermann eines reicher Ernte und auch beinahe völligen Neubeginns in seiner Malerei gewesen. Er entdeckte das Licht und die leuchtende Farbe gleichsam zum zweiten Male. Endgültig wandte er sich vom schweren Grau seiner Arbeitsbilder ab, um von nun an die »Sonnenseite des Lebens« zum bevorzugten Gegenstand seiner Bilder zu machen: Badegäste, Spaziergänger, Tennis- oder Polospieler verkörpern eine Welt der Muße und des Genusses. – Als sein Kollege Max Slevogt, damals Neuankömmling im Berliner Secessionskreise, ihm seine Studien nach einem Papageienmann aus dem Frankfurter Zoo zeigte, erkannte Liebermann sogleich, was er daraus gerade zu diesem Zeitpunkt seiner künstlerischen Entwicklung

für das eigene Schaffen nutzen konnte. Er steigerte die »barocke« Farbigkeit des Süddeutschen zu satter, strahlender Fülle und »reinigte« damit seine Palette zu bisher ungekanntem Glanz. Der ›Papageienmann‹ (des Essener Museums), dessen Raumdisposition auf die winzige Randnotiz neben dem querformatigen Aquarell zurückgeht (Abbildung 183), stellt in der Entfaltung seiner Farbe einen Höhepunkt dar. Breiter, saftiger Farbauftrag und kühne, skizzenhafte Pinselschrift, die er übrigens in mehreren Varianten des Motivs erprobte (Abbildung 184), trieben seine malerischen Ausdrucksmittel zum Äußersten einer beinahe aggressiven Aussage. Wenige Jahre später sollte er bei seinen ›Judengassen‹ hier anknüpfen.

183 *Skizze zum Papageienmann, 1902, Ausschnitt aus dem Aquarell (Tafel 28)*

184 *Ölskizze zum Papageienmann, 1902, Öl auf Leinwand, 84 × 70 cm, Verbleib unbekannt*

202

Liebermann hat verhältnismäßig selten zum Aquarellpinsel gegriffen – er bevorzugte die weicheren und rascheren Wirkungen des Pastells. Vergleichsweise häufiger sind Wasserfarbenblätter unter den »Familien Zeichnungen« (vgl. Abbildung 33). In diesem Falle aber genügte dem Künstler offenbar eine ziemlich ausführliche Kreidevorzeichnung (im Landesmuseum in Hannover) nicht, um den primär farbigen Reiz seines Motivs in eine kompositionelle Ordnung zu bringen. So aquarellierte er denn und setzte auch die kleine Handskizze, die vom Querformat der Darstellung zum endgültigen Hochformat überging, mit Wasserfarben neben den großen Entwurf. Auffällig ist freilich, daß er nicht versuchte, die Leuchtkraft der Ölfarben in dem anderen Malmaterial zu »kopieren«: beide, der große und mehr noch der kleine Entwurf, zeigen eine gedämpfte Farbskala. Die Wasserfarbe hatte offenbar nur Erinnerungswert für den Künstler, das Blatt war ursprünglich nicht als finales Kunstwerk, sondern nur als Hilfsmittel im Entstehungsprozeß des geplanten Bildes gemeint. Trotzdem hat es Liebermann später mit einer Widmung für seinen Rahmenmacher Weber versehen. Offenbar erkannte er selbst in der Übergänglichkeit des Blattes und in seinem Studiencharakter einen eigenen künstlerischen Wert. – Die hier außerdem wiedergegebene summarische Kreidezeichnung (Abbildung 185) weist in ihrer knappen Zusammenfassung auf die eigentliche Papageienallee und ihre landschaftlichen Eigenschaften hin, ohne jedoch schon die endgültige Komposition des Bildes (Tafel 29) ins Auge zu fassen.

185 *Papageienallee, 1902, Kreidezeichnung, 30,5 × 48 cm, Verbleib unbekannt*

Tafel 29
Papageienallee
im Amsterdamer Zoo
1902, Öl auf Leinwand, 88 × 72 cm
Bremen

Gegenüber den verschiedenen Fassungen des ›Papageienmannes‹ und zumal der farbfunkelnden Essener Version (Tafel 27) bedeutet dieses Bild einen entschiedenen Schritt zur gesammelten Bildgestalt. Das aus dem Augenblickserlebnis Geborene, das Spontane und beinahe Aggressive in Form und Farbe dort ist hier zu gelassenem Vortrag und zu gelassener Bildrede beruhigt. Der Raum, die geliebte Baumallee Liebermanns mit ihrer Tiefe und ihrer grünen Überwölbung, faßt die Gestalten und ihr heiteres Betrachten und Spazieren, faßt auch die leuchtenden Farbwerte der bunten Vögel zu harmonischem Miteinander zusammen. Der »Bildarchitekt« konzentriert sein Motiv, er rückt etwas ab von seinem Bild-

personal und »erhöht« auf diese Weise die Szene aus der Impression ins Exemplarische, zum Bilde einer Epoche. – Die beiden so verschiedenen Studienzeichnungen, die lineare Untersuchung für die Frauenfigur links und die mehr malerische Betrachtung für die Gruppe auf der Bank rechts, geben ein bezeichnendes Beispiel dafür, wie der Künstler seine Zeichenweise an die jeweilige Zweckbestimmung des einzelnen Blattes im Rahmen der Bildvorbereitung anzupassen sucht.

186 *Skizze zur Papageienallee, 1902,*
Kreidezeichnung, 16 × 11,5 cm, Bremen

187 *Studie zur Dame links, 1902,*
Kreidezeichnung, 42,5 × 30 cm, Privatbesitz

Der ›Papageienallee‹ in der räumlichen Disposition der Gasse unter dem Laubdach und in der Heiterkeit der Stimmung ähnlich und ihr ebenbürtig, verkörpert dieses Bild nicht anders den Inbegriff bürgerlicher Lebenswelt – nun in hamburgisch-selbstverständlicher Spielart. Die topographische Authentizität, gegenüber der irgendwo in der Welt denkbaren, künstlicheren Zooallee, nimmt Liebermann dadurch ein wenig wieder zurück, daß er alle Dinge,

auch die Figuren am Tische, aller Nahsicht zum Trotz zur bloßen Erscheinung im Licht verfremdet: das Physiognomische tritt zurück. Die Atmosphäre, als wesentliche menschliche und meteorologische Kraft, verschmilzt die Bestandteile des Bildes zu zwingendem Gesamteindruck, der alle Sinne gleichermaßen anrührt und anregt: das Gesicht durch den Sonnenglanz des Sommertags, das Gefühl durch Sonnenwärme und Schattenkühle, durch den Windhauch, der jenseits des Flusses die Fahnen flattern läßt – Geruch und Geschmack endlich durch den Kaffeeduft, der über allem zu schweben scheint. – Die zum Vergleich abgebildete Zeichnung aus einem holländischen Innenhof mit Baumreihen zeigt dieses Liebermann-Motiv in seiner Grundform, die er vom ›Altmännerhaus‹ über die großen Baumalleen bis zur ›Papageienallee‹ und zu diesem Bild zu variieren nicht müde wurde.

188 *Baumallee (Allee in einem Hof), um 1895, Kreide- und Kohlezeichnung, 28,8 × 44 cm, Bremen*

189 *Restaurant Jacob (total), 1902*

Tafel 31
Bildnis Georg Brandes
1902, Öl auf Leinwand
82,5 × 66,5 cm, Bremen

Das Jahr 1902 bedeutet für Liebermanns »malerische Malerei« die Befreiung zur leichten Handschrift und zur Farbe. Dies gilt nicht allein für seine landschaftlichen Motive (vgl. Tafel 27–30). Immer noch und immer wieder unter dem befeuernden Eindruck der Menschenerfassung und der Pinselschrift von Frans Hals stehend, hat der Künstler in seinem ›Brandes‹ ein Bildnis geschaffen, das dem Haarlemer Meister wahrhaft kongenial ist. Das Sprühende in der Persönlichkeit des dänischen Literaten fand seine vollkommene Entsprechung in der Diktion des Malers.

– Im Bildnis des Doktor Linde, Sammlers und Kunstförderers von hohen Graden, kündigte sich die Fähigkeit Liebermanns zu einer solchen dialogischen Menschenschilderung bereits an – im Bildnis des Barons Berger ist sie zum äußersten gesteigert.

190 *Bildnis Dr. Max Linde, 1897,*
Öl auf Leinwand, 83 × 65 cm, Lübeck

191 *Bildnis Baron Berger, 1905,*
Öl auf Leinwand, 112 × 86 cm, Hamburg

In demselben Glücksjahr 1902, dem Jahr seiner malerischen Erneuerung, da er seine frischesten und leuchtendsten Freilichtbilder schuf (Tafeln 27–30) oder im Bildnisfach mit dem ›Brandes‹ (Tafel 31) eine neue, zupakkende Form für die Darstellung menschlicher Individualität prägte, versuchte Liebermann nach fast einem Vierteljahrhundert wieder ein biblisches Historienbild zu malen. Schon seit 1893 hatte er sich mit dem Thema beschäftigt. Jetzt fühlte er sich offenbar durch seine neuen Secessionskollegen Slevogt und Corinth, die in entsprechenden Werken brillierten, zu gleichem Tun herausgefordert. So wagte er sich denn an die Darstellung jener menschlichen Ursituation in lebensgroßen nackten Figuren: Samson und Dalila auf dem Liebeslager – Triumph und Verrat des Weibes, so, wie die Bibel berichtet (Abb. 192). Aus zahlreichen sorgfälti-

gen Modellstudien entstand ein kahles, nacktes, ein realistisches Bild in nüchternem Tageslicht, gipfelnd in der heftigen Geste der sich aufrekkenden Dalila. Doch blieb der große Aufwand im Modellhaften stecken. – Acht Jahre später hat er die Szene in völlig neuer Komposition noch einmal gewagt, um im ausgeführten Werk in Wahrheit noch einmal zu scheitern. Die hier wiedergegebene bildmäßige *Skizze* aber erweist den ganzen Ernst und das vorläufige Gelingen seiner Bemühung. Denn dies ist nicht allein im malerischen Furor, der an Daumier, den Zeichner und den Maler, denken läßt, sondern auch in der Beschwörung des Erotischen glaubwürdig geworden. Jedenfalls hier in der Skizze ist die nackte Wahrheit der fabelhaften Begebenheit zum Bilde, zur Hieroglyphe gesteigert.

192 *Samson und Dalila, 1902, Öl auf
Leinwand, 147 × 213 cm, Frankfurt am Main*

Tafel 33
Reiter und Reiterin
1903, Öl auf Leinwand, 70 × 100 cm
Köln

Von Jugend an ist Liebermann mit Pferden umgegangen. Als junger Mann war er ein leidenschaftlicher Reiter, der sein eigenes Pferd regelmäßig im Berliner Tiergarten tummelte. Wie er selbst bei verschiedenen Gelegenheiten erzählt hat, ist er über den Pferdemaler Carl Steffeck recht eigentlich zur Kunst und zur Ölmalerei im besonderen gekommen. Doch hat er erst um 1900, mit seiner Hinwendung zur holländischen Ferienwelt, das Thema Pferd endgültig für seine Kunst entdeckt. Zahlreiche Darstellungen von Reitern und Reiterinnen am Meeresufer sind seitdem an den Stränden von Scheveningen und den übrigen holländischen Seebädern entstanden, Polospieler und Pferderennen kamen anderenorts als verwandte Motive hinzu. Vor allem aber hat ihn das bewegte Spiel der Silhouette von Roß und Reiter vor dem bewegten Hintergrund der hellen See als Maler und

als Zeichner und eben auch als Pferdeliebhaber gleichermaßen fasziniert. Über viele Jahre ist er nicht müde geworden, sein Thema unmittelbar vor der Natur zu studieren, eine immer wieder neue, schlagende Bildformel dafür zu finden. Zwar scheinen die verschiedenen Formulierungen mit der Ölfarbe, dem Pastell oder der schwarzen Kreide auf den ersten Blick einander zu ähneln – näher betrachtet aber zeigen sie die Fähigkeit Liebermanns, sorgfältig zu differenzieren: aus genauester Beobachtung und in knappster Niederschrift entsteht jeweils die einmalige, die unverwechselbare Lösung, in die das Temperament der Tiere und ebenso auch die besondere Nuance des Wetters, die spezifische Landschaftsstimmung am Wasser mit eingegangen sind.

193 *Pferdejungen, um 1900, Pastell, 26,5 × 33,5 cm, Bremen*

194 *Reiter, 1912, Kreidezeichnung, 18,7 × 14,9 cm Bremen*

214

Es ist kein Zufall, daß der Pastellmaler oder -zeichner Liebermann, der Bewunderer des Pastell- und Pferdespezialisten Degas, etliche Reiterdarstellungen in der scheinbar leichten Technik der farbigen Kreiden geschaffen hat. Die ›Reiterin am Meer‹ ist möglicherweise als Studie im Zusammenhang mit dem Kölner Bild (Tafel 33) entstanden. Sie darf deshalb als eines der schönsten dieser Blätter gelten, weil sich darin das Farbig-Malerische und das Zeichnerisch-Präzise zu vollkommenem Ausgleich zusammengefunden haben. Weiche, weite Farbflächen und knapp pointierte, lineare Akzente vereinigen sich hier zum Bilde gesammelter Ruhe – auch das Meer zeigt kaum Bewegung. Die beiden danebengestellten, im Motiv so verschiedenen, Blätter aus Hamburg und aus Florenz sind insofern dem Pferdeblatt nahe verwandt, als auch in ihnen jeweils das Malerisch-Verschmolzene der räumlichen Beschwörung mit wenigen, treffsicheren Linienelementen verknüpft ist, die dem Gesamten Halt und Spannung verleihen.

195 *Regenstimmung auf der Elbe, 1902,
Pastell, 29,6 × 40 cm, Hamburg*

196 *Florentiner Dächer (Monte Oliveto),
1902, Pastell, 29,5 × 39,5 cm, Privatbesitz*

Tafel 35
Gartenrestaurant
de Oude Vink
1905, Öl auf Leinwand, 71 × 82 cm
Zürich

Seit dem ›Münchener Biergarten‹ von 1883–84 (Tafel 17), dem ›Biergarten in Brannenburg‹ von 1893 (Abbildung 197) oder dem ›Restaurant Jacob‹ von 1902 (Tafel 30) hat Liebermann beim Thema des Gartenlokals eine genaue ablesbare Entwicklung erlebt, die ihn konsequent von der ausführlichen Schilderung einer nahsichtigen Vielfalt mehr und mehr zur fernsichtigen Einheit einer malerischen Atmosphäre führte. Dabei ist es bemerkenswert, wie bei diesen Baum- und Menschenlandschaften die körperliche Gegenwart oder die physiognomische Deutlichkeit von Gestalt und Gesicht sich fortschreitend zur bloßen farbigen Erscheinung im Licht verwandelt oder gar verflüchtigt, ohne daß deshalb der

durchaus vom Menschen geprägte Charakter dieser Landschaftsräume beeinträchtigt würde. Einen Höhepunkt in dieser Entwicklung verkörpert das Zürcher Bild, auf dem der Betrachter erst nach genauerem Studium entdeckt, daß sich darin nicht wenige, höchst lebensvolle Figuren verbergen, deren Präsenz vom dominierenden Lichterspiel unter dem Laubdach keineswegs ganz aufgesogen wird. – Das kleine, rasch notierende Skizzenbuchblatt – eines von mehreren während eines Kuraufenthalts in Karlsbad entstandenen –, stellt ohne Zweifel eine erste Annäherung an eine entsprechende Bildidee dar. Doch läßt sich ein daraus möglicherweise erwachsenes Bild nicht nachweisen.

197 *Kaffeegarten in Karlsbad, 1909,
Bleistiftzeichnung, 12 × 19,3 cm, Bremen*

Tafel 36
Judengasse in Amsterdam
1905, Öl auf Leinwand, 59 × 73 cm
Köln

Das persönliche Verhältnis zu seinem Bildgegenstand, vielleicht aber auch die ungewöhnlichen praktischen Schwierigkeiten, die dem Maler und seinem Handwerk durch gewisse Widerstände seiner Glaubensbrüder, dazu durch die Enge der Örtlichkeit bereitet wurden, scheinen seinen Blick für das Besondere, das Viele und das Bunte seines Motivs nur noch geschärft zu haben. Mit ungewohnter Heftigkeit in der malerischen Handschrift, in der unmittelbaren, farbigen Aussage der saftigen Ölfarben, wird hier das Sichtbare beschworen. Es ist, als entstünde das Bild vor den Augen des Betrachters im Moment des Anschauens selbst: funkelnd und sprühend, voller Leben und Bewegung, daran nicht die Gestalten allein, sondern ebenso die übrigen Dinge teilhaben. So bleibt auch in dem durchgeführten Kölner Bilde die gespannteste Leidenschaft des Augenmenschen überall spürbar, wie sie sich in den Vorarbeiten, der vibrierenden Ölskizze und beinahe mehr noch in der Notiz mit dem beim Zeichnen ungebräuchlichen Tintenstift (Abbildung 198) niederschlug. Bei beiden fühlt man sich an Daumier erinnert, den Liebermann besonders bewunderte. Liebermanns sonst zu Recht bemerkte Nüchternheit seiner Weltsicht, die seine Kunst weithin charaktersiert – hier tritt sie hinter der hitzigen Teilnahme eines wahren Jägers an seiner optischen Beute ganz zurück.

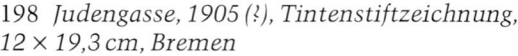

198 *Judengasse, 1905 (?), Tintenstiftzeichnung,
12 × 19,3 cm, Bremen*

199 *Judengasse, 1905, Ölskizze,
Verbleib unbekannt*

Das Flachland unter den hohen Himmeln mit ihrem Wolkenleben, das scheinbare Nichts an bildwürdigem Motiv, hat schon Liebermanns künstlerische Ahnen im »langweiligen« Holland zum Schönsten ihrer Landschaftskunst inspiriert – so Pieter Molijn, Salomon und Jacob van Ruisdael und nicht zuletzt Jan van Goyen. Ihr Erlebnis der heimatlichen Landschaft haben diese Maler des siebzehnten Jahrhunderts nicht selten am reinsten und am einfachsten in ihre Kreidezeichnungen beschlossen, in denen sie jenes Nichts an Motiv mit einem entsprechenden Nichts an zeichnerischem Aufwand auf das Papier bannten – unmittelbar vor der Natur. Hier hat sich der Zeichner Liebermann ganz bewußt immer wieder anregen lassen (Abbildung 17). Das künstlerische Prinzip, mit einem Minimum an Mitteln ein Maximum an Wirkung zu erzielen, entsprach seiner künstlerischen

Überzeugung als Zeichner in der Tradition Schadows. Aber auch als Maler ist er in Ansatz und Durchführung nach demselben Grundsatz verfahren – jedenfalls vor einem solchen Thema wie der Noordwijk-Landschaft. Das Elementare dieser Natur: Erde und Himmel, bis zum Horizont sich breitendes, flaches Land und das Lichtgeschehen der Wolken darüber – das wird durch wenige fluchtende Linien, durch ein Geringes an farbiger und toniger Gliederung des Bodens, der Vegetation wie der Wolkenzüge, dazu mit Hilfe einiger kleiner »Deutlichkeiten« (Kirchturm, Windmühle und die schwarzweißen Pünktchen der Kühe) akzentuiert und zum Eindruck riesigen Raumes gesteigert.

200 *Landschaft bei Noordwijk, um 1906, Kreidezeichnung, Verbleib unbekannt*

Tafel 38
Proveniershuis in Haarlem
1907, Öl auf Leinwand, 58 × 89 cm
Kunsthalle Bremen

»… und morgen ist Sonntag!« – Leuchtendes Nachmittagslicht fließt über den Rasen unter dem Laubdach, die Häuserzeile in altersdunklem Backstein mit den sandsteingelben Gesimsen ist in Halbschatten getaucht, einige Menschen gehen und stehen auf dem schrägen Weg und vor den Häusern. Man hat Zeit. Die ein wenig verschlafene Behaglichkeit und menschliche Wärme, wie sie bis vor einem Menschenalter allüberall im Lande in den kleineren Städten noch ungemindert erhalten war, ist das eigentliche Thema des Bildes. Durch schlichte Beschreibung des Faktischen, ohne genrehafte Überzeichnung, in liebevoller Anschauung der Dinge und durch eine milde

Farbigkeit ersteht vor den Augen des Betrachters eine ganze Welt, die meteorologische und die geistige Atmosphäre des Holland von damals. – Demgegenüber gibt die Reiseskizze aus dem Süden bei sehr ähnlichen sachlichen Bestandteilen einen völlig anderen, prickelnden Eindruck des Momentanen und Lebendigen.

201 *Allee mit Spaziergängern (Cannes),
um 1907, Bleistiftzeichnung, 10,5 × 17,5 cm,
Privatbesitz*

Tafel 39
Dünenpromenade
1908, Öl auf Holz, 61 × 72 cm
Bremen

Ähnlich wie bei der Noordwijk-Landschaft (Tafel 37) hat der Maler auch hier eine ganze Welt aus bloßen Andeutungen geschaffen, dazu in einer äußerst begrenzten Farbskala um Blond und Grau und Graugrün. Diese Welt besteht wieder aus wenigen Elementen: Sand, Dünengras, Meer und Himmel, die ohne Benennung von Einzelheiten jeweils in breiten Farbbahnen gegeben sind. Daraus aber entsteht ein großer, atmender Zusammenhang, ein sich bis ins Unendliche dehnender Raum. Doch gewinnen, über das Elementare hinaus, einige zusätzliche Beifügungen aus der Welt des Menschen unübersehbare Bedeutung für die Aussage des Bildganzen. Da geht eine Gestalt in sommerlichem Weiß – fast könnte es nur ein großes Blütenblatt sein – auf der »Promenade«, die ja nicht mehr als ein schlichter Sandweg ist; vorn stehen Zaunpfähle mit Drahtverspannung, die den Bewuchs vor unbefugtem Zutritt schützen; am linken Bildrande sind Fahnenstangen nur knapp markiert; der Strand endlich ist von schwarzen Figürchen belebt und an wenigen Stellen mit Badekarren oder Strandkörben besetzt. Dies alles ist aus äußersten Abkürzungen und wenigen Farbnuancen eher zu ahnen als zu erkennen. Und doch ist die vollständige Illusion von »Seebad« entstanden, unverwechselbar in seinem metereologischen, seinem gesellschaftlichen und fast möchte man sagen: seinem historischen Klima.

202 *Paar mit Hund im Wind, um 1885, Kreidezeichnung aus dem Bremer Skizzenbuch, 16,5 × 7 cm*

203 *Weiter Strand, 1910, Gemälde, Verbleib unbekannt*

Tafel 40
Strand in Noordwijk
1908, Öl auf Holz, 56 × 74 cm
Hannover

Im Sommer 1908 hat Liebermann in Noordwijk eine ganze Serie von Strandbildern fast desselben Themas und ähnlichen Formats geschaffen – gewiß keine systematische Folge von atmosphärischen Beobachtungen, wie sie ein Monet angestellt hat, sondern jeweils spontane Niederschriften des im Augenblick Gesehenen und Erlebten. Denn so harmlos und zufällig diese einander ähnlichen Darstellungen bürgerlicher Muße erscheinen mögen, so intensiv sind sie im Erfassen der jeweiligen Stimmung, sind sie wirklich erlebt von einem, der sich in dieser sommerlich-behaglichen Atmosphäre am Saume eines »freundlichen« Meeres von Grund auf wohl fühlte. So blickt der Maler hier nicht aus der Distanz von der Höhe der Düne wie bei der ›Promenade‹ und verwandten Motiven (Tafel 39, Abbildung 203) und auch nicht aus der Distanz des Fremden. Er gehört mit zu den Stammgästen und sitzt am Strande mitten in dem heiteren Ferientreiben, so wie er sich selbst in einer Zeichnung dargestellt hat (Abbildung 67). Er läßt die Augen schweifen und nimmt mit allen Sinnen auf, was da an Liebenswürdigem um ihn herum vorgeht: Sonnenglanz und Meeresrauschen, Windhauch und vielleicht auch Kindergeschrei, dazu die geheime Bewegung in allem, so im Schauspiel flatternder, weißer Gewänder oder bunter Fahnen. Es ist eine Atmosphäre der Sorglosigkeit, der Wohlhabenheit ohne einen Massentourismus, des Friedens, an dem zu jener Zeit kaum einer zweifeln mochte. Es ist eine Welt mit Kinderfrauen und Herrschaftskindern und herrschaftlichen Reitern am Strande, die Welt vor 1914, die in der Belanglosigkeit ihrer Motive einen getreuen Chronisten gefunden hat – die »gute alte Zeit«, gespiegelt im winzigen Ausschnitt des holländischen Seebads.

204 *Strandbild, 1908, Öl auf Leinwand, 71 × 89 cm, Verbleib unbekannt*
205 *Strandbild, 1908, Gemälde, Verbleib unbekannt*

Tafel 41
Selbstbildnis
1909–10, Öl auf Leinwand
112 × 92 cm, Hamburg

Er stellt sich in der Werkstatt dar – der große Atelierspiegel, in dem die Rückseite seines kahlen Schädels wie eine Erscheinung auftaucht, bildet den größeren Teil des Bildhintergrundes. Dieser Spiegel findet sich übrigens als wichtiges Requisit des Handwerks auf mehreren Photographien und auch auf dem Atelierbild (Tafel 25). Rechts, etwas weiter hinten, sind einige Bilder an die Wand gelehnt, darunter ein ›Reiter am Meer‹. Über einem grauen Anzug mit korrekter Weste, weißem Kragen und dunklem Schlips hat er die naturfarbene Leinenjacke gezogen, die er häufig, nicht nur bei der Arbeit, trug.

Die eine Hand hält eine Zigarette, die andere steckt locker in der Hosentasche. Nicht bei der Arbeit selbst, sondern in einer Arbeitspause bildet er sich ab: er hält inne – und blickt sich prüfend an, sich und sein Bild. Mit großer Festigkeit ist der Kopf im gleichmäßigen Atelierlicht modelliert, genauer und deutlicher als alle übrigen Elemente des Bildes – nach diesem Kopf könnte ein Bildhauer ohne alle Schwierigkeit eine vollplastische Bildnisbüste schaffen. Dieser Kopf, dieses Gesicht, dieser Blick bilden das Zentrum des Ganzen, so wie der Künstler sich selbst ganz unprätentiös als Zentrum seiner Welt verstand, selbstbewußt und gelassen, uneitel, selbstkritisch auch, doch gänzlich unsentimental. So salopp und alltäglich er sich gibt, so repräsentativ ist dies für seine künstlerische und menschliche Haltung: dieses Selbstbildnis war ja von Beginn an als eines der »Bilder aus Hamburg« gemeint und hatte sich also zwischen Staats- und Standesporträts verschiedener Art und Würde als ebenbürtig zu behaupten. – Die Radierung von 1911 ist demgegenüber zugespitzter in Ausdruck und Haltung: der Maler mit der Palette in der Linken und dem Pinsel in der Rechten blickt im Moment von der Arbeit auf, um in der nächsten Sekunde den nächsten Pinselstrich zu setzen. Dieser Mann ist weniger gelassen als zu höchster Aufmerksamkeit angespannt.

206 *Selbstbildnis mit Palette, 1911, Kaltnadelradierung, 24 × 20,1 cm*

Liebermann hat dieses Hamburger Motiv, das er selbst entdeckt, gewiß aber auch mit Lichtwark im einzelnen abgesprochen hatte, in mehreren Fassungen gemalt (Abbildung 207). Diese unterscheiden sich von dem Hamburger Bilde z. T. dadurch, daß sie im Vordergrund eine Gruppe von Restaurant-Gästen an Tischen zeigen, über die hinweg der Blick auf das belebte Wasser geht – so bei dem Exemplar in Dresden. Liebermann knüpfte damit an seine zahlreichen Bier- und Kaffeegärten an. Nur fehlt deren wichtigstes Element, die überwölbenden und die Szene jeweils zusammenfassenden Baumkronen. Dies spielt statt dessen im ungefilterten Freilicht und entspricht damit weitgehend der Thematik der französischen Impressionisten. Die Entstehungsgeschichte des Bildes (und der Bilder) widerspricht indessen durchaus dem künstlerischen Verfahren seiner französischen Kollegen um Monet; denn es ist (sie sind) zu gu-

tem Teil im Atelier ausgeführt. Aus zahlreichen am Ort niedergeschriebenen, raschen Kreidezeichnungen und Pastellen, die er sogar noch durch entsprechende Studien vom Berliner Wannsee ergänzte, wuchs die Komposition nur schrittweise in der Berliner Werkstatt. Was in einem Augenblickserlebnis seinen Ursprung hatte, was in der diffusen, die Formen auflösenden Durchleuchtung der Szene auch in der endgültigen Fassung skizzenhaft und spontan erscheint, ist in Wahrheit aus einer vielgliedrigen Kette von zeichnerischen und malerischen Arbeitsvorgängen hervorgegangen. So bewunderungswürdig es ist, daß Liebermann das Viele schließlich zum Ganzen eines Bildes zusammengeschmolzen hat, so fehlt diesem vielleicht doch jene unmittelbare Frische der ›Papageienallee‹ oder des ›Restaurant-Jacob‹-Bildes (Tafel 20 und 30).

207 *Sommerabend auf der Alster, 1910, Ölskizze auf Leinwand, 70 × 88 cm, Düren*

Die Zusammenstellung von drei verschiedenen Fassungen eines mehr oder weniger identischen Bildmotivs soll anschaulich machen, welche Bedeutung das Pastell um diese Zeit in Hinsicht auf die Ölmalerei Liebermanns gewonnen hat. Die lockere Faktur des Pastells, das die Dinge und Figuren nicht ausführlich beschreibt, sondern ihre Erscheinung im Licht nur eben »antippt«, entspricht in besonderem Maße dem Thema, bei dem es vor allem darum geht, die rasche Bewegung der Spielenden zu suggerieren. Was das Pastell aber durch wenige Andeutungen, Striche, Punkte und Wischer, in der knappsten Berührung des Papiers zu bloßen Chiffren der Wirklichkeit werden läßt – »Zeichnen ist Weglassen« –, wobei der Untergrund zu gutem Teil ungedeckt stehenbleibt, das muß die Ölmalerei in ihre schwerere Materie übersetzen, ohne dabei die Leinwand auf weiten Strecken freilassen zu können. Dieses Problem scheint den Künstler besonders gereizt zu haben, bis es ihm gelang, eine entsprechende lichterfüllte Atmosphäre durch gleichsam sprühende Farbbahnen mit der Ölfarbe zu erzielen.

208 *Tennis in Noordwijk, 1910–11, Gemälde, Verbleib unbekannt*

209 *Tennis in Noordwijk, 1911, Gemälde, Verbleib unbekannt*

234

Das Pastell als erste Notiz und zugleich als Vorstufe für eine bildmäßige Fassung einer Kompositionsidee ist bei Liebermann nicht selten zu finden (Tafel 34, 43). Kaum jemals aber hat der Künstler seinen Bildgedanken so wie hier mit einem derart minimalen Aufwand von Einzelheit und Deutlichkeit in Farbe und Zeichnung unvergeßlich fixiert: Tische, Stühle, ein Geländer, einige Figuren, Strandkörbe und Meereshorizont. Gewiß sind diese Bestandteile der Szene genau zu identifizieren, zudem ist der sommerliche Zauber der Situation wie ein unmittelbarer Anhauch der See zu spüren – in Wahrheit aber begnügt sich der Künstler mit der äußersten Abstraktion von der Wirklichkeit. So mag man sich vor diesem Blatt der historischen Tatsache erinnern, daß in ebendiesen Jahren nicht allein Kandinsky die ersten Zeugnisse einer vollkommen ungegenständlichen Kunst geschaffen hat. – Das hierneben wiedergegebene Gemälde verfährt demgegenüber beinahe betont ausführlich im Schildern der Situation, der verschiedenen Tätigkeiten oder Untätigkeiten der Badegäste, die da auf der Terrasse am Meer zu zwanglosem Beieinander versammelt sind. Noordwijk, das Huis ter Duin im besonderen, hatte sich in den Vorkriegsjahren zu einem wahren Ferienzentrum für das deutsche Publikum entwickelt: das freundliche Nebeneinander der holländischen und der kaiserlich-deutschen Flagge über der Szene dokumentiert diesen Umstand, der schon im Jahr darauf sein jähes Ende finden sollte.[156]

210 *Huis ter Duin, 1913, Öl auf Leinwand, 70 × 100 cm, Privatbesitz*

Tafel 45
Bildnis des Verlegers
S. Fischer
1915, Öl auf Leinwand
88 × 70 cm, Privatbesitz

Was Annette Kolb aus der Erinnerung an dieses Bild, das »schönste Liebermanns«, geschrieben hat: »... es stellt ihn dar, auf der Höhe seines Lebens, erfolgreich, geistvoll, human, den großen Verleger, den Mäzen« – dies möchte dem flüchtigen Betrachter nicht sogleich einsichtig sein. Ist dies nicht eher eines der konventionelleren Bildnisse des Meisters, von denen es aus seinen späteren Jahren mehrere, vergleichbare gibt? Im Bildaufbau und in der zurückhaltenden, »grauen« Farbigkeit des Gesamten könnte das zutreffen – wenn nicht der Ausdruck und die Formen des Gesichts zu einer Intensität gesteigert, durchgestaltet wären, die auch bei den früheren Männerbildnissen seiner Hand selten ist. Der Künstler verzichtet dabei auf alle Züge des Dialogisch-Sprechenden wie beim ›Linde‹, beim ›Brandes‹ oder gar beim ›Berger‹. Er findet und evoziert in der Kontemplation die stumme Wechselrede unter ebenbürtigen Partnern im Geiste.[157]

211 *Bildnis Gerhart Hauptmann, 1922, Lithographie, 36 × 23 cm*

Tafel 46
Selbstbildnis
1918, Öl auf Leinwand, 96,5 × 78 cm
Mannheim

Vergleicht man die seit der Jahrhundertwende in wachsender Zahl entstandenen Selbstbildnisse Liebermanns – Gemälde, Zeichnungen und vor allem auch druckgraphische Formulierungen –, so wird man sich nur selten gedrängt fühlen, davor nach dem jeweiligen Alter des Künstlers zu fragen. Über lange Jahre scheint er alterslos immer derselbe zu bleiben: der charaktervolle Kopf, die straff modellierten Gesichtszüge, die stets gleiche, wache Präsenz im Ausdruck, die Gelassenheit in der Haltung und dazu häufig ein direkter Verweis auf sein Metier. Man zögert, eine chronologische Ordnung vorzunehmen oder auch nur unterschiedliche seelische Befindlichkeiten, Stimmungen aus dem Antlitz herauszulesen. Distanz und Skepsis sind allemal darin. Das Mannheimer Bildnis des über Siebzigjährigen enthält indessen zum ersten Male deutliche Züge eines Gealterten: die Schatten um die Augen sind betont, die schweren Lider unter den gehobenen Brauen geben dem Blick einen Ton von Melancholie, wie er so unübersehbar bisher nicht zu spüren war. Und auch die gesammelte Haltung mit den ineinandergefalteten Händen scheint einer gewissen Resignation Ausdruck zu geben. Um so erstaunlicher ist es, mit welcher Kraft und Sicherheit der Künstler das Gesehene, das als unabweisbar Erkannte, malerisch und zeichnerisch zu vollkommener Form zwingt, in der sich Müdigkeit an keiner Stelle zu erkennen gibt. – Die große Lithographie aus dem Jahr 1921 (Abbildung 97 und 149) scheint weitgehend auf die Vorprägung des Mannheimer Bildes zurückzugreifen – möglicherweise liegt beiden Selbstdarstellungen eine gemeinsame Vorzeichnung zugrunde.

212 *Selbstbildnis des Malenden, 1922, Kaltnadelradierung, 228 × 167 cm*

Wannseegarten
1924, Öl auf Leinwand, 75 × 100 cm
Bremen

Die mehrmonatigen Sommeraufenthalte in Sommerhaus und -garten am Wannsee – ursprünglich als nicht ganz vollgültiger Ersatz für die alljährlichen Hollandreisen gedacht – stellten sich sehr bald als unerschöpfliche Quellen von visuellen Erlebnissen heraus, die Liebermann neben seinen Bildnissen und Selbstbildnissen, dazu fern vom traurigen Kriegsalltag und der anfangs wenig erfreulichen Nachkriegszeit, zu immer wieder neuen malerischen Abenteuern inspirieren sollten. Gartenlandschaft, Gartenraum: die gegliederte Kulisse der herrlichen alten Bäume im modellierenden Sonnenlicht, hinter denen das rote Dach des Nachbarhauses nur zu ahnen ist, hohe Blumenkübel und großzügige Rosenbeete auf dem weitläufigen Rasen, über den die Schatten des Nachmittags wandern – dieses so einfache wie reiche Ensemble von landschaftlichen Elementen gestaltet sich unter den altersmilden Augen des Malers zu fast poetischer Huldigung an Gartenlust und Gartenkunst, an eine kultivierte Natur und an eine Lebensform aus glücklicher Vergangenheit. Dem von heute rückblickenden Betrachter will es scheinen, als ob schon ein Hauch des Abschieds darüber läge. – Die skizzenhaftere Fassung desselben Motivs (Abbildung 213) ist wahrscheinlich nicht als studienhafte Vorarbeit, sondern als rasche Wiederholung nach der ausgeführten Formulierung zu verstehen.

213 *Wannseegarten, 1925(?), Öl auf Leinwand, Verbleib unbekannt*

214 *Wannseegarten mit dem Haus des Künstlers, 1918, Öl auf Leinwand, 71 × 91 cm, Privatbesitz*

Selbstbildnis
1925, Öl auf Leinwand, 112 × 89 cm
Berlin

Das Berliner Selbstbildnis von 1925 ist nicht das letzte seiner Art, doch zieht es so etwas wie die Summe aus den vielen Annäherungen des Künstlers an die eigene Erscheinung. Im Gegensatz zur Resignation und Melancholie, die das Mannheimer Bild als ein Altersbildnis charakterisierten, ist hier wieder der wach und scharf Beobachtende, der unmittelbar Tätige dargestellt, der sich seines Handwerks freut. Doch spielen sich sein Beobachten und sein Tun in einem anderen, gedämpften Medium ab, das bisher in seinen Selbstdarstellungen so nicht als tragendes Element zum Vorschein kam. Gestalt und Antlitz sind mehr als in allen übrigen Werken dieser Art im großen Zusammenhang des Raumes, eines umgreifenden Raumes, gesehen. Sie wachsen aus Schatten und Halbschatten hervor bis zur höchsten Helligkeit auf seiner beleuchteten Gesichtshälfte, und sie ziehen sich zugleich in dieses fließende Ambiente einer warmen Atmosphäre wieder zurück. So kommt es denn in diesem Werk, offenbar ohne jede vorgefaßte Absicht und über große Distanzen hinweg, zu einer Begegnung mit der Kunst Rembrandts, dessen Gesichter und Gestalten auf vergleichbare Weise Teile einer sie umschließenden und sie durchdringenden, einer geheimnisvollen geistigen Materie sind.

215 *Selbstbildnis, 1922, Öl auf Leinwand, Verbleib unbekannt*

Tafel 49
Bildnis Ferdinand Sauerbruch
1932, Öl auf Leinwand
117,2 × 89,4 cm, Hamburg

Liebermann war fünfundachtzig Jahre alt, als er sein Bildniswerk mit diesem Porträt seines Gartennachbarn und Arztes, des damals siebenundfünfzigjährigen Chirurgen Ferdinand Sauerbruch, beschloß und bekrönte. Außer zeichnerischen Vorarbeiten nach dem Modell und aus der Erinnerung, die für Liebermann bei seinen Bildnissen selbstverständliche Voraussetzungen waren, ist damals auch eine räumlich knapper angelegte, skizzenhafte Fassung des Bildes entstanden, die sich im Besitz der Familie Sauerbruch befindet. Daneben hat es aber noch eine offizielle Version gegeben, die den Dargestellten im dunklen Anzug, den Arm über die Stuhllehne gelegt, mit einer Zigarette in der Hand, abbildete. Dieses Bild hat Liebermann offenbar als unbefriedigend zerstört.[158] – Im Typus knüpft das hier wiedergegebene Werk an jene »dialogischen« Bildnisse Liebermanns an, die, von Frans Hals kommend, zum ersten Mal im ›Brandes‹ von 1902 ihre vollkommene Ausprägung gefunden hatten: Spontaneität in Haltung und Ausdruck auf seiten des Dargestellten und Raschheit in Aufnahme und Niederschrift auf seiten des Darstellenden. Doch war dieser Ernste und Gesammelte ja kein von Geist und Energie Sprühender, kein boshafter Intellektueller wie jener dänische Kritiker, mit dem Liebermann damals »Kunst geschwatzt« hatte, wie

er schrieb. Dieser Mann im weißen Kittel seines Metiers, der da in sich gekehrt und doch durchaus zugewandt seinem nachbarlichen Freunde und Patienten gegenübersitzt – er war schon damals der berühmte Arzt, den alle Welt konsultierte, und er wußte, wer er war. Ebenso aber hatte er als Arzt und als Seelenleser erfahren, was der Mensch ist. Der alte Maler seinerseits, der ihn aus dem Abstand seiner Jahre und aus der Nähe entsprechender Erfahrung betrachtete – er sah und schrieb in seiner Schrift der sichtbaren Form auf, was in diesem lakonischen oder gänzlich stummen Dialog verhandelt wurde: die Frag-Würdigkeit der menschlichen Existenz. Mit vollkommener Sachlichkeit und geringstem Aufwand an darstellerischen Mitteln, die sich nur im Kopfe und zumal im Blick hinter den Brillengläsern zu dichterer Materie sammeln, gibt der Künstler einen ganzen Menschen. Wie das Berliner Selbstbildnis von 1925 (Tafel 48) steht auch dies, fern allen kunstgeschichtlichen Aktualitäten, ebenbürtig neben den expressionistischen Bildnissen der Epoche.

Die hier in knapper Auswahl zusammengestellten
Bildvergleiche sind als ergänzende optische Hinweise zu den Tafeln und Abbildungen nach Werken Max
Liebermanns und zum Text gedacht. Sie möchten
Anregungen, Einflüsse, Zusammenhänge, Paralleli-
täten und Verschiedenheiten mit aller Vorsicht an-
deuten, aufzeigen, deutlich machen, die das Werk des
Meisters mit dem Schaffen und mit einzelnen Werken anderer Künstler aus verschiedenen Zeiten und
Bereichen in Beziehung setzen. So schlüssig diese Beziehungen in einzelnen Fällen sind oder scheinen –
der Betrachter sei davor gewarnt, darin jeweils eine
erschöpfende »Erklärung« für das produktive Verhältnis zwischen »Vorbild« und »Nachbild« oder für
dieses selbst gewinnen zu können.

V 1 ›Kellerlicht‹

a) Max Liebermann,
Die Gänserupferinnen, 1872, Berlin/DDR

b) Caravaggio,
Die Berufung des Matthäus, 1599/1600, Rom

c) Mihály Munkácsy,
Charpiezupfende Frauen, 1871, Budapest

V 2 Monumentalität

a) Max Liebermann,
Arbeiter im Rübenfeld, 1875–76, Hannover

b) Masaccio,
Der Zinsgroschen, um 1427, Florenz

V 3 Holländische Waisenmädchen

a) *Max Liebermann,*
Holländische Nähschule, 1876, Wuppertal

b) *Jozef Israels,*
Holländische Nähschule, um 1872

V 4 Religiöse Bildwelt

a) *Max Liebermann,*
Der zwölfjährige Jesus im Tempel, 1879, Hamburg

b) *Rembrandt, Die kleine Beschneidung,*
Radierung, 1630

c) *Fritz von Uhde,*
Lasset die Kindlein zu mir kommen,
1884, Leipzig

d) *Adolph von Menzel,*
Der zwölfjährige Jesus im Tempel,
Lithographie, 1852

V 5   Leibl als Anreger

a) Max Liebermann,
Schusterwerkstatt, 1881, Berlin/DDR

b) Wilhelm Leibl,
Dorfpolitiker, 1876/77, Winterthur

c) Wilhelm Leibl,
Dachauerinnen im Wirtshaus, 1874–75, Berlin

V 6   Begegnung mit van Gogh

a) Max Liebermann,
Rasenbleiche, 1882, Köln

b) Vincent van Gogh,
Garten in Zweelo, 1883, Rotterdam

a) Max Liebermann,
Münchener Biergarten, 1883–84, München

b) Edouard Manet,
Musik im Tuileriengarten, 1862 (?), London

c) Gustave Courbet,
Das Atelier, 1855, Paris

d) Adolph von Menzel,
Ein Nachmittag im Tuileriengarten, 1867, Dresden

V 8 Netzeflickerinnen

a) Max Liebermann,
Netzeflickerinnen, 1884, Verbleib unbekannt

b) Jozef Israels,
Netzeflickerinnen, 1886–87, Den Haag

c) Vincent van Gogh,
Netzeflickerinnen, 1882

a) *Jean-François Millet,*
Ährenleserinnen, 1857, Paris

b) *Jean-François Millet,*
Angélus, 1855—57, Paris

c) *Jean-François Millet,*
Kuhhirtin, 1858, Bourg-en-Bresse

d) *Jozef Israels,*
Fischerfamilie am Meer, um 1890

e) *Anton Mauve,*
Frau aus Laren mit Ziege, 1885, Den Haag

254

f) Fritz Mackensen,
Worpsweder Madonna, 1892, Bremen

g) Leopold Graf von Kalckreuth,
Sommer, 1890, Bremen

h) Käthe Kollwitz,
Die Pflüger, Lithographie, 1906

i) Hans Baluschek,
Arbeiterfrauen, 1894, Berlin

V 10   Der Papageienmann

a) *Max Liebermann,*
Papageienmann, 1902, Essen

b) *Max Slevogt,*
Papageienmann, 1901, Hannover

V 11   Rembrandt als Anreger

a) *Max Liebermann,*
Professorenkonvent, 1906, Hamburg

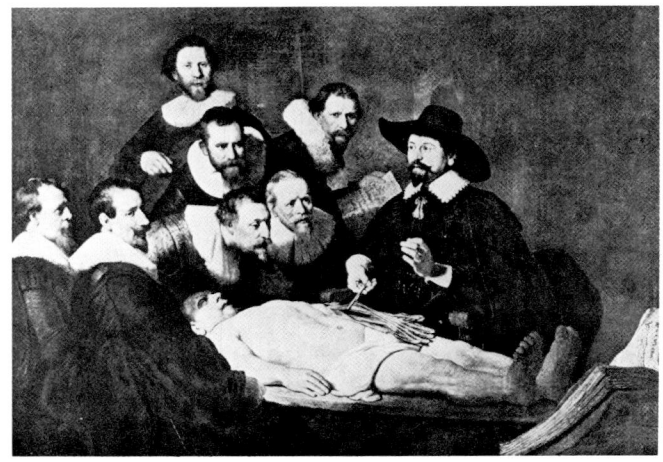

b) *Rembrandt,*
Die Anatomie des Dr. Tulp, 1632, Den Haag

c) *Rembrandt,*
Die Staalmeesters, 1662, Amsterdam

a) *Max Liebermann,*
Bildnis Georg Brandes, 1902, Bremen

b) *Frans Hals,*
Männerbildnis, 1627, Berlin

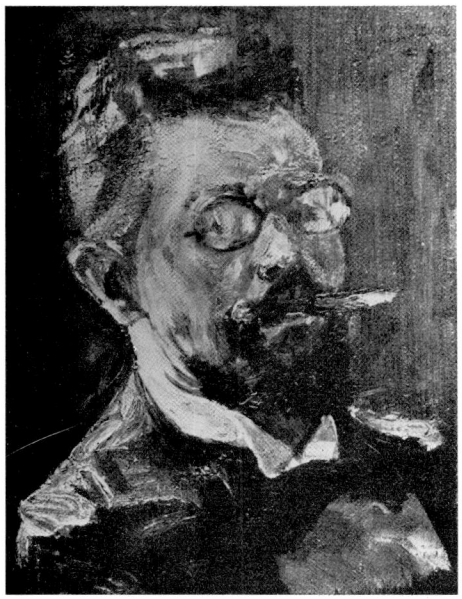

c) *Max Liebermann,*
Bildnis Max Slevogt, 1899, Verbleib unbekannt

d) *Max Liebermann,*
Bildnis Wilhelm von Bode, 1904, Berlin

Anmerkungen

1 Theodor Fontane, Briefe, Berlin 1969, Bd. II, S. 251; vgl. außerdem Werner Weber, Fontane und Liebermann, in: Neue Zürcher Zeitung vom 11. Februar 1973, Nr. 68, S. 49

2 Nationalgalerie Berlin (DDR); Abbildung bei Hans Rosenhagen, Max Liebermann, Bielefeld und Leipzig 1900, Abb. 81; Ausstellung Berlin 1965, Abb. (s. n.) oder Ausstellung Berlin 1985, Nr. 171

3 Thomas Mann, Schriften und Reden zur Literatur, Kunst und Philosophie, Bd. 1, S. 36 ff. und Band 3, S. 272 ff. Gesammelte Werke in Einzelausgaben, Frankfurter Ausgabe, hrsg. von Peter de Mendelssohn, Rede und Antwort, S. 504 ff. Vgl. außerdem den Aufsatz zum 80. Geburtstag in: Kunst und Künstler, 1927, Jg. 25, S. 372/374. Diesen Aufsatz hat Thomas Mann zu gutem Teil für einen Gedenkaufsatz verwendet, der zur Wiener Ausstellung 1937 und (in englischer Sprache) für die New Yorker Ausstellung 1944 erschienen ist. Auch darin vergleicht Thomas Mann Liebermann und Fontane: »Von seiner Kunst zu Kennern zu sprechen, darf ich kaum wagen. Mich zog zu ihr eine Sympathie, derjenigen ähnlich, die ich für Fontane hegte, dessen Berlinertum durch das Gascognische verfeinert und europäisiert wird wie das Liebermanns durch das Jüdische. Ich liebe in seinen Bildern die Diskretion einer Monumentalität, die aus dem Deutsch-Zeichnerischen dieses Malertums stammt [...] Fontane nannte ich einen Sänger, der zu klönen schien. Ein verwandter Reiz geht von der Größe Liebermanns aus, der nie der ›Wände‹ bedurfte, und deren Geistigkeit jeden Augenblick bereit scheint, Esprit und Fontane'sche Plauderei zu werden.«

4 Günter Busch, Hinweis zur Kunst, Hamburg 1977, S. 84 ff. Vgl. auch Ernst Braun, Liebermanns Beerdigung, in: Nachrichtenblatt der Jüdischen Gemeinden in der Deutschen Demokratischen Republik, Dresden, März 1985, S. 10, darin der Autor einen Brief mitteilt, den Liebermann 1933 auf einen Aufsatz dieses Kunsthistorikers an Gotthard Jedlicka gerichtet hat (Handschriftenabteilung der Zentralbibliothek Zürich). Dort heißt es: »Daß Sie mich mit Fontane vergleichen, ist mir sehr schmeichelhaft; er hatte französisches Blut in seinen Adern, da seine Vorfahren aus der Gascogne stammten und er war ebenso stolz auf sie wie ich auf meine palästinensischen Vorfahren. Ich habe ihn noch ein paar Jahre vor seinem Tode für den ›Pan‹ lithographiert und könnte Ihnen die schönsten Anekdoten von ihm und über ihn erzählen.«

5 Max Liebermann, Die Phantasie in der Malerei, Frankfurt a. M. 1978, S. 30; weiterhin zitiert als: Die Phantasie.

6 ebenbda, S. 164

7 in: Die Gegenwart, 24. April 1946, S. 29 ff.

8 Die Phantasie, a. a. O., S. 30

9 ebenda, S. 106 ff.

10 ebenda, S. 27

11 Friedrich Ahlers-Hestermann, Thomas Herbst, Hamburg o. J., S. 46

12 Die Phantasie, a. a. O., S. 27

13 vgl. Gustav Pauli, Max Liebermann, Des Meisters Gemälde, Stuttgart und Leipzig 1911, S. 8, 9, 14, 16 a und b, 25, 26, 28 b, 36 und 38

14 Hans Ostwald, Das Liebermann-Buch, Berlin 1930, S. 96 und 104.

15 Man vergleiche besonders ›Die Berufung des Matthäus‹ in S. Luigi dei Francesi zu Rom (1599/1600)

16 Eine derartige Interpretation scheint mir den Katalog der Berliner Ausstellung von 1979 durchgängig zu bestimmen; vgl. Georg Schmidt, Zur Situation der deutschen Malerei im 19. Jahrhundert: Max Liebermann, in: Umgang mit Kunst, Olten und Freiburg i. Br. 1966, S. 109 ff.; s. u. S. 102 f.

17 vgl. Pauli, a. a. O., S. 8, 9 und 36

18 vgl. Ausstellungskatalog Zurück zur Natur, Bremen 1977/78

19 Die Lokalität und die Datierung dieses Bildes (Pauli, S. 32) sind indessen ungewiß; es könnte sich auch um ein Münchener oder Berliner Motiv handeln.

20 Die Phantasie, a. a. O., S. 83 f.

21 vgl. Erich Hancke, Max Liebermann, Berlin 1923, S. 47 und 57 ff. Aus langjährigem, persönlichem Umgang mit dem Meister war Hancke, selber Maler, mit Liebermann und seinem Werk vertraut wie kein anderer.

22 Eine weitgehend vollständige Dokumentation der verschiedenen Vorarbeiten zum Frankfurter Bild gibt Hans Joachim Ziemke im Katalog der Gemälde des 19. Jahrhunderts im Städelschen Kunstinstitut, Frankfurt a. M. 1972, Bd. 1, S. 198 f. Der Berliner Katalog von 1979 bezieht sich in seinen Angaben auf die Arbeit Ziemkes. Weiter ist zu vergleichen: Rudolf Kuhn, Die Farbfolge in Bildkompositionen des jungen Liebermann, in: Alte und Neue Kunst 27, Würzburg 1982, Nr. 183, 1–6. – Zu meiner besonderen Dankverpflichtung erreicht mich noch während der Drucklegung dieses Buches der Aufsatz von Erich Hubala, Die Würzburger Studie Liebermanns für die Freistunde im Amsterdamer Waisenhaus im Städelschen Kunstinstitut, in: Städel Jahrbuch. N. F. Band 10, München 1985, S. 245/260. In diesem ausführlichen Aufsatz entwickelt der Autor, ausgehend von der wiederentdeckten Studie zur auf dem Boden sitzenden Vordergrundsfigur des Städel-Bildes, einen plausiblen Vorschlag für die Abfolge der verschiedenen Kompositionsskizzen zum Frankfurter Bild, der sich zu gutem Teil mit meinen Vorstellungen deckt. Die von Hubala als ›A2‹ bezeichnete und also für ihn in der Reihenfolge an zweiter Stelle rangierende Ölskizze (Berlin 1979, Nr. 27) ist indessen meiner Überzeugung nach eine *spätere*, wenn zwar eigenhändige Wiederholung von ›A1‹ (Berlin-DDR, hier Tafel 13), die, wahrscheinlich erst nach Fertigstellung des großen Bildes, als Dedikationsstück geschaffen wurde. Derartige Selbst-Kopien hat Liebermann mehrfach, zumal in späteren Jahren, geschaffen, um das eigentliche und bessere Stück für sich selbst zu behalten (s. u. Tafel 47 und 49). In diesem Falle ging das bevorzugte, ursprüngliche Exemplar dann als Geschenk an Wilhelm Bode, der es der Nationalgalerie stiftete.

23 Hancke, a. a. O., S. 405 ff.; Ostwald, a. a. O., S. 428

24 Max Liebermann, Siebzig Briefe, herausgegeben von Franz Landsberger, Berlin 1937, S. 50

25 Man vergleiche etwa Bredius-Gerson, Rembrandt, London 1969, S. 400, 401 oder 445, 446

26 Ostwald, a. a. O., S. 427; Hancke, a. a. O., S. 139

27 Die Phantasie, a. a. O., S. 281; Ostwald, a. a. O., S. 130 ff.

28 Hancke, S. 156

29 Max J. Friedländer, Max Liebermann, Berlin 1924, S. 66 ff.
30 Katalog Berlin 1979, S. 220
31 Die Phantasie, a.a.O., S. 279 f.
32 vgl. Pauli, S. 60, 63, 74, 75, 76, 80 etc. etc.; s.u. S. 47 f.
33 Edouard Manet, Faure als Hamlet, 1877; das Bild im Folkwang-Museum in Essen, die originalgroße Bildskizze in der Hamburger Kunsthalle, eine dritte, kleinere Fassung in französischem Privatbesitz
34 Pauli, S. 101
35 Vincent van Gogh, Briefe Als Mensch unter Menschen, München 1960, Nr. 325, 330, 332 und 340
36 Ostwald, S. 110
37 Hancke, S. 187
38 ebenda, S. 188
39 Günter Busch, La promenade au jardin, in: Katalog der Ausstellung Symboles et Réalités, La Peinture Allemande 1848–1905, Paris 1984/85, S. 44 ff.
40 vgl. Gustav Schiefler, Max Liebermann, Sein graphisches Werk, Berlin 1923, Nr. 14 und Hancke, Abb. S. 179
41 Die Phantasie, S. 130 ff.
42 Hancke, S. 190
43 Liebermann hat in seinem langen Künstlerleben »Hunderte von Skizzenbüchern« (Hancke) mit Zeichnungen verschiedenster Art und Technik gefüllt, über ihren Verbleib ist nur in seltensten Fällen etwas bekannt. Ein Teil ist wahrscheinlich einem Atelierbrand im Jahre 1893 zum Opfer gefallen, ein anderer wird bei der Beschlagnahme seines Nachlasses bzw. bei der Zerstörung seines Hauses am Pariser Platz vernichtet worden sein. Weitere Skizzenbücher, zumal solche größeren Formats, sind offensichtlich bereits zu Liebermanns Lebzeiten »aufgelöst«, d.h. ihrer wichtigeren Blätter für Ausstellungs- und Verkaufszwecke »beraubt« worden. Die Reste dieser Hefte hat der Künstler möglicherweise teilweise selbst vernichtet. Von Augenzeugen wird berichtet, wie großzügig, d.h. rücksichtslos, Liebermann ursprünglich mit seinem riesigen Studienmaterial umging, das sich in seinem Atelier zu ungeordneten Bergen häufte. – In seiner Frühzeit bediente sich Liebermann gern der gleichen kleinen und schmalen Notizbücher mit dünnem glatten Papier, die in jeder Tasche Platz fanden, wie sie Menzel benutzte, während er später größere Formate mit rauherem Zeichenpapier für Kohle und Kreide bevorzugte (s.u. S. 125 ff.)
44 z.B. Hans Günter Wachtmann, Warum malten sie die »kleinen Leute«? in: Katalog Wuppertal, Von Liebermann zu Kollwitz, 1977 (ohne Seitenangaben)
45 Die Phantasie, S. 37
46 Hancke, S. 216; Kat. Berlin 1979, S. 241
47 Kat. Berlin 1979, ebenda
48 Die Phantasie, S. 84
49 Außer van Gogh nennt Anna Wagner (Max Liebermann in Holland, in: Nachbarn 16, Bonn 1973, S. 22) Willem de Swart, Floris Artzenius und J. E. H. Akkeringa, sämtlich aus dem Kreis der Haagschen Schule; in der Münchener Neuen Pinakothek befindet sich überdies ein Bild des Themas von der Hand des Belgiers Henry (Jean-Henri) Luyten
50 Die Phantasie, S. 172, vgl. außerdem ebenda, S. 52
51 Ostwald, S. 26
52 Die Phantasie, S. 37
53 Hancke, S. 238, 262 ff.
54 Seit Liebermann Bode in den späten sechziger Jahren beim Abendakt im Atelier Steffecks getroffen hatte, gab es zwischen dem Maler und dem Museumsmann Berührungen, die sich in den achtziger Jahren intensivierten. 1890 schuf Liebermann das erste bedeutende Bildnis Bodes in Gestalt einer bildmäßigen Zeichnung, die den Gelehrten im Profil, mit einer Bronze in der Hand am Schreibtisch sitzend zeigt (Kat. Berlin 1979, Nr. 253). Etliche weitere Bildnisse sollten folgen – vgl. Abb. 60, V 12 d
55 Pauli, S. 106, 107 a und b, 110
56 Die Phantasie, S. 96 ff.
57 Paul Valéry, Degas Danse Dessin, Paris 1965, S. 183 ff.
58 Die Phantasie, S. 60 f.
59 Ludwig Pietsch in der Vossischen Zeitung Nr. 215 vom 15. September 1872, zitiert nach Kat. Berlin 1979, S. 73 f.
60 Valéry, a.a.O., S. 206; zur Naturalismus-Diskussion vgl. Jürgen Schultze, Die neuen Reize der Kuh – zu Liebermanns Naturalismusbegriff, in: Niederdeutsche Beiträge, Bd. 16, Berlin 1977, S. 155 ff. – dort weitere Literaturhinweise
61 Karl Scheffler, Die fetten und die mageren Jahre, Leipzig und München 1946, S. 73
62 Paul Eipper, Ateliergespräche mit Liebermann und Corinth, München 1971, S. 5 f.
63 Die Phantasie, S. 47
64 Ostwald, S. 152
65 Die Phantasie, S. 169
66 Die Phantasie, S. 170
67 Benkard, a.a.O.
68 Eipper, a.a.O., S. 8
69 Hugo von Hofmannsthal in: Kunst und Künstler, Jg. 26 1927
70 Meier-Graefe stand Liebermanns Kunst übrigens mit Reserve gegenüber, da er seine vornehmlich aus dem Erlebnis der französischen Malerei entwickelten Begriffe und Maßstäbe an eine Kunst anlegte, die im Grunde von durchaus anderen Voraussetzungen und Vorstellungen ausging. Er hat dieser Reserve bei verschiedenen Gelegenheiten Ausdruck gegeben – vgl. Entwicklungsgeschichte der modernen Kunst, Neuausgabe München 1966, Bd. 1, S. 352 ff. oder etwa den Aufsatz ›Max Liebermann‹ in der Frankfurter Zeitung vom 24. Juli 1927
71 Lothar Brieger-Wasservogel, Der Fall Liebermann, Stuttgart 1906, S. 52, zitiert nach Kat. Berlin 1979, S. 85
72 Kunst und Künstler, Jg. 9 1910, S. 210 f.
73 ebenda. Doch ist zu betonen, daß Liebermann, im Gegensatz zu Scheffler, gegen einen Ausschluß Noldes aus der Secession votierte.
74 Die Phantasie, S. 177
75 ebenda, S. 179
76 Kat. Berlin 1979, S. 88
77 Deutsche und Französische Kunst, eine Antwort auf den Protest deutscher Künstler, München 1911, S. 30 ff.
78 ebenda, S. 83
79 Hancke, S. 353
80 Hancke, S. 328
81 Das Bild war nach Jahrzehnten zum ersten Mal wieder in der Berliner Ausstellung von 1979 zu sehen – Nr. 30 ›Im Schwimmbad‹
82 Schiefler Nr. 43; vgl. außerdem Schiefler 44, 52, 56, 85, 94, 100, 101, 102, 123, 141, 157
83 Von Studien nach Elefanten aus dem Frankfurter Zoo ist in-

dessen nichts bekannt. – Daß der bei Hancke abgebildete (S. 403), skizzenhafte ›Papageienmann‹ schon 1881 entstanden sei, will mir nicht einleuchten.

84 Georg Schmidt, a.a.O., S. 124

85 Dies gilt zumal für die zahlreichen in Hamburg entstandenen Pastelle – s.u. S. 131 ff.

86 s.u. S. 131 ff., 200, 214, 216, 234, 236

87 Dabei ist neben den Gemälden vor allem an die Kreidezeichnungen van Goyens zu denken.

88 zitiert nach Kat. Berlin 1979, S. 107

89 Die Phantasie, S. 37, 284; Briefe, S. 25

90 Briefe, S. 33

91 ebenda, S. 35

92 Hancke, S. 440; Schmidt, a.a.O., S. 124

93 Max J. Friedländer, a.a.O., S. 132

94 Die Phantasie, S. 122

95 Wichtige Hinweise für dieses Kapitel danke ich der Ausstellung ›Dreimal Deutschland – Lenbach, Liebermann, Kollwitz‹, Hamburg 1981/82 und dem dazu erschienenen Katalog mit den wertvollen Beiträgen von Hanna Hohl.

95 Alfred Lichtwark, Briefe an Max Liebermann, herausgegeben von Carl Schellenberg, Hamburg 1947 – leider ist es kein »Briefwechsel«

96 Kat. Berlin 1979, S. 66 f.; Kat. Dreimal Deutschland, a.a.O., Photo S. 58

97 Lichtwark, Briefe an Max Liebermann, a.a.O., S. 88 ff.; Kat. Dreimal Deutschland, S. 60; Pauli, a.a.O., S. XXXIV ff.

98 Kat. Dreimal Deutschland, S. 59

99 Alois Riegl, Das holländische Gruppenporträt, in: Jahrbuch des Allerhöchsten Kaiserhauses XXIII, Wien 1902; Buchausgabe Wien 1931

100 Pauli, S. 143, 174 (Abbildung 90)

101 Kat. Max Liebermann in Hamburg, Hamburg 1968, Nr. 18 ff.

102 Georg Schmidt, a.a.O., S. 123; für eine angemessene Bewertung der Bildniskunst Liebermanns, ihres hohen künstlerischen Ranges und ihrer ikonographischen Authentizität, ist mit Nachdruck auf den hervorragenden Aufsatz von Willi Schuh, Max Liebermann und Richard Strauss, zu verweisen, der in der Neuen Zürcher Zeitung vom 29. Februar 1980, S. 33 erschienen ist.

103 Briefe, S. 29

104 Pauli, S. 153, 156, 184, 185, 186

105 Eipper, a.a.O., S. 31 f.

106 Abbildung Hancke, S. 35 und 33

107 Pauli, S. 3

108 Schiefler, Nrn. 58, 59, 60

109 Pauli, S. 145

110 Friedländer, a.a.O., S. 157

111 Abbildung Kat. Berlin 1979, Nr. 130; vgl. auch Fritz von Uhdes Pastellbildnis (Abbildung 58)

112 s.u. S. 146, Abbildung 150

113 Karl Scheffler, Berliner Museumskrieg, Berlin 1921

114 Die Phantasie, S. 285

115 Lichtwark, Liebermann-Briefe, a.a.O., S. 249

116 Kunst und Künstler, Jg. 9, 1910/11, S. 117 f.

117 Max J. Friedländer, a.a.O., S. 157

118 Werkverzeichnis Max Beckmann, herausgegeben von Barbara und Erhard Göpel, Bern 1976, Nr. 194

119 Schiefler, Nr. 172 ff.

120 Kat. Berlin 1985, S. 141 ff. ›Späte Einkehr‹

121 Lichtwark, Briefe an die Kommission für die Verwaltung der Kunsthalle, Hamburg 1924, Bd. 2, S. 332 f.

122 Eipper, a.a.O., S. 8

123 Die Phantasie, S. 215

124 ebenda, S. 187 f. etc.

125 Scheffler, Die fetten und die mageren Jahre, a.a.O., S. 75 f.

126 Karl-Heinz Janda und Annegret Janda-Bux, Max Liebermann als Kunstsammler – die Entstehung seiner Sammlung und ihre zeitgenössische Wirkung, in: Forschungen und Berichte der Staatlichen Museen zu Berlin, Berlin 1973, Bd. 15, S. 105–156; außerdem Peter Krieger, Max Liebermanns Impressionisten-Sammlung und ihre Bedeutung für sein Werk, in: Kat. Berlin 1979, S. 60 ff.

127 Scheffler, Die fetten und die mageren Jahre, S. 74 f.

128 Julius Elias, Max Liebermann zu Hause, Berlin 1918; vgl. auch Julius Elias, Die Handzeichnungen Max Liebermanns, Berlin 1922, darin der Autor seinen Text von 1918 weitgehend übernimmt

129 Günter Busch, Hinweis zur Kunst, a.a.O., S. 273 ff.; derselbe, in: Kat. Adolph Menzel, Kiel, Bremen etc. 1981/82, S. 22 f. »Menzel der Zeichner«

130 Emil Waldmann, Max Liebermann als Zeichner, in: Die Graphischen Künste, Jg. 40, Wien 1917

131 die ursprüngliche Naturstudie in der National-Galerie Berlin-DDR, Kat. 1985, Nr. 83

132 Max J. Friedländer, Max Liebermanns Zeichnungen, in: Zeitschrift für bildende Kunst, NF 27, S. 229/245

133 Emil Waldmann im Vorwort zum Katalog der Ausstellung ›Liebermann als Zeichner‹, Berlin 1915/16

134 Friedländer, a.a.O.

135 Kat. Berlin 1979, Nr. 293 – der dortige Katalogtext scheint mir den zeitlichen Rahmen zu weit zu fassen

136 Kat. Ausstellung ›Achtzig Pastelle‹, Berlin 1927 mit einer Einführung von Karl Scheffler; vgl. Kat. Berlin 1979, Nrn. 235, 262, 265, 270, 273

137 Karl Scheffler in Kat. ›Achtzig Pastelle‹, S. 3

138 vgl. Anna Wagner, Isaac Israels, Rotterdam 1967, Abb. 16, 18, 19, 23, 25, 34, 44, 45 etc.

139 Die Phantasie, S. 172 und S. 239 ff.

140 Julius Elias im Geleitwort zu ›Liebermann zu Hause‹, a.a.O., bzw. ›Die Handzeichnungen Max Liebermanns‹, a.a.O.

141 1893, Mappe mit 18 Radierungen, mit Text von Richard Graul, Photographische Gesellschaft in Berlin; 1898, Mappe mit 6 Kaltnadelradierungen, Bruno und Paul Cassirer, Berlin; 1909, 7 Radierungen mit Text von Oscar Bie bei Bruno Cassirer und Julius Bard, Berlin

142 vgl. Schiefler 7, 8, 14, 17, 20, 21, 22, 23, 30, 31, 37, 39, 40, 48, 49, 51 etc.

143 Max J. Friedländer, Max Liebermanns Graphische Kunst, Dresden 1920, S. 21

144 Die Phantasie, S. 41 ff.

145 Hamburg 1926/27; zu Liebermanns Illustrationen allgemein vgl. Werner Schade, in: Kat. Berlin 1985, S. 18

146 Eipper, a.a.O., S. 31 f.

147 vgl. Kathleen Krenzlin, Letzte Besuche, in: Kat. Berlin 1985, S. 29, 31

148 ebenda, S. 29

149 Anita Daniel, ebenda, S. 30 f.

150 Scheffler, Die fetten und die mageren Jahre, a.a.O., S. 354

151 Scheffler, ebenda, S. 354 f.

152 Central-Verein-Zeitung, Blätter für Deutschtum und Judentum, Berlin, vom 14. Februar 1935; Ernst Braun, Max Liebermanns Beerdigung – vermutlich ein Zwischenbericht, in: Nachrichtenblatt des Verbandes der Jüdischen Gemeinden in der DDR, Dresden, März 1985

153 Adolph Goldschmidt, Gedenkrede auf Max Liebermann, herausgegeben von Carl Georg Heise, Hamburg 1954

154 Liebermanns Schwiegersohn, Kurt Riezler (1882–1955), Diplomat, Philosoph, Hochschullehrer, Autor bemerkenswerter Schriften, wurde 1933 sogleich seines Amtes als Kurator der Frankfurter Universität, deren Aufbau er wesentlich bestimmt hatte, enthoben und verhaftet. Als er etwas später seine Tätigkeit als Honorarprofessor fortsetzen wollte, sprengte die SS die Vorlesung. 1938 wanderte er mit Frau und Tochter aus, einem Ruf an die New School of Social Research in New York folgend. Käthe Riezler starb 1952 siebenundsechzigjährig während eines Besuchs des Ehepaares in Frankfurt. Liebermanns Enkelin, Mrs. Maria White, geboren 1917, lebt im Staat New York. Der einzige Nachruf auf Martha Liebermann stammt aus der Feder von Walter Feilchenfeldt, dem Mitarbeiter und Partner von Paul Cassirer, der über Holland nach Zürich emigriert war. Unter dem Titel ›Frau Max Liebermann‹ erschien der mit »V.« gezeichnete Aufsatz am 7. Mai 1943 in der Zürcher ›Weltwoche‹. Darin hieß es:
»Aus Berlin kommt die Nachricht, daß die Witwe des Malers Max Liebermann 84jährig freiwillig ihrem Leben ein Ende machte. Über 50 Jahre hatte Max Liebermann das Kunstleben Berlins entscheidend beeinflußt, jahrzehntelang war das Haus am Pariser Platz ein geistiger Sammelpunkt aller Kunstfreunde, Max Liebermann und seine stille Gattin seine Verwalter. [...] Dann kam der Umbruch. Liebermann zog sich in die Einsamkeit zurück. Man versuchte vergebens, ihm die neue Zeit zu erklären. Er konnte und wollte sie nicht verstehen. Ein alter Freund und neuer Nationalsozialist versuchte ihm, dem seit Generationen in Berlin ansässigen Juden, die Notwendigkeit der Maßnahmen gegen die Juden aus dem Benehmen der Juden selbst klar zu machen, ihn aber, den großen Künstler, dabei auszunehmen. »Ich wünschte, lieber Professor«, sagte der Besucher, »alle Juden wären so wie Sie.« Liebermann unterbrach sein Schweigen: »Und ich wünschte«, antwortete er seinem Gaste, »alle Christen wären so wie ich.« Bald danach verließ er diese Welt, die nicht mehr die seine war. Er hinterließ eine Witwe, die treue Begleiterin seines Lebens, deren bewundernswerte Haltung in den Jahren schwerster Prüfung allgemein Achtung fand. Sie wollte ihre Vaterstadt Berlin nicht verlassen und lebte dort zurückgezogen, bis ihre Stellung unhaltbar wurde. Seit Dezember 1941 bewilligten ihr die Schweizer Behörden die Einreise in die Schweiz. Aber man ließ sie nicht ziehen und verlangte ein hohes Lösegeld. [...]

155 vgl. Kathleen Krenzlin, in: Kat. Berlin 1985, S. 31f.

156 Eine skizzenhaftere, dem Pastell nahestehende, jedoch bereits die beiden Fahnen zeigende Öl-Fassung in Privatbesitz, Farbabbildung, auf dem Umschlag des Katalogs Gemälde und Plastiken vom Impressionismus bis zur Gegenwart, Gemäldegalerie Abels, Köln o.J.

157 Der am 6. August 1890 im ersten Jahrgang in Heft 27 in der ›Freien Bühne für modernes Leben‹ (herausgegeben von Otto Brahm in Berlin, Verlag von S. Fischer in Berlin) veröffentlichte, höchst informative und offensichtlich auf Gesprächen mit dem Künstler basierende, prophetische Aufsatz von Robert Richter über Max Liebermann dokumentiert auf eindringliche Weise die über Jahrzehnte während Berührung des Künstlers mit dem Hause Fischer (s. u. S. 239). Der Aufsatz schließt mit folgendem Passus: »Böcklin, Menzel, Liebermann – ein jeder dieser anders gearteten Künstler wird auch in der Entwicklungsgeschichte der Malerei anders dastehen. Böcklin und Menzel sind Genies, die auf sich selbst und durch sich selbst groß geworden, sich individualistisch entwickelt haben, und außerhalb der Reihe stehen. Ihr Schaffen war berechnet auf große Zeiträume, sie waren nie bescheiden genug, um nicht für die Unsterblichkeit zu arbeiten, ihre Werke werden Dauer haben und noch neu wirken, auch wenn über die naturalistischen Bestrebungen der Gegenwart die Zeit wird hinweggegangen sein und eine neue Kunstanschauung zur Geltung gekommen sein wird. Und dann wird man Liebermann's culturhistorische Bedeutung erst recht erkennen, man wird sich erinnern, daß er der Erste war, der zurückgriff auf die Natur, und der den Weg wies, auf dem der Kunst neues Leben zuzuführen sei; man wird empfinden, daß er die Brücke schlug von der altersschwachen Kunst des Klassizismus zur Kunst des zwanzigsten Jahrhunderts und der Begründer einer Schule wurde, welche die Hoffnungen der Vorangeschrittenen ihrer Zeit bildete. Erst dann, wenn die Sterne, die wir am Himmel träumen, auf die Erde herabgefallen sein werden und die wirklichkeitsfrohe Kunst des kommenden Jahrhunderts auferstanden ist, wird die Bedeutung Liebermanns für die deutsche Kunstgeschichte mit voller Sicherheit erkannt werden.«

158 vgl. die lebensvolle Kreidezeichnung, abgebildet bei Hans Jürgen Imiela, Max Liebermann als Zeichner, nach den Beständen der Sammlung Franz-Josef Kohl-Weigand, Mainz 1970, S. 81, Nr. 111. Wie der Katalog der Hamburger Kunsthalle (Meister des 19. Jahrhunderts, bearbeitet von Eva Maria Krafft und Carl-Wolfgang Schümann, Hamburg 1965, Nr. 2827, S. 197) vermerkt, hat Sauerbruch selbst in einem Brief vom 7. April 1946 erklärt, das Bild sei »ohne Sitzung« entstanden. Die Zeichnung wird indessen höchstwahrscheinlich vor dem Modell niedergeschrieben, und sie wird mit großer Sicherheit nicht die einzige derartige Naturstudie gewesen sein. – Laut Mitteilung von Erich Hancke vom 31. Dezember 1957 haben Liebermann außerdem in diesem Falle, wie sonst bei Bildnissen gelegentlich auch, Porträtphotos als zusätzliche Unterlagen gedient, die hier von dem Maler und Zeichner Rudolf Großmann stammten. Überdies hatte Liebermann jederzeit die Möglichkeit, seiner visuellen Erinnerung im direkten Gespräch mit seinem Gartennachbarn aufzuhelfen. So mag es zutreffen, daß Sitzungen im üblichen Verstande für dieses Bildnis nicht stattgefunden haben. Wie aber war es mit jenem, nicht mehr existierenden, offiziellen Bildnis? In jedem Falle ist das hier wiedergegebene Porträt kein idealisierendes Erinnerungsbild geworden, sondern, wie Liebermanns gesamtes Werk, aus der unmittelbaren Anschauung der Wirklichkeit entstanden.

Lebensdaten

1847 Am 20. Juli wird Max Liebermann in Berlin als Sohn des Fabrikanten, Großkaufmanns und Stadtverordneten Louis Liebermann und dessen Ehefrau Philippine, geb. Haller, geboren.

1859 Der Vater erwirbt das Haus Pariser Platz Nr. 7 neben dem Brandenburger Tor.

1863–64 Zeichenunterricht bei Carl Steffeck.

1866 Abitur – Immatrikulation an der Philosophischen Fakultät der Berliner Universität; vom November des Jahres an Mitarbeit bei Steffeck.

1868 Kurzer Aufenthalt in München; im Frühjahr Beginn des Studiums der Malerei an der Weimarer Kunstakademie; Lehrer: Ferdinand Pauwels, Charles Verlat und Paul Thumann.

1871 Pfingsten mit Theodor Hagen in Düsseldorf bei Mihály Munkácsy; erster kurzer Besuch in Holland; ›Gänserupferinnen‹.

1872 Ausstellung und Verkauf der ›Gänserupferinnen‹ in Hamburg; Reise nach Paris über Straßburg; zweite Reise nach Holland.

1873 Gegen Ende des Jahres Übersiedlung nach Paris.

1874 Frans-Hals-Kopie im Louvre; im Mai nach Barbizon; ›Kartoffelernte‹ im Pariser Atelier.

1875 Im Frühjahr wieder nach Barbizon; im Sommer nach Holland (Zandvoort, Haarlem); im Winter im Pariser Atelier: ›Arbeiter im Rübenfeld‹.

1876 Reise nach Düsseldorf, Zusammentreffen mit Thomas Herbst; im Sommer längerer Aufenthalt in Holland – Frans-Hals-Kopien in Haarlem; erste Studien zur ›Freistunde im Amsterdamer Waisenhaus‹, ›Nähschule im Amsterdamer Waisenhaus‹.

1877 ›Nähschule‹ im Pariser Salon ausgestellt; dann wieder Holland; ›Arbeiter im Rübenfeld‹ in der Ausstellung der Kgl. Akademie der Künste in Berlin; Unterweisung in der Radiertechnik durch Koepping.

1878 Beinbruch – Bad Gastein, Tirol, Venedig; hier Bekanntschaft mit Franz Lenbach, der ihm rät, nach München zu kommen; im Herbst Übersiedlung nach München, Atelier in der Landwehrstraße; Beginn der Arbeit am ›Zwölfjährigen Jesus im Tempel‹.

1879 In der Dritten Internationalen Kunstausstellung in München ›Gänserupferinnen‹, ›Arbeiter im Rübenfeld‹ und ›Der zwölfjährige Jesus im Tempel‹ – öffentlicher Skandal.

1880 Im Sommer wieder nach Holland (Dongen in Brabant); Studie zur ›Schusterwerkstatt‹; Studien zum ›Altmännerhaus in Amsterdam‹; in München ›Altmännerhaus‹.

1881 Lernt Jozef Israels in Den Haag kennen – Freundschaft; in Dongen ›Schusterwerkstatt‹ und ›Holländische Klöpplerin‹; in Amsterdam Studien zur ›Freistunde‹.

1882 ›Schusterwerkstatt‹ und ›Freistunde‹ im Pariser Salon – großer Erfolg; im Sommer wieder in Holland (Zweeloo) – ›Bleiche‹; Mitglied im »Cercle des XV« in Paris.

1883 Ausstellung der ›Schusterwerkstatt‹ im Münchner Glaspalast, außerdem der ›Bleiche‹ und der ›Freistunde‹; im Garten des Augustinerkellers Beginn der Arbeit am ›Münchener Biergarten‹.

1884 ›Biergarten‹ im Pariser Salon; im August Heirat mit Martha Marckwald und Übersiedlung nach Berlin; Hochzeitsreise nach Holland (Laren, Haarlem, Amsterdam); Bekanntschaft mit Anton Mauve; erste ›Judengasse in Amsterdam‹.

1885 Geburt der Tochter Käthe am 19. August; Eintritt in den Verein Berliner Künstler mit Fürsprache durch Anton von Werner.

1886 Im Sommer in Laren; Bekanntschaft mit Jan Veth, der ihn auf das Motiv der ›Flachsscheuer in Laren‹ aufmerksam macht; Studien und Skizzen hierzu an Ort und Stelle; Vollendung des Bildes im Winter in Berlin.

1887 ›Flachsscheuer in Laren‹ im Pariser Salon – mäßiger Widerhall bei der französischen Kritik, positiv in der deutschen Presse; im Sommer in Zandvoort – Studien zu den ›Netzeflickerinnen‹; in Katwijk ›Seilerbahn‹; auf der Internationalen Jubiläumskunstausstellung in München u. a. mit dem ›Altmännerhaus‹, dem ›Münchener Biergarten‹ und der ›Flachsscheuer‹ vertreten.

1888 Im Salon ›Seilerbahn‹; erste öffentliche Anerkennung: kleine goldene Medaille für ›Stille Arbeit‹ in der Ausstellung der Kgl. Akademie der Künste in Berlin; im Winter Arbeit an den ›Netzeflickerinnen‹; Ankauf von sechzehn Handzeichnungen durch das Dresdner Kupferstichkabinett.

1889 Inoffizielle Beteiligung einer Gruppe von deutschen Künstlern (Menzel, Leibl, Trübner, Kuehl, Uhde u. a.) an der Pariser Weltausstellung auf Betreiben Liebermanns, der u. a. die ›Netzflickerinnen‹ zeigt; Ankauf dieses Bildes durch Alfred Lichtwark für die Hamburger Kunsthalle auf Rat Wilhelm Bodes; im Sommer in Leiden (›Stevensstift‹); im Winter in Berlin – ›Frau mit Ziegen‹ vollendet.

1890 Die ›Frau mit Ziegen‹ im Pariser Salon – mäßiger Widerhall; im Frühjahr erster Malaufenthalt in Hamburg (›Kirchenallee‹); im Sommer Zandvoort und Delden, hier ›Kuhhirtin‹ begonnen.

1891 Große Liebermann-Ausstellung im Münchener Kunstverein; im Mai kleine goldene Medaille bei der Ausstellung der Kgl. Akademie in Berlin; im Frühjahr in Hamburg – Studien für das ›Bildnis des Bürgermeisters Petersen‹ – Vollendung im Sommer, der Dargestellte und seine Familie verhindern die öffentliche Ausstellung des Bildes; in München Große Goldene Medaille für die ›Frau mit Ziegen‹ – Ankauf des Bildes für die Neue Pinakothek; ›Bildnis der Eltern‹ zu deren Goldener Hochzeit.

1892 Im April erste Ausstellung der »Vereinigung der XI« bei Schulte in Berlin; Liebermann zeigt u. a. ›Bildnis Petersen‹ und ›Kuhhirtin‹; Verweigerung der Großen Goldenen Medaille bei der Ausstellung der Kgl. Akademie in Berlin; nach dem Tode der Mutter Übersiedlung in das väterliche Haus am Pariser Platz – der Vater stirbt zwei Jahre darauf.

1893 Reise nach Italien; Ankauf des ›Biergartens in Brannenburg‹ durch das Musée du Luxembourg; Sommer in Berlin.

1894 Nach dem Tode des Vaters Umbau des Hauses am Pariser Platz; im Sommer in Holland.

1895 Erster Preis in Venedig für das Pastellbildnis ›Gerhart Hauptmann‹; erste Fassung der ›Badenden Knaben‹.

1896 Ausstellung der ›Badenden Knaben‹ in Paris – Degas bewundert das Bild; mit Hugo von Tschudi nach Paris – Ankauf des ›Gewächshauses‹ von Manet für die Nationalgalerie in Berlin; Ehrenlegion; kurzer Aufenthalt in London – Besuch bei Whistler, dann in Holland (Zandvoort und Laren); Erwerbung von 23 Handzeichnungen durch die Nationalgalerie; Aufsatz über Degas.

1897 Zum fünfzigsten Geburtstag Sonderausstellung in der Kgl. Akademie der Künste – Ernennung zum Professor der Akademie; Goldene Medaille in Berlin und Dresden; im Sommer in Laren.

1898 Mitglied der Kgl. Akademie in Berlin; Aufsatz über Israels; erste Ausstellung im Kunstsalon Cassirer.

1899 Übernahme der Präsidentschaft der im Vorjahr neugegründeten Berliner Secession; im Sommer in Holland (Laren, Zandvoort, Scheveningen); Studien zur zweiten Fassung der ›Badenden Knaben‹; Fertigstellung des neuen Ateliers auf dem Dach des Hauses am Pariser Platz, dort Beendigung der ›Badenden Knaben‹.

1900 Sommer in Holland – ›Reiter am Strand‹.

1901 Sommer in Holland – Studien zum ›Papageienmann‹ und zur ›Papageienallee‹; im Winter ›Samson und Dalila‹.

1902 Malaufenthalt in Hamburg – ›Restaurant Jacob‹, Pastelle; im Sommer in Holland (Scheveningen, Amsterdam); Reise nach Italien; im Winter erstes Selbstbildnis seit der Jugend.

1903 Im Sommer in Holland (Huyzen).

1904 Wahl in den Vorstand des Deutschen Künstlerbundes.

1905 Holland (Amsterdam, Leiden, Noordwijk) – ›Judengasse‹, ›Oude Vink‹; Hamburg – ›Bildnis Berger‹; Romreise.

1906 Hamburg – ›Professorenkonvent‹.

1907 Zum sechzigsten Geburtstag Ausstellung in der Berliner Secession – großer Erfolg; wieder in Holland – ›Proveniershuis in Haarlem‹, ›Judengasse‹.

1908 Sommer in Noordwijk – Strandbilder; Auftrag der Uffizien für ein Selbstbildnis; Ankauf von einunddreißig Blatt Druckgraphik, dazu Geschenk von sechsundsechzig Blatt Druckgraphik für das Berliner Kupferstichkabinett.

1909 Erwerbung des Wannseegrundstücks, Bau des Hauses durch O. H. Baumgarten – Lichtwark entwirft den Garten; in Hamburg ›Sommerabend auf der Alster‹.

1910 Zweite Fassung von ›Samson und Dalila‹; Einzug in das Wannseehaus.

1911 Im Frühjahr in Rom; im Sommer Holland (Noordwijk); im Herbst Niederlegung des Vorsitzes in der Secession – Corinth sein Nachfolger.

1912 Zahlreiche Ehrungen anläßlich des fünfundsechzigsten Geburtstags; im Sommer in Noordwijk – ›Reiterbildnis der Tochter‹!

1913 Spaltung der Berliner Secession – Gründung der »Freien Sezession«; im Frühjahr in Italien, im Sommer zum letzten Mal in Holland (Noordwijk) – ›Huis ter Duin‹.

1914 Ehrenpräsident der Freien Secession; Lithographien für die Zeitschrift ›Kriegszeit‹.

1917 Zum siebzigsten Geburtstag bisher größte Ausstellung – 191 Werke.

1918 Gartenbilder in Wannsee; ›Bildnis Richard Strauss‹.

1920 Berufung zum Präsidenten der Preußischen Akademie der Künste, bis 1932 jeweils im Amt bestätigt.

1924 Polemik gegen Ludwig Justi; ›Wannseegarten‹.

1925 ›Selbstbildnis‹ (Berlin).

1927 Zum achtzigsten Geburtstag Ausstellung in der Preußischen Akademie der Künste; Pour le Mérite – Ehrenbürger von Berlin.

1932 Nach dem Verzicht auf die Wiederwahl zum Präsidenten Ehrenpräsident der Preußischen Akademie; neuerliche Polemik gegen Ludwig Justi; ›Bildnis Sauerbruch‹.

1933 Austritt aus der Akademie und Niederlegung der Ehrenpräsidentschaft.

1936 Max Liebermann stirbt am 8. Februar.

1943 Tod von Frau Martha Liebermann durch Selbstmord; Zerstörung des Hauses am Pariser Platz durch Bomben.

Literatur in Auswahl

Als wichtigste Quellen für Werk und Leben Liebermanns haben außer den ›Briefen‹ (1937) und den Schriften ›Die Phantasie in der Malerei‹ (1978) die Monographien von Scheffler (1922 und 1953), Hancke (1923), Friedländer (1924), Stuttmann (1961) und Meissner (1977) zu gelten, denen der Verfasser wertvolle Anregungen zu danken hat. Paulis Werkverzeichnis der Gemälde (1921) und Schieflers Graphikkatalog (1923) geben für einen wesentlichen Teil der Schaffenszeit des Meisters die wichtigsten sachlichen Unterlagen. Die beiden Sondernummern der Zeitschrift ›Kunst und Künstler‹ zum 70. bzw. 80. Geburtstag (1915/ 17 und 1926/27) enthalten zusätzliche, bedeutende Informationen von Zeitgenossen. Das populäre Buch von Ostwald ist zwar zu gutem Teil eine kompilatorische Arbeit (zumal aus Hancke), bietet indessen eine Reihe von authentischen Äußerungen des Künstlers und unmittelbaren Beobachtungen des Autors. Der Katalog der großen Berliner Ausstellung von 1979 umfaßt eine Fülle von sorgfältig dokumentiertem, weiterem Material, dies gilt mehr noch für den Katalog des Berliner Kupferstichkabinetts (DDR) zur Ausstellung von 1985. Zumal diesen hier absichtlich hervorgehobenen Publikationen hat der Verfasser wertvolle Informationen entnehmen dürfen.

A. Allgemeines

Emil Heilbut (Hermann Helferich), Studie über den Naturalismus und Max Liebermann, in: Die Kunst für alle, München, Jg. 2, 1887, Heft 14 und 15, Jg. 12, 1896/97

Alfred Lichtwark, Briefe an die Kommission für die Verwaltung der Kunsthalle, Band 5, Hamburg 1893/1917; Ausgabe Gustav Pauli, Band 1, Hamburg 1923

Richard Muther, Geschichte der Malerei im 19. Jahrhundert, 3. Band, München 1894

Jan Veth, Streifzüge eines holländischen Malers, Berlin 1904

Deutsche und französische Kunst, herausgegeben von A. W. von Heymel, München 1911

Carl und Felicie Bernstein, Erinnerungen ihrer Freunde, Dresden 1914

Richard Hamann, Deutsche Malerei im 19. Jahrhundert, Leipzig/Berlin 1914

Ludwig Justi, Deutsche Malkunst im 19. Jahrhundert, Berlin 1920

Karl Scheffler, Berliner Museumskrieg, Berlin 1921

Karl Scheffler, Deutsche Maler und Zeichner im 19. Jahrhundert, Leipzig 1923

Karl Scheffler, Geschichte der europäischen Malerei, Band 2, Berlin 1927

Emil Waldmann, Kunst des Realismus und Impressionismus im 19. Jahrhundert, Berlin 1927, 1930

Wilhelm Bode, Mein Leben, Berlin 1930

Max Osborn, Der bunte Spiegel, New York 1945

Karl Scheffler, Die fetten und die mageren Jahre, Leipzig/München 1946

Richard Hamann/Jost Hermand, Deutsche Kunst und Kultur von der Gründerzeit bis zum Expressionismus, Bd. 2 und 3, Berlin 1959/60

Werner Doede, Berlin – Kunst und Künstler seit 1870, Recklinghausen 1961

Siegfried Wichmann, Realismus und Impressionismus in Deutschland, Stuttgart 1964

Tilla Durieux, Eine Tür steht offen, Berlin 1965

Julius Meier-Graefe, Entwicklungsgeschichte der modernen Kunst, neu herausgegeben von Benno Reifenberg und A. Meier-Graefe-Broch, München 1966

Wolfgang Hütt, Deutsche Malerei und Graphik im 20. Jahrhundert, Berlin 1969

Jules Laforgue, Berlin, Der Hof und die Stadt, 1887, Frankfurt a. M. 1970

Hans Platte, Deutsche Impressionisten, Gütersloh 1971

Werner Doede, Die Berliner Secession, Berlin 1977

B. Schriften, Selbstzeugnisse u. ä.

Alfred Georg Hartmann, Das Künstlerwäldchen, Berlin 1978 (Liebermann-Anekdoten)

Max Liebermann, Siebzig Briefe, herausgegeben von Franz Landsberger, Berlin 1937

Alfred Lichtwark, Briefe an Max Liebermann, herausgegeben von G. Schellenberg, Hamburg 1947

Max Liebermann, Die Phantasie in der Malerei, Schriften und Reden, herausgegeben und eingeleitet von Günter Busch, Frankfurt a. M. 1978

Autographenkatalog J. A. Stargardt, Auktion am 11. und 12. Juni 1986, Nr. 517 ff., Marburg 1986

C. Monographien und wichtige Einzelbetrachtungen

Robert Richter, Max Liebermann, in: Freie Bühne für modernes Leben, Berlin, Jg. 1, 1890

Ludwig Kaemmerer, Max Liebermann, Leipzig 1893

Hans Rosenhagen, Max Liebermann, Bielefeld/Leipzig 1900, 1927

Gustav Pauli, Max Liebermann, Bielefeld/Leipzig 1900, 1921 (Klassiker der Kunst) (= Pauli…)

Karl Scheffler, Max Liebermann, München/Leipzig 1906, 1912, 1922, Wiesbaden 1953 (mit Vorwort von C. G. Heise)

R. Klein, Max Liebermann, Berlin 1906

Erich Hancke, Max Liebermann, Sein Leben und seine Werke, Berlin 1914, 1923 (= Hancke…)

Julius Elias, Max Liebermann, eine Bibliographie, Berlin 1917

Walther Rathenau, Max Liebermann, in: Berliner Tageblatt, Nr. 330 vom 1. 7. 1917

Ludwig Justi, Max Liebermann, Bemerkungen zu den Gemälden in der Nationalgalerie, Berlin 1921

Max J. Friedländer, Max Liebermann, Berlin o. J. [1924]

Arthur Galliner, Max Liebermann – Der Künstler und Führer, Frankfurt a. M. 1927

Emil Waldmann, Max Liebermann zum 80. Geburtstag, in: Der Kunstwanderer, Berlin-Schöneberg, Jg. 9, Juli 1927

Hans Ostwald, Das Liebermann-Buch, Berlin 1930

Gotthard Jedlicka, Begegnungen, Erlenbach/Zürich 1935

Willy Kurth, Max Liebermann, Potsdam 1947

Adolph Goldschmidt, Gedenkrede auf Max Liebermann, Vorwort von C. G. Heise, Hannover/Hamburg 1954

Carl Georg Heise, Max Liebermann, in: Schweizer Monatshefte, Zürich, Jg. 34, 1954

Carl Georg Heise, Max Liebermann, in: Die großen Deutschen, Band 4, Berlin 1957

Carl Georg Heise, Der gegenwärtige Augenblick, Berlin 1960

Ferdinand Stuttmann, Max Liebermann, Hannover 1961

Alfred Werner, The forgotten Art of Max Liebermann, in: The Art Journal, New York, Jg. 23, 1964

Georg Schmidt, Zur Situation der deutschen Malerei im 19. Jahrhundert: Max Liebermann, in: Umgang mit Kunst, Olten/Freiburg 1966

A. Janda-Bux und K. H. Janda, Max Liebermann als Kunstsammler, in: Forschungen und Berichte, Band 15, Berlin 1973

G. Josten, Max Liebermann, Dresden 1973

Anni Wagner, Max Liebermann in Holland, in: Nachbarn, Bonn 1973

Günter Busch, Hinweis zur Kunst, Hamburg 1977

Günter Meissner, Max Liebermann, Leipzig 1977

Ernst Braun, Max Liebermanns Beerdigung – Vermutlich ein Zwischenbericht, in: Nachrichtenblatt des Verbandes der jüdischen Gemeinden in der DDR, Dresden, März 1985

D. Wichtige Ausstellungskataloge

Max Liebermann, Ausstellung zum 70. Geburtstag, Kgl. Akademie der Künste, Berlin 1917

Sondernummer Liebermann der Zeitschrift ›Kunst und Künstler‹ anläßlich des 70. Geburtstags, Berlin 1916/17, mit Beiträgen von Karl Scheffler, Wilhelm Bode, Richard Dehmel, Julius Elias, Max J. Friedländer, Erich Hancke, E. Hannover, Gerhart Hauptmann, Gustav Pauli, Wilhelm Waetzoldt, Walther Rathenau und Emil Waldmann

Max Liebermann, Hundert Werke des Künstlers zu seinem 80. Geburtstag, Preußische Akademie der Künste, mit Einleitung von Max Liebermann, Berlin 1927

Sondernummer Liebermann der Zeitschrift ›Kunst und Künstler‹ – Max Liebermann im Urteil Europas, Berlin 1926/27, mit Beiträgen von Hans Luther, C. H. Becker, Albert Einstein, Max J. Friedländer, Thomas Mann, Heinrich Mann, Thomas Theodor Heine, Olaf Gulbransson, Ernst Barlach, Heinrich Wölfflin, Louis Réau, Willem Martin, Frits Lugt, C. Veth, Hugo von Hofmannsthal, Alfred Stix, Franz Martin Haberditzl, V. Pica, V. Kramer, Jens Thiis

Max Liebermann, Gedächtnisausstellung der jüdischen Gemeinde zu Berlin zur Erinnerung an den Todestag am 8. Februar 1935, mit Vorwort von Franz Landsberger, Berlin 1936

Max Liebermann, Ausstellung Neue Galerie, Wien 1936

Max Liebermann, Ausstellung Galerie St. Etienne, N. Y. 1944

Max Liebermann, Ausstellung in Hannover, Hamburg, Düsseldorf 1954, mit Begleitworten von Ferdinand Stuttmann und Max J. Friedländer

Max Liebermann, Ausstellung Kunsthalle Bremen 1954, mit Vorwort von Günter Busch

Max Liebermann, 20. Juli 1847 – 8. Februar 1935, Deutsche Akademie der Künste zu Berlin 1965

Max Liebermann in Hamburg, Ausstellung Hamburg 1968

Dreimal Deutschland, Lenbach, Liebermann, Kollwitz, Ausstellungskatalog Hamburg 1981/82, mit Beiträgen von Werner Hofmann, Hanna Hohl und Günter Hartmann

Max Liebermann in seiner Zeit, Ausstellung Nationalgalerie Berlin 1979, Haus der Kunst München 1979/80, mit Beiträgen von Sigrid Achenbach, Dieter Honisch, Matthias Eberle, Peter Krieger, Eberhard Ruhmer, Claas Teeuwisse – Katalog von Sigrid Achenbach und Matthias Eberle

Max Liebermann en Holland, Den Haag 1980, mit Beiträgen von John Sillevis, Nini Jonker und Margarete Mulder

Für Max Liebermann, Ausstellung der Akademie der Künste und des Kupferstichkabinetts der Staatlichen Museen zu Berlin, 1985, mit Beiträgen von Peter H. Feist, Werner Schade, Brigitte Hartel und Kathleen Krenzlin

E. Liebermann der Zeichner

Josef Folnesics, Zeichnungen von Max Liebermann, in: Die Graphischen Künste, Wien, Jg. 22, 1899/1900

Oscar Bie, Holländisches Skizzenbuch, Berlin 1909

Karl Scheffler, Max Liebermann als Zeichner, in: Kunst und Künstler, Berlin, Jg. 9, 1911

Hans W. Singer, Zeichnungen von Max Liebermann, Leipzig 1912

Max J. Friedländer, Max Liebermanns Zeichnungen, in: Zeitschrift für Bildende Kunst, Leipzig, N. F. 27, 1915/16

Adolf Gold, Über Handzeichnungen von Max Liebermann, in: Der Cicerone, Leipzig, Jg. 7, 1916

Liebermann als Zeichner, Ausstellungskatalog Galerie Paul Cassirer, mit Einleitung von Emil Waldmann, Berlin 1916

Emil Waldmann, Max Liebermann als Zeichner, in: Die Graphischen Künste, Wien, Jg. 40, 1917

Julius Elias, Max Liebermann zu Hause, Berlin 1918

Ludwig Justi, Deutsche Zeichenkunst im 19. Jahrhundert, Berlin 1920

Julius Elias, Die Handzeichnungen Max Liebermanns, Berlin 1922

Hans Wolff, Zeichnungen von Max Liebermann, Dresden 1922

Max Liebermann, Pastelle, Zeichnungen, Graphik, Ausstellungskatalog Galerie Thannhauser, mit Vorwort von Wilhelm Hausenstein, München 1923

Die Zeichnungssammlung des Herrn L. (David Leder), 316 Handzeichnungen von Max Liebermann, Versteigerungskatalog Paul Cassirer/Bruno Helbing, mit Vorwort von Max J. Friedländer, Berlin 1925

275 Zeichnungen von Max Liebermann, aus Anlaß seines 80. Geburtstages, Ausstellungskatalog Galerie Paul Cassirer, mit Einleitung von Max J. Friedländer, Berlin 1927

Max Liebermann, 80 Pastelle und Zeichnungen, Ausstellungskatalog Galerie Bruno Cassirer, mit Einleitung von Karl Scheffler, Berlin 1927

Carl Georg Heise, Große Zeichner des 19. Jahrhunderts, Berlin 1959

Ruth Göres, Max Liebermann, Handzeichnungen in der Nationalgalerie, in: Forschungen und Berichte, Band 11, Berlin 1968

Hans Jürgen Imiela, Max Liebermann als Zeichner nach den Beständen der Sammlung Josef Kohl-Weigand, Mainz 1970

Ruth Göres, Die Handzeichnungen Max Liebermanns, Ihr Verhältnis zu seiner Malerei, ihr Beitrag zum Realismus, Berlin 1971 (Diss.)

Max Liebermann, Studien zu seinen Gemälden, Ausstellung in der Nationalgalerie, Berlin-DDR, 1976

F. Zur Druckgraphik

Gustav Schiefler, Max Liebermann. Sein Graphisches Werk, Berlin 1907, 1914, 1923 (= Schiefler...)

Curt Glaser, Zu Liebermanns graphischem Werk, in: Zeitschrift für Bildende Kunst, Leipzig, N.F. 24, 1913

Max J. Friedländer, Max Liebermann der Radierer, in: Zeitschrift für Bildende Kunst, Leipzig, N.F. 27, 1915/16

Max J. Friedländer, Max Liebermanns graphische Kunst, Dresden 1920, 1922

Sigrid Achenbach, Die Druckgraphik Max Liebermanns, Heidelberg 1974 (Diss.)

G. Illustrierte Bücher

Jozef Israels, Am Strand von Scheveningen

Johann Wolfgang Goethe, Die Geschichte des Marschalls von Bassompierre, mit drei Lithographien, in: Kunst und Künstler, Berlin, Jg.15, 1916/17

Heinrich von Kleist, Kleine Schriften, mit sechsundfünfzig Lithographien und einer Einbandvignette, Berlin 1917

Die Geschichte von Tobia, herausgegeben von M.I. bin Gorion, mit drei Lithographien, Leipzig 1920

Johann Wolfgang Goethe, Die Novelle, mit achtzehn Federzeichnungen, einer Initiale und einer Einbandvignette, in Holz geschnitten von O. Bangemann, Berlin 1921

Johann Wolfgang Goethe, Der Mann von fünfzig Jahren, mit dreiunddreißig Federzeichnungen und einer Vignette, in Holz geschnitten von O. Bangemann und M. Hönemann, Berlin 1922

Heinrich Heine, Der Rabbi von Bacharach, mit zweiundzwanzig Lithographien, Berlin 1923

Das Buch Ruth, mit neun Lithographien, Berlin 1924

Johann Wolfgang Goethe, Gedichte, mit fünfzehn Lithographien, Berlin 1924

Theodor Fontane, Effi Briest, mit einundzwanzig Lithographien, Hamburg 1926/27

Stimme und Rede Max Liebermanns sind in mehreren Tonaufnahmen erhalten, die das Deutsche Rundfunkarchiv, Frankfurt am Main, bewahrt. Am Mittwoch, dem 13. April 1932, sendete der Berliner Schulfunk des Deutschlandfunks von 9.00 bis 9.30 Uhr ›Prof. Max Liebermann erzählt aus seinem Leben (für Schüler etwa vom 13. Lebensjahr ab)‹: Man hat das Mikrofon ins Haus am Pariser Platz gebracht. Ganz eingestellt auf seine jungen Hörer, erinnert sich der alte Künstler in bildhafter Schilderung seiner fernen Kindheit und Jugend. Er beruft das schon versunkene Berlin jener Jahre und schließt mit dem Augenblick nach dem Abitur, an dem er, von Steffeck mitgenommen ins Atelier, zum ersten Mal in Öl malt.

Von Liebermanns letzter Ansprache zur Eröffnung einer Ausstellung der Preußischen Akademie der Künste ist ein Ausschnitt aufgenommen: ›Goethe und seine Welt‹, 19. März 1932 (›Die Phantasie in der Malerei‹, S. 266ff.).

Bei der Arbeit zeigt ihn eine Sequenz des denkwürdigen Dokumentarfilms ›Schaffende Hände‹ (um 1924) von Hans Cürlis. Sie erscheint wieder, wie auch Bruchstücke aus der Tonaufnahme der Jugenderinnerungen, in dem Film von Irmgard von zur Mühlen ›Max Liebermann – Klassiker von heute, Revolutionär von gestern‹, Chronos Film GmbH, Studio Berlin 1979.

Von Fotografen, die den greisen Meister in seiner Häuslichkeit porträtiert haben, seien an dieser Stelle Hugo Erfurth, Fritz Eschen, Lotte Jacobi, Felix H. Man, Dr. Erich Salomon und Gerty Simon genannt.

Abbildungsverzeichnis

Einige unvollständige Angaben in diesem Verzeichnis – »Verbleib unbekannt«, fehlende Maßangaben u.ä. – erklären sich aus dem Schicksal des Künstlers, seines Nachlasses, seiner Sammler und derer Sammlungen, die in besonderem Maße politischer Verfolgung und den Folgen des Krieges ausgesetzt waren. Auf Literaturangaben wurde bis auf die Werkverzeichnisse von Gustav Pauli (Gemälde bis 1911) und Gustav Schiefler (Druckgraphik bis 1922) verzichtet.

A. Farbtafeln

B. Schwarz-Weiß-Abbildungen

Bildnachweis

Die Rechte an den Werken von Max Liebermann befinden sich bei Frau Marianne Feilchenfeldt, Zürich. Autor und Verlag danken ihr auch ausdrücklich für die Vorlagen zu den Schwarzweiß-Abbildungen ohne Angabe der Herkunft. Gleicher Dank gilt allen Persönlichkeiten und Institutionen, die mit Bildvorlagen und Auskünften zu diesem Buch beigetragen haben.

Der Verbleib einiger Originale ist unbekannt.

Tafeln

Schwarzweiß-Abbildungen